常州大学人文社会科学出版资助计划（85142300021）、国家自然科学基金“全球价值链演进下云南—澜湄流域产业链构建与升级：机理与路径研究”（71963022）成果

澜湄流域制造业嵌入全球生产网络研究：

特征、机理与升级

梁经伟　著

WUHAN UNIVERSITY PRESS
武汉大学出版社

图书在版编目(CIP)数据

澜湄流域制造业嵌入全球生产网络研究:特征、机理与升级/梁经伟著.—武汉:武汉大学出版社,2023.10
ISBN 978-7-307-23839-8

Ⅰ.澜… Ⅱ.梁… Ⅲ.制造工业—工业发展—研究—东南亚 Ⅳ.F433.064

中国国家版本馆 CIP 数据核字(2023)第 118551 号

责任编辑:陈 帆　　责任校对:李孟潇　　版式设计:马 佳

出版发行:**武汉大学出版社** (430072 武昌 珞珈山)
(电子邮箱:cbs22@whu.edu.cn 网址:www.wdp.com.cn)
印刷:武汉邮科印务有限公司
开本:787×1092 1/16 印张:11.5 字数:268 千字 插页:1
版次:2023 年 10 月第 1 版 2023 年 10 月第 1 次印刷
ISBN 978-7-307-23839-8 定价:59.00 元

序

欣闻常州大学吴敬琏经济学院梁经伟副教授专著《澜湄流域制造业嵌入全球生产网络研究：特征、机理与升级》即将付梓出版，欢喜之余百感交集。

该著作以澜湄流域为研究对象，从产业分工的视角探讨欠发达地区制造业升级发展的机理与路径。此专题研究源自课题组承担的国家自然科学基金项目“产品内分工下大湄公河次区域制造业升级演化的机理与路径研究”。时值全球化进程加速阶段，全球国际直接投资快速发展，特别是发展中国家逐渐成为投资者的天堂。澜湄流域主体，泰国、越南、老挝、柬埔寨和缅甸因其自身要素禀赋优势，吸引了大量跨国直接投资，促进了本国经济发展与人民幸福水平的提升。

制造业是实体经济的支柱，对一国经济增长质量具有重要意义。澜湄流域国家制造业发展有限，从事简单的生产制造业环节，长期处于全球价值链的低端位置，面临“低端锁定”风险。该著作基于特征事实，测度了澜湄流域国家制造业的生产阶段数、平均路径长度和出口技术含量等指标，厘清了澜湄流域国家制造业参与全球生产分工的水平。继而提出澜湄流域国家制造业升级发展的机制，即学习机制与创新机制，并以此仿真模拟该地区制造业升级发展的过程。最后，基于实地调研，整理并归纳澜湄流域国家制造业升级发展的路径。通过对澜湄流域国家嵌入全球生产网络的研究，可以为中国与东南亚国家更深入的经济合作提供现实依据。

回想当年，梁经伟博士在昆明理工大学管理与经济学院硕博连读，与我一起带领年轻的课题组成员，讨论、设计、论证、开题、调研、撰写，博士学位论文与研究报告最终成形。五年光阴见证年轻学者的成长。我们亦师亦友，相互扶持。还记得泰国之旅，与熊彬、杨朝均老师课题组深入泰中罗勇工业园区一家一家企业调研，一份一份问卷填写，烈日炎炎，不畏苦，不怕难，取得了了不起的成绩。柬埔寨金边工业园区，我们走访了数十家服装纺织企业；老挝万象赛色塔园区，我们走访了当地的中资企业……一次次地出国调研使得学术研究更加接地气。曾记否，湄公河畔，我们开怀畅饮，庆祝老挝调研圆满结束。

时光荏苒，中美大国竞争与对抗加剧，百年未有之大变局下，国际直接投资从效率导向转变为安全导向。全球价值链缩链、短链、本土化与区域化趋势增强，全球生产网络片段化、多元化加强。我们愈加需要重视后雁形模式下中国与大湄公河次区域国家以及中南半岛国家的产业合作，维系供应链稳定与产业链安全，对冲中美脱钩可能带来的剧烈冲击，建立合理的安全边界。据此，此书出版可以为中国与澜湄流域国家更深层次的合作提供帮助，对“一带一路”建设，特别是对中国—中南半岛经济走廊建设大有裨益。

文淑惠

昆明　二〇二三年农历五月初五

前 言

全球生产网络的分工形式日趋细化，欠发达国家或地区依据自身要素禀赋优势参与全球生产的某个片段。“低端锁定”与“世界工厂”已经引起了理论界的广泛关注，欠发达地区在嵌入全球生产网络的过程中如何实现自身产业的升级、摆脱困境也变得越来越重要。

本书遵循“提出问题—现状分析—理论测度—机理剖析—模拟研究”的研究思路，以澜湄流域为例，首先分析该地区制造业发展的事实特征，然后基于全球价值链理论测算该地区制造业嵌入生产网络的程度，判断其嵌入问题。紧接着，从企业层面寻求制造业升级发展的微观机理，分析学习效应和创新效应的作用。基于微观机理和实地调研分析得到因果关系，运用仿真模拟方法研究澜湄流域制造业升级发展的理论路径。继而，对泰国汽车制造业、老挝水泥制造业和柬埔寨制衣业进行分析，从而佐证该地区制造业嵌入全球生产网络的演变过程。最后，以中国视角，归纳总结澜湄流域制造业嵌入全球生产网络的升级路径。综合以上研究，提出该地区制造业嵌入全球生产网路升级发展的政策建议，从而为该地区甚至其他欠发达地区制造业升级发展提供一些借鉴。

(1)通过 TiVA 数据分别从整体和行业类别的角度分析泰国、老挝和柬埔寨三国制造业的贸易增加值情况，发现澜湄流域国家制造业的贸易附加值呈现先递增后下降的趋势，表明了该地区早期参与全球化分工的程度较低，之后逐渐参与进来。然而，国内增加值(自主创造的价值)始终低于国外增加值，说明该地区制造业出口贸易利得的水平较低。通过与亚洲其他国家或地区(如日本、韩国等)比较，发现澜湄流域国家制造业贸易附加值处于最后一个阶梯，出口国内增加值较低。综合横纵向的分析，表明当前澜湄流域国家制造业参与全球分工的水平有待提升。

(2)通过贸易网络可以发现，澜湄流域国家基本融入了区域性生产网络，制造业在不断地发展。基于细化的商品门类，构建以中间产品进口、最终产品出口的四组进出口网络，可以发现早期“三角贸易”比较明显，尤其是陆上交通工具，并且中日韩三国依然占据着整个东亚生产网络的核心。但是 2014 年以来，澜湄流域国家参与了部分生产过程，分工水平在提升。然而，从整体网络来看，澜湄流域国家依然处于东亚的边缘地位，从事简单的生产加工与贸易。

(3)基于世界投入产出表，从理论上测算澜湄流域国家的生产阶段、平均传递步长和出口技术含量，发现澜湄流域国家制造业生产阶段数整体上呈上升趋势，平均传递步长和出口技术含量在增加，其中国际生产分割长度增长幅度较大，国内生产分割长度增长较小，国际和国内外包呈互补关系。说明澜湄流域国家凭借自身资源丰富、劳动力丰富且低廉的优势，承接国际外包，参与国际分工，生产结构复杂度明显增强。然而，与日本和韩国相比较，无论是生产阶段数、平均传递步长还是出口技术含量，澜湄流域国家制造业嵌入全球生产网络的程度依然较低。尽管劳动密集型产业表现良好，但是总体水平较低，距离升级发展尚有较大差距。

以上理论测算，为理性认识澜湄流域国家切入全球价值链的程度提供了较大帮助，无论是何种指标都反映了该地区嵌入全球生产网络的水平有限，不仅与发达国家差距较大，而且与东亚其他国家也有不小距离。基于此，本书从嵌入全球生产网络的溢出学习机制和创新机制出发，探讨澜湄流域制造业升级发展的机理与路径。

(4)基于东西方国家模型分析学习效应，发现简单地参与全球化分工可以提升欠发达地区的行业生产率，提高国家的福利水平，但是其技术水平并未得到真正的提升，同西方国家之间的差距在不断拉大。如果东方国家学习西方国家的跨国企业技术转移过程中的技术溢出，那么两国之间的技术差距会逐渐缩小。总之，欠发达地区只有在参与全球生产网络的过程中，通过发挥学习机制，才能够提升一部分技术。基于动力系统模型分析创新效应对企业技术的影响，发现自主创新能力与人力资本是企业知识积累与技术进步的关键因素。通过自主创新能力的投入与人力资本的积累，欠发达地区本土企业的知识水平有超过外资企业的可能。以上两点可以为澜湄流域产业升级发展提供理论支持。

(5)基于企业学习效应和创新效应，建立澜湄流域制造业升级发展的系统动力学模型；并以实地调研的结果为因果关系，构建“企业发展”与“产业升级”两个子系统，模拟仿真溢出学习效应、创新效应对澜湄流域产业升级的影响。结果表明，二者能够促进企业技术进步，能够带动产业发展。模型还模拟了影响创新和学习效应的因素——企业家精神，表明优秀的企业家能够创造良好的企业文化与内部环境，带动企业的发展，进而促进产业的升级。

通过对泰国汽车制造业、老挝水泥制造业与柬埔寨制衣业三个行业的分析，可以发现当前企业的发展带动了产业集聚；企业的溢出—学习效应、自主创新效应，甚至是企业家领导能力和公司企业文化都对产业升级起到了推动作用。

最后，基于澜湄合作机制，从中国视角出发总结老挝、越南、泰国、柬埔寨和缅甸不同发展路径，分析传统路径、联动发展路径和依托平台及园区的发展路径对澜湄流域国家制造业参与全球生产分工的影响。总结归纳项目投资、企业合作及其员工技能学习等手段对发挥澜湄流域国家资源禀赋优势及成本优势的作用，明确借助中国资本和技术促进该地区制造业升级发展的路径。

目　录

第1章 绪 论

随着经济全球化和贸易自由化的深入发展，以跨国公司为主导的全球生产网络迅速发展并不断深化。一方面，全球生产网络(Global Production Network，GPN)为发展中国家融入全球经济、实现技术进步并最终实现价值链地位提升提供了契机。如以韩国、新加坡、中国香港、中国台湾为代表的亚洲"四小龙"凭借全球生产网络分工逐步实现了价值链升级与技术进步。另一方面，在全球生产网络组织形式下，越来越多的区域、国家凭借自身要素禀赋参与全球生产分工，并承担特定的生产工序。澜沧江—湄公河流域(以下简称"澜湄流域")目前参与国际产业分工的程度在不断提升。

1.1 研究背景

当前以跨国公司为主导的国际分工逐渐由"产业内"向"产品内"发展，垂直专业化程度越来越深，"无国界的生产体系"逐渐形成，全球生产网络式的生产、贸易等体系逐渐深化(Kohler，2002；UNTCAD，2013)。①② 产品内分工将生产过程进行分割，在空间上将不同工序、不同区段、不同零部件的生产布局到不同国家，表现为相同产品不同生产工序、不同价值环节之间多个层次分工；③ 国别、区域之间依据自身的要素禀赋参与全球化分工，并且相应地占据价值链的某一环节，体现了这些国家在全球生产网络中某一特定工序、环节与片段上的优势(Baldwin & Lopez，2013)。④ 研究表明，越来越多的国家和经济体参与了全球化生产的分工，欠发达地区正逐渐嵌入全球生产网络。因而，产品内分工拉升了垂直专业化的程度，延长了全球商品价值链，降低了澜湄流域参与全球生产网络分工的门槛，为落后经济体的发展提供了机遇。

以中国为代表的发展中国家通过基于全球价值链的产业融合，深度参与全球生产体系，打通凭借要素比较优势实现经济增长与产业升级的快速通道。随着新一轮的产业

---

① Kohler W. A Specific-factors View on Outsourcing[J]. North American Journal of Economics & Finance, 2001, 12(1): 31-53.

② UNCTAD. World Investment Report 2013: Overview-Global Value Chains: Investment and Trade for Development[R]. New York and Geneva: United Nations, 2013.

③ 姚阳．国际产品内分工下我国加工贸易升级对策研究[J]．当代经济，2008(10)：98-99.

④ Baldwin R, Lopez-Gonzalez J. Supply-chain Trade: A Portrait of Global Patterns and Several Testable Hypotheses[J]. World Economy, 2013, 38(11): 141-142.

革命及国际分工，中国亟需提升全球价值链地位，深度促进以智能化、个性化、高价值(生产与服务相互支撑)为代表的产业融合。另外，在中美贸易争端日趋复杂的情况下，我国也面临向“一带一路”沿线国家转移自身具有丰富竞争力的产能，引导我国向西南方向开放延伸并形成新的区域产业链的问题。澜湄流域是中国面向东南亚、南亚和印度洋开放的关键节点，是“一带一路”倡议、中老、中缅等经济走廊的战略交汇点。而澜湄流域的构成主体除泰国、越南步入新型工业化国家之列，老挝、缅甸、柬埔寨均处于工业化初期，工业基础体系不完善，工业产品多处于低端，被联合国界定为最不发达国家。因此，澜湄流域如何把握新一轮全球分工，实现该地区长足发展，是一个值得研究的课题。

2016年3月，澜湄合作首次领导人会议召开，以互联互通、产能合作、跨境经济等为优先合作方向，正式启动新的次区域合作机制——澜湄合作机制。该机制自启动以来取得了丰硕的成果(见表1.1)。首先，在“高效务实、项目为本、民生为先”的澜湄模式推动下，首次领导人会议上确定的45个早期收获项目全部按计划推进，在水资源利用、减贫、农业等领域已取得实质进展。其次，50亿美元产能合作专项贷款超额完成，极大地加强了澜湄流域的“互联互通”和“产能合作”。其中，中国发起并设立的澜湄合作专项基金已全面启动，将为首批132个合作项目提供支持。特别是，2018年12月17日，中国外交部长王毅出席澜沧江—湄公河合作第四次外长会议上指出澜湄合作未来发展的几大方向：一是共同打造澜湄流域经济发展带，六国以澜沧江—湄公河黄金水道为依托，以产业发展重镇和重大基础设施为枢纽，推动全流域经济提质、增效、升级；二是强化产能合作，推动建设产能合作园区，构建更完善的次区域产业链和价值链；三是加强创新合作，分享新技术、新业态和新模式，提升数字基础设施和创新能力，提升网络连通水平，加快跨境电商发展，等等。中国政府对澜湄流域合作的顶层设计，无疑为中国西南边疆省份更好发挥在澜湄流域产业融合联动发展中的功能和作用指明了方向，同时也提出了更高要求。

表1.1 **澜湄流域合作机制及取得成果**

时间	会议	成果	合作机制
2015年11月	澜沧江—湄公河合作首次外长会	发布《澜湄合作概念文件》和《联合新闻公报》	按照“3+5”合作框架稳步推进，即以政治安全、经济和可持续发展、社会人文为三大合作支柱，以互联互通、产能合作、跨境经济、水资源、农业和减贫为优先方向，并将以中越、中老、中柬为率先推进国家，保证“澜湄合作”机制的成果尽早落地
2016年3月	澜沧江—湄公河合作首次领导人会议	发布《澜湄合作首次领导人会议三亚宣言》和《澜湄国家产能合作联合声明》，这标志着“澜湄合作”机制正式诞生	

续表

时间	会议	成果	合作机制
2016年12月	澜沧江—湄公河合作第二次外长会	发布《澜湄合作第二次外长会联合新闻公报》《首次领导人会议成果落实进展表》和《优先领域联合工作组筹建原则》	在巩固“3+5合作框架”的基础上，拓展数字经济、环保、卫生、海关、青年等领域合作，逐步形成“3+5+X合作框架”
2017年12月	澜沧江—湄公河合作第三次外长会	发布《澜湄合作第三次外长会联合新闻公报》《澜湄合作专项基金首批支持项目清单》和《首次领导人会议和第二次外长会成果落实清单》	
2018年1月	澜沧江—湄公河合作第二次领导人会议	发布《澜沧江—湄公河合作五年行动计划(2018—2022)》和《澜沧江—湄公河合作第二次领导人会议金边宣言》。	
2018年12月	澜沧江—湄公河合作第四次外长会	发布《〈澜湄合作五年行动计划〉2018年度进展报告》《2018年度澜湄合作专项基金支持项目清单》和《澜湄流域国家经济发展带研究报告》	一是加强贸易联通建设；二是加强公共卫生合作；三是深化水资源合作；四是进一步推动农业合作；五是重点推进民生合作；六是积极开展非传统安全合作；七是促进次区域机制协调发展
2020年2月	澜沧江—湄公河合作第五次外长会	发布《澜湄合作第五次外长会联合新闻公报》	
2020年8月	澜沧江—湄公河合作第三次领导人会议	发布《澜沧江—湄公河合作第三次领导人会议万象宣言》《澜沧江—湄公河合作第三次领导人会议关于澜湄合作与“国际陆海贸易新通道”对接合作的共同主席声明》	
2021年6月	澜沧江—湄公河合作第六次外长会	发布关于深化澜沧江—湄公河国家地方合作的倡议； 发布关于加强澜沧江—湄公河国家可持续发展合作的联合声明	充分用好即将生效的《区域全面经济伙伴关系协定》，深化农业、旅游、边境贸易、电子商务、产业园区、媒体交流、科技创新、支持中小微企业、数字经济等合作，积极参与共建澜湄流域经济发展带，完善区域产业链供应链

注：作者根据澜沧江—湄公河合作官网整理。

当前随着产品内分工及全球价值链的延伸，澜湄流域逐渐成为国际投资的热点地区。以中国为例，2013年对该地区的直接投资额为29.9亿美元，至2018年增加至37.1亿美元，占中国对东盟总投资的27%。从投资国家来看，2018年中国在老挝的对外投资总额为12.4亿美元，居该地区第一；其次为越南，为11.5亿美元；柬埔寨居第三，为7.8亿美元。从投资的行业类别来看，主要集中在采矿、制造和水电等行业，以上说明澜湄流域国家是中国在亚洲的重要投资地域。① 除了来自中国的对外直接投资外，还有日本、美国、澳大利亚、欧盟等国家的外资，主要分布在电子、机械、汽车零部件及化学材料等制造业。同时，该地区也是全球商品的加工、组装地区之一，如制衣业的阿迪达斯、保罗、耐克，电子设备制造业的宏基、通和、爱普森，汽车制造业的丰田、奔驰等均有分布。

作为东南亚的重要组成部分，澜湄流域近年来经济发展较快，外资外贸与工业生产能力也不断提高。通过ITC数据库可知，澜湄流域国家外商直接投资净流入由2012年的252亿美元增长至2018年的350亿美元，年平均增幅达19%。其中，越南在2018年的外商直接投资为155亿美元，居澜湄流域国家之首；泰国次之，为132亿美元。而最具显著特征的是，柬埔寨、越南两国制造业领域的外商直接投资年平均增长率分别达到58.2%、40.6%，居前列。另外，2018年泰国、越南、老挝及柬埔寨制造业产值占GDP的比重分别为34.7%、35.6%、35.7%和32.1%，② 表明该地区工业化水平在不断地发展(Koichi & Ishikawa，2018)。③

外资的涌入和不断提升的工业生产水平为澜湄流域国家嵌入全球生产网络提供了基础。UNIDO & WSDB数据库显示，2018年柬埔寨、泰国和越南三国制造业出口比重分别高达94.4%、81.4%和85.1%，其中越南和泰国主要以电子、汽车零部件等中间产品为主，占比分别为66.6%和85.4%，出口市场主要为中国、欧美发达国家与其他东盟国家；柬埔寨和缅甸主要以代工的成衣制品为主(占比分别为83.2%和75.4%)，主要出口欧美市场。由此可见，中间产品生产及贸易已成为澜湄流域国家参与全球生产分工的重要方式。中国广西与云南亦是如此，来自跨国公司和发达国家的外资不断增加，通过两省区的海关统计年鉴可知日本、新加坡和美国等国家的外商直接投资占总投资的绝大部分，但两省区依然以从事简单的初级制成品加工和中间产品贸易为主。

尽管澜湄流域国家参与了部分全球生产网络分工，并扮演了一定的角色，但是该地区依然面临通过吸引外来投资促进产业发展和缩小区域发展差距的重大现实问题。余珮和孙永平(2011)④、周密(2013)⑤、张文武(2013)⑥指出，代表中国参与澜湄合作的云南和广

① 《中国对外直接投资统计公报》2013年、2018年。

② www.data.worldbank.org.cn.

③ Koichi, Ishikawa. Economic Integration of East Asia: Prospects and Issues[J]. Asian Studies, 2018, 64(4): 62-79.

④ 余珮，孙永平．集聚效应对跨国公司在华区位选择的影响[J]．经济研究，2011(1)：71-82.

⑤ 周密．后发转型大国价值链的空间重组与提升路径研究[J]．中国工业经济，2013(8)：70-82.

⑥ 张文武．中国产业转移与扩散的测度与趋势研究[J]．统计与决策，2013(13)：109-111.

西，在国际分工进程中不断被边缘化。随着东亚逐渐成为全球制造业生产的重要地区，澜湄流域能否抓住产品生产工序不断分解和中间产品跨境流动的机遇，通过劳动力和土地等初级生产要素参与国际分工，以特定价值区段嵌入全球生产网络，从而提升制造业发展水平。然而，同东亚新兴工业化国家(地区)和中国东部沿海地区“初始嵌入+功能提升+链条升级”发展路径不同(金京和戴翔，2013)①，该地区明显存在制造业基础薄弱、劳动力素质较低、企业吸收能力受限、市场容量较小、交通设施有限、通信设施有限、要素流动不均衡等区域异质性。同时，该区域自主创新能力和企业学习外资技术溢出的能力较弱，不具备初始嵌入实现升级的社会资本条件。那么，究竟应该选择什么样的发展路径以实现该地区制造业的升级？本书尝试对这些问题进行初步研究。

一个地区嵌入全球生产网络最直接的表现方式就是占据全球价值链中的一环，拥有一定的地位。Nakgyoon Choi et al. (2014)指出，全球价值链的快速发展对东亚地区的贸易结构以及贸易模式产生了重要影响，同时也影响着其他地区的生产方式与贸易模式。② 贸易增加值(Trade in Value Added，TiVA)是深入分析各经济体处于全球价值链某种地位的重要手段，澜湄流域各国主要以中间产品生产为主，而传统的核算方式通常会存在重复计算问题，在一定程度上会夸大各个参与国或地区在全球生产网络中的分工及贸易利益分配问题。③④ TiVA 能够刻画各国或地区参与全球生产网络过程中创造的实际价值，并能体现其在全球价值链下的国际分工和利益分配。据此，本书通过 TiVA 计算澜湄流域国家制造业出口产品的国内价值部分，并明晰国内价值与国外价值之间的关系；研判各个国家或地区在全球生产网络分工下的实际价值创造，以便分析国家或地区在全球价值链中的位置，明确澜湄流域参与全球生产分工的现状。然后，基于全球价值链理论测算澜湄流域国家的生产阶段数、平均传递步长及出口技术含量等指标，以明确该地区嵌入全球生产网络位置及真实地位。进而，寻求微观机理，分析企业学习能力与创新能力的重要性，继而以“企业发展—产业集聚”为出发点提出该地区制造业嵌入的升级路径。

1.2 研究意义

本书的研究意义主要体现在：

第一，在理论上分析澜湄流域制造业嵌入全球生产网络升级的机理，分析参与全球化

① 金京，戴翔，张二震．全球要素分工背景下的中国产业转型升级[J]．中国工业经济，2013(11)：57-69.

② Choi N, Kim Y G. East Asian Value Chains and Economic Effects of Free Trade Agreements[R]. KIEP Reasearch Paper. World Economy Brief, 2014.

③ Koopman R, Powers W M, Wang Z, et al. Give Credit Where Credit is Due: Tracing Value Added in Global Production Chains[R]. NBER Working Papers, No. 16426, 2010.

④ Koopman R, Wang Z. Tracing Value-Added and Double Counting in Gross Exports[J]. American Economic Review, 2014, 104(2): 459-494.

分工的利与弊，进一步从微观到宏观逐步揭示制造业升级的机制。基于系统动力学的方法，以实地调研的因果关系构建企业发展与产业升级两个子系统，通过子系统之间的联动作用，分析澜湄流域制造业未来发展的趋势及其升级路径。

第二，出口贸易国内增加值可以揭示各国在全球价值链中所获得的利益；甚至可以有效地衡量全球贸易中各国所获得的利润及权益分配情况，避免夸大价值链末端生产国的重要性，对这些国家产生误解；更可以消除因传统贸易统计方法带来"统计假象"的影响，还原该地区嵌入全球生产网络的真实程度、真实利益问题。以贸易增加值为基础探索欠发达地区制造业嵌入全球生产网络的升级机理，不仅可以为全球生产网络的区域案例研究提供新的实例，还可以深化国际分工影响的微观机理，为提升国际产业分工地位的问题提供现实理论依据。

第三，如何在有效融入全球生产网络分工体系的结构下，调整好参与价值链分工与提升其分工地位之间的关系，不仅同中国面向西南开放、产业政策的制定以及"一带一路"倡议在东南亚的实现有关，也与澜湄流域能否在嵌入全球价值链分工的过程中学习技术、克服低端锁定，实现产业转型升级有关。最终为该地区制造业的发展、产业升级和工业化水平提升提供应对策略，继而从"深化产业合作"视角，为澜湄流域新十年战略框架下深度一体化指明方向。

第四，通过分析澜湄流域嵌入全球生产网络的现状，测算嵌入程度与真实地位，架构升级发展路径，有利于促进澜湄流域国家共同发展、互利共赢。在全球外围市场疲软、以美国为代表的贸易保护主义抬头不利条件下，一方面是发展中国家需要抱团取暖，扩大内部市场；另一方面是中国需要引导构建面向南亚、东南亚的区域价值链，对冲来自中美贸易战的市场风险。进一步地，澜湄流域国家本身随着工业化进程的加快也存在升级换代的压力。因此，推进澜湄流域经济一体化、制定互联互通与产业合作蓝图，是促进澜湄流域社会经济全面转型的必然选择。对中国在澜湄流域产业融合联动发展中的功能作用进行研究，有利于中国开放型经济新体制的构建，有利于扩大中国对澜湄流域其他五国的开放程度，促进双边的贸易投资发展，切实推动澜湄流域经济一体化进程。

1.3 核心概念界定

1.3.1 澜湄流域范围界定

澜湄流域是大湄公河次区域(The Greater Mekong Sub Region，GMS)概念的延展，指澜沧江—湄公河流域的6个国家，包括柬埔寨、越南、老挝、缅甸、泰国和中国。

1992年，在亚洲开发银行的倡议下，澜沧江—湄公河流域内的6个国家和地区共同发起了大湄公河次区域经济合作机制，以加强各成员之间的经济联系，促进次区域的经济和社会发展，实现区域共同繁荣。2005年广西加入GMS经济合作，当前GMS地区包含5个国家和中国2个省区，分别为柬埔寨、云南、老挝、缅甸、泰国和中国云南省、广西壮族自治区。2016年澜湄合作第一次领导人会议启动，确立了由中国发起的次区域合作机制，该机制立足打造澜湄流域经济发展带，建设澜湄流域命运共同体，促进区域共同发展。因此，澜湄流域合作机制经历了由亚行主导的GMS向中国与澜湄流域国家共同主导的合作转变，表明了该合作机制由当初的减贫向共同发展转变。

澜沧江—湄公河流域由五个国家和中国两个省区组成，为使研究方便，本书采用澜湄流域和澜湄流域国家两个概念。前者是指澜沧江—湄公河流经的五个国家和中国两省区；后者是指具体的国家，即缅甸、泰国、老挝、越南和柬埔寨。为全面使用各类数据信息，在现状分析章节先通过TiVA数据刻画澜湄流域国家的贸易利得，然后再基于GVC指数分析中国云南和广西两省区参与全球生产分工的程度，以此把握澜湄流域嵌入全球生产网络的真实状况。需要说明的是，由于中国云南和广西缺乏相应世界投入产出表，后续的理论测度均是对澜湄流域国家进行的。

1.3.2 嵌入(Embedness)

本书基于嵌入的定义，指出澜湄流域嵌入全球生产网络，是其主动参与全球生产分工的过程，并与全球经济相关联，即澜湄流域通过跨国公司投资，形成该地区的零部件生产与组装片段，继而通过大量中间产品的进出口参与全球生产分工。由此，反映了不具备最终产品生产比较优势而被长期排除在国际分工之外的澜湄流域制造业，以零部件、中间产品与局部生产工序的供应实现全球生产网络的嵌入。

1.3.3 全球生产网络

全球生产网络描述的是将原来集中于一国或地区的生产过程纵向分割为许多环节、生产工序，并根据不同国家和地区比较优势进行空间分布的现象。这种分工形式是当前全球经济的一个重要特征，其实质含义是在经济全球化的背景下将市场一体化和生产分散化进行统一。尽管国内外学者对全球化分工、空间布局和生产现象使用了许多学术表达，但是含义类似，如产品内分工、价值链切片、多阶段生产以及外包等。因此，全球生产网络应具有以下几个特征：首先，最终产品的生产要经历两个或多个阶段，体现分工的概念；其次，在产品生产过程中有两个或以上的国家提供价值增值，体现参与的概念；最后，至少有一个国家或地区在生产过程中有进口中间品投入，并且要有部分产出产品的出口，体现价值增值的过程。①

全球生产网络是对生产过程的分割。通过对生产工序的分解，各个国家或地区根据自身的要素禀赋，结合国内的劳动力、资本对中间产品进行加工，参与全球化分工和生产，最终将全部或部分产品出口到全球各地。全球生产网络通过分工将发达国家(或地区)与发展中国家(或地区)紧紧地结合在了一起。

① 徐婧．垂直专业化分工与我国制造业出口技术结构升级研究[D]．济南：山东大学，2015.

1.4 研究思路与主要内容

1.4.1 研究思路

本书在现有研究理论和方法的基础上，通过计算贸易增加值分析澜湄流域制造业参与全球生产分工的贸易利得，然后从东亚视角分析该地区参与分工的特征，明确其现状；继而通过全球价值链理论测算澜湄流域制造业的生产阶段数、平均路径长度和出口技术含量，分析该地区嵌入全球生产网络的程度，从而提出澜湄流域制造业嵌入全球生产网络升级发展演化路径研究的命题。最后，形成技术路线图，如图 1.1 所示。

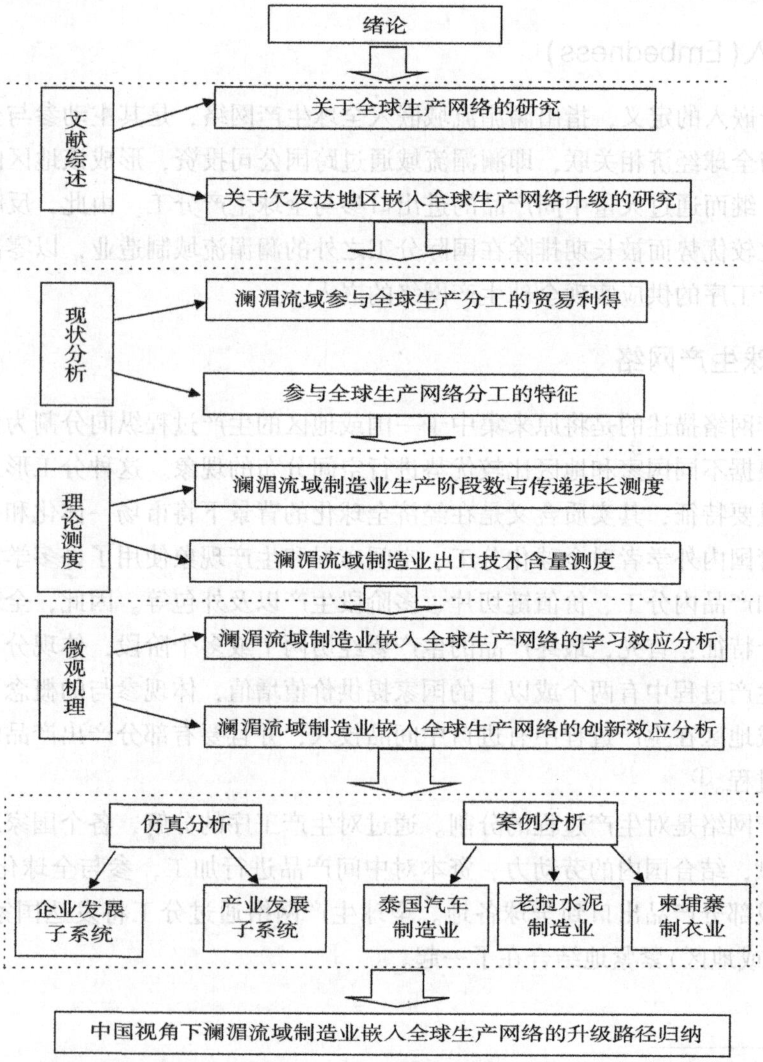

图 1.1　技术路线图

具体来看，本书的技术路线是按照“提出问题—现状分析—理论剖析—模拟研究—路径归纳”的思路展开。澜湄流域制造业嵌入全球生产网络的升级路径，首先凭借自身要素禀赋主动参与全球生产网络分工，学习跨国企业的技术溢出以提升本国制造业发展。为此，在理论方面，通过东西方国家模型分析欠发达地区参与全球生产分工的学习效应，同时探讨学习效应与创新效应之间的作用关系。在模拟研究方面，通过构建“企业发展”和“产业发展”两个子系统模拟仿真澜湄流域制造业未来的发展趋势。然后，通过案例佐证分析该地区制造业发展及其嵌入全球生产网络的过程。最后，通过中国与澜湄5个国家的项目合作，分析澜湄流域国家产业的发展路径。

1.4.2 研究的主要内容

本书共有十二章。第一章是绪论。主要论述研究的背景及意义，引出研究的主题；以及对书中涉及的相关专业术语进行解释说明；最后指出本书研究的总体思路和创新点。

第二章是文献综述。主要梳理全球生产网络的研究进展、澜湄流域嵌入全球价值链的特征等，并从动力机制角度梳理澜湄流域实现产业升级的研究，从而为后续理论分析和仿真研究提供借鉴和参考。

第三章分析澜湄流域参与全球生产分工的贸易利得。主要基于 TiVA 数据和 GVC 指数分析澜湄流域国家嵌入全球生产网络的程度。同时，将其作为现状分析的依据，为澜湄流域制造业升级发展提供服务。

第四章从东亚视角分析澜湄流域制造业参与生产分工的网络特征。通过社会网络分析方法，以制造业产品流入与流出作为方向绘制东亚产品的关联网络图，以此明晰澜湄流域制造业在东亚地区的地位。

第五章基于全球价值链理论，借助世界投入产出表，测算澜湄流域各国的生产阶段数与平均传递步长。通过这些指标刻画该地区制造业嵌入全球生产网络的程度，同时明确该地区同东亚其他国家之间的差距。

第六章测算澜湄流域各国的出口技术含量。通过该指标反映该地区制造业参与全球生产分工的技术获得，并进行国内外出口技术含量的比较，以明确澜湄流域的优势与不足，从而为该地区制造业升级发展提供现实依据。

第七章分析澜湄流域国家嵌入全球生产网络的微观作用机理。基于东西方国家模型分析澜湄流域国家参与全球生产网络对本国技术的影响，探讨东方国家同西方国家技术水平的差异。进一步指出有无“学习意识”的两种状况对东方国家企业技术的影响，从而为后续的仿真研究提供理论依据。

第八章分析学习效应同创新效应之间的作用机制。以动力学分析方法为基础，构建外资企业同澜湄流域国家本土企业技术（知识）变化的方程，分析学习效应和创新效应对澜湄流域国家本土企业技术的影响，以此分析结果为后续仿真研究的方程设计提供依据。

第九章模拟仿真澜湄流域制造业未来的发展趋势与升级路径。基于理论研究，以实地调研的因果关系为建模基础，构建企业发展与产业发展两个子系统，着重研究企业嵌入过程中学习效应对产业升级的影响，分析企业自主创新能力对该地区制造业的影响，从而为该地区制造业升级提供政策意见。

第十章为案例研究。以泰国汽车制造业、老挝水泥制造业和柬埔寨制衣业为分析对象，分析澜湄流域制造业发展的现状、嵌入全球生产网络的状况及其未来发展趋势。进一步为该地区制造业嵌入全球生产网络的升级发展提供建议。

第十一章从中国视角出发，总结澜湄流域其他五国不同的发展路径。主要是传统路径、联动发展路径和依托平台及园区的发展路径，即通过项目投资、企业创新等手段发挥澜湄流域国家资源禀赋优势和成本优势，并借助中国资本和技术促进该地区制造业升级发展的路径。

第十二章为结论和政策建议。本章对全书的理论研究和仿真模拟结果进行归纳总结，在此基础上进一步提出相关政策建议。主要从微观企业、区域和地方政府三个层面提出澜湄流域制造业未来发展及持续嵌入全球生产网络的政策建议。

1.5 研究方法

本书通过理论联系实际问题，遵循国内外已有的研究成果，结合澜湄流域制造业发展的现状，并在测度生产阶段数、平均传递步长及出口技术含量等指标的基础上辨析该地区嵌入全球生产网络的特征；继而从多个角度分析研究该地区嵌入全球生产网络升级的机理与路径。涉及的研究方法如下：

(1)定性与定量研究方法。采用定性分析方法分析澜湄流域制造业嵌入全球生产网络的现状，由 TiVA 数据库计算得到国内增加值，通过纵向和横向对比分析澜湄流域国家的贸易利得。而对于中国云南和广西两省区，以垂直专业理论为基础，通过定量方法计算两省区的 GVC 指数，判别分析我国云南和广西嵌入全球生产网络的程度。

(2)全球价值链数量化研究方法。一是借鉴 Koopman et al.(2010)、倪红福等(2016)提出的方法，分别测度澜湄流域制造业的生产阶段数、平均路径长度和出口技术含量等指标，以此反映澜湄流域参与全球分工的程度，以便明晰该地区制造业嵌入全球生产网络的程度；二是构建计量经济学模型，分析影响澜湄流域出口技术含量的因素。

(3)可视化分析法。针对澜湄流域制造业的区域特征，通过社会网络分析方法绘制澜湄流域制造业产品的贸易网络图，直观反映该地区在生产分割下的空间相互作用，从而准确识别澜湄流域在东亚生产分工中的特征。

(4)规范研究方法。一是基于澜湄流域参与全球化分工的利益与弊端，对比分析澜湄流域有学习意识和没有学习意识两种情况下的技术变化过程，为后文的模拟仿真提供理论依据。二是采用动力学的研究方法，着重讨论企业学习效应同创新效应对澜湄流域产业升级发展的影响。

(5)模拟研究方法。基于澜湄流域制造业发展的现状，采用系统动力学的研究方法，以实地调研得到的因果关系为基础，并以学习效应与创新效应为理论基础构建系统动力学方程，仿真模拟该地区制造业持续发展及其升级路径。

(6)案例研究方法。根据实地调研的结果，以泰国汽车制造业、老挝水泥制造业和柬埔寨制衣业为研究对象，分析当前这些国家制造业嵌入全球生产网络的现状及其特点，以佐证上述理论研究。

1.6 主要创新点与不足

1.6.1 主要创新点

追踪国际产业转移及外商投资的新热点——澜湄流域，探讨在国际分工大背景下经济更加落后地区产业升级问题，能够为全球生产网络嵌入问题提供新的实例，为解决发展中经济体与落后国家和地区如何通过参与全球生产网络分工的机遇，实现产业升级转型、提升国际分工地位的现实问题提供理论依据。

将企业自身学习能力与创新能力同产业发展问题相结合，并基于系统动力学构建欠发达地区学习效应、创新效应和产业升级的仿真模型。通过企业发展与产业发展两个子系统，研究澜湄流域制造业嵌入全球生产网络的升级机理，以期得到新的发现。

1.6.2 不足之处

欠发达地区制造业的转型升级以及全球生产网络的分工形式一直是学术界研究的热点问题。欠发达地区如何通过参与全球生产网络的机遇提升自身产业的发展也一直是研究的难点和焦点。本书提出了欠发达地区制造业嵌入全球生产网络实现产业升级的理论框架，并将其运用于澜湄流域。本书虽有一定创新，但仍存在如下不足，需要改进。

第一，在对企业发展和产业发展两个子系统建立SD模型时，未考虑外部环境、地区政策等因素。另外，由于相关指标难以量化，忽略了外部环境和区域政策对企业发展以及嵌入程度的影响，在今后的研究过程中将加以改进。

第二，由于跨国调研难度大，本书在案例研究时未对澜湄流域国家制造业及其相关产业链进行透彻分析，存在一些不足。

第2章 文献综述

全球生产网络、国际分工与价值链升级等一直是国际研究的热点问题，研究成果丰硕。本章首先梳理全球生产网络的研究进展，然后从增加值贸易的视角梳理欠发达地区国际分工地位的研究，最后从动力机制的角度梳理欠发达地区实现产业升级的研究理论。

2.1 全球生产网络的研究

2.1.1 全球生产网络与国际分工

全球生产网络已成为当今世界经济发展的重要特征，产品的全球生产与全球分工不容忽视。GPN从全球供应链角度剖析了产品生产过程中的供给与消费问题；而与此对应的一个概念——全球价值链(Global Value Chain，GVC)从价值链的角度考察了国际分工下的利益分配问题。GPN与GVC是同一问题的两个方面，GPN反映的是生产问题，GVC则是生产之后利益分配问题，均是对国际分工特征的描述。随着经济全球化的不断深入，国际产业分工格局出现了重要变化，全球生产网络式的分工模式已经成为现今国际分工的新常态，以跨国企业为主要特征的企业生产过程与生产活动越来越全球化，国际贸易与市场也逐渐出现一体化特征(Baldwin & Lopez，2015；UNCTAD，2013)。①②

Dixit & Grossman(1982)基于标准贸易理论框架构建了中间产品贸易模型，以此考察垂直专业化分工的动因，模型假设一种产品的制造过程由一组连续的垂直生产阶段组成，每个阶段的产出是下一个阶段的投入，由于每个生产阶段的要素密集度程度不同，导致相同生产阶段的不同国家专业化模式的比较优势不同。在这种假设下，工资与租金比率比较高的国家专业化生产资本密集度就处于相对较高的阶段；要素禀赋与贸易政策作用于比较优势，通过改变比较优势影响分工模式。③ Jones & Kierzkowski(1998)指出随着生产规模的扩大，将生产区段散布于具有不同比较优势的空间区位可以降低生产成本，但生产模式的

---

① UNCTAD. World Investment Report 2013 Global Value Chains：Investment and Trade for Development[J]. Laboratory Animal Science，2013，35(3)：272-279.

② Baldwin R，Lopez-Gonzalez J. Supply-chain Trade：A Portrait of Global Patterns and Several Testable Hypotheses[J]. World Economy，2013，38(11)：141-142.

③ Dixit A K，Grossman G M. Trade and Protection with Multi-Stage Production[J]. Review of Economic Studies，1982，49(4)：583-594.

分割将带来服务成本的增加，因此分割程度的大小和在此基础上的专业化模式直观反映为生产成本与服务成本的权衡，有利于促进分工的深化。① 卢锋(2004)总结并补充了垂直专业化分工的原因和动机，以 Jones 和 Kierzkowski 的研究为基础，认为垂直专业化分工是以生产工序的空间可分离性为前提，运输成本和跨境交易成本决定了垂直专业化分工的强度。②

总体来说，全球生产网络将不同价值区段在全球范围内配置与重组，通过对生产网络进行垂直解构，建立在比较优势、规模报酬递增、成本降低等因素上的产品分工能够吸引许多国家参与全球商品的生产。不同国家在研发、产品设计、采购、生产、分销、市场营销及售后服务等环节上以不同的优势互补结合，从而分配全球价值链(Grossman G. M，2008；Chavas J. P，2010；金京，2013)。③④⑤ 全球生产网络使得国际贸易结构不仅有垂直类型还有水平类型，贸易方式也变为供应链贸易，增加了中间品贸易，促使新比较优势出现，拓宽贸易伙伴的空间，为广大发展中地区嵌入全球生产网络、参与全球价值链分工创造了机会，从而成为全球价值链分工的一部分(Martincus C. V，2009；Parteka A，2013)。⑥⑦ 以 iPhone 手机制造为例，技术研究开发和设计在美国，主要零部件的加工生产由日本、韩国、中国、德国等国家完成，简单零部件的加工生产由澜湄流域其他国家或其他欠发达地区完成，中国组装成产成品。由此可见，一个产成品通过生产工序的划分将众多国家纳入全球生产网络，从而各个国家和地区"瓜分"整条价值链。在制造业领域，全球价值链分工表现得更为明显，主要集中在汽车制造业、机械电子装备业、化学化工业等领域。

全球生产网络通过工序的分解，将发达国家与发展中国家通过无形的分工纽带紧密地联系在了一起，如图 2.1 所示。

---

① Jones R W, Kierzkowski H. Globalization and the Consequences of International Fragmentation[J]. Capital Mobility & Trade Essays in Honor of Robert A, 1998, 59(5): 635-644.

② 卢锋. 产品内分工[J]. 经济学：季刊，2004(4)：55-82.

③ Grossman, G M, Rossi-Hansberg E. Trading Tasks: A Simple Theory of Offshoring[J]. American Economic Review, 2008, 98(5): 1978-1997.

④ Chavas J P, Kim K. Economies of Diversification: A Generalization and Decomposition of Economies of Scope[J]. International Journal of Production Economics, 2010, 126(2): 229-235.

⑤ 金京，戴翔. 国际分工演进与我国开放型经济战略选择[J]. 经济管理，2013(2)：1-10.

⑥ Martincus, C V, Estevadeordal A. Trade Policy and Specialization in Developing Countries[J]. Review of World Economics, 2009, 145(2): 251-275.

⑦ Parteka, A, Tamberi M. Product Diversification, Relative Specialization and Economic Development: Import-export Analysis[J]. Journal of Macroeconomics, 2013, 38(4): 121-135.

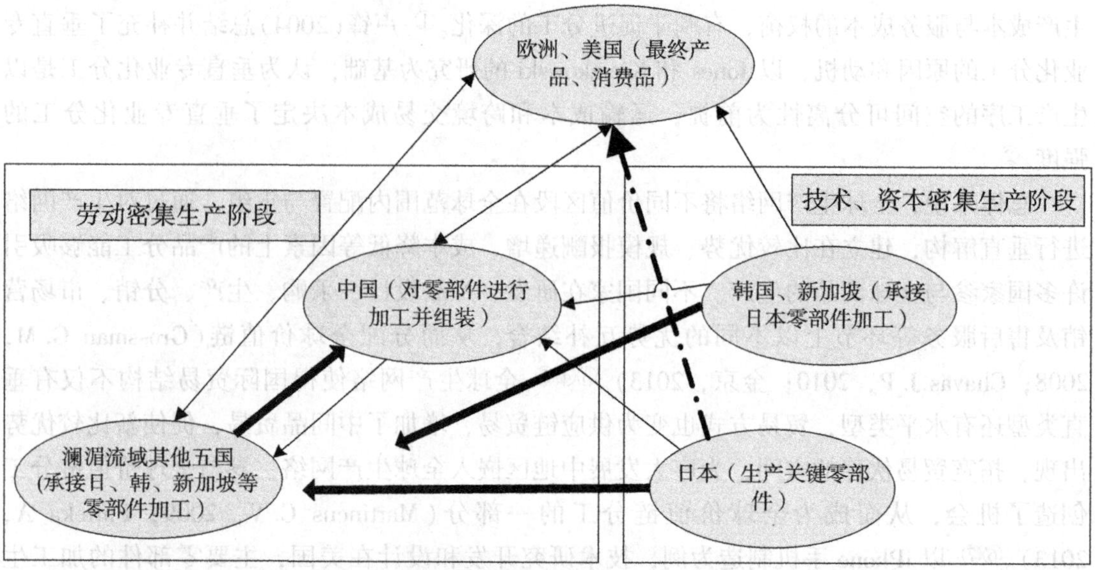

图 2.1 澜湄流域制造业在全球生产分工中的位置图

注：作者绘制，参考 Guillaume Gaulier 的研究。

图 2.1 简单地构建了澜湄流域当前在全球生产网络中所处的位置及其参与分工的现状。如图 2.1 所示，全球生产网络中东亚地区正逐渐形成日本、韩国和新加坡等发达经济体生产资本与技术密集型的零部件，其中间产品生产环节位于全球生产网络的前端工序；中国和其他发展中经济体(澜湄流域国家)从发达国家进口高端零部件和其他中间产品完成组装，属劳动密集型生产阶段；中国和其他发展中经济体(澜湄流域国家)将组装完成的中间产品销往欧美发达市场完成最终产品的生产，再销往全世界。由此可见，全球生产网络描绘了全球商品生产的供应链和价值链，反映了各国(地区)在全球生产网络中的地位及其创造的价值。

2.1.2 全球生产网络嵌入程度

对于全球生产网络嵌入程度的研究，大体可以分为两个角度：一是宏观角度通过计算增加值贸易分析一国(地区)在全球生产网络中创造的国内价值，主要以 Jonson & Noguera① 和文东伟②等为主；二是从微观角度测算企业在全球价值链(GVC)中的嵌入程

① Johnson R C, Noguera G. Accounting for intermediates: Production Sharing and Trade in Value Added [J]. Journal of International Economics, 2012, 86(2): 224-236.

② 文东伟. 全球价值链分工与中国的贸易失衡——基于增加值贸易的研究[J]. 数量经济技术经济研究, 2018, 35(11): 39-57.

度，考察参与全球价值链分工的程度，主要以刘维林①、吕越和罗伟等②为主。基于J&N、Koopman等贸易统计框架分析一国(地区)的国内增加值是当前发展的趋势。当前中间产品贸易的增长幅度已经远超最终产品贸易的增长速度，一国(地区)在全球生产网络中只从事某一片段的生产，传统的国际贸易统计方法已不能满足全球价值链分工下的贸易统计(Maurer and Degain，2010)。③ 另外，中间投入品往往会因为多次跨国贸易而被重复算入贸易总额，而夸大一国(地区)所创造的价值。Lamy(2011)指出，在全球价值链分工的背景下，“中国制造”没能真正反映当前国际生产分工，中国出口的产品中包含许多从其他国家或地区进口的原材料和零部件等中间投入品，中国出口的价值并非都源自中国创造的价值。④ 文东伟基于贸易增加值的核算方法测算了中国国内增加值的出口比率，发现传统的总值贸易统计显著夸大了中国价值创造的能力及其嵌入全球生产网络中的程度。因此，Koopman的增加值贸易方法不仅避免了传统贸易统计所带来的重复计算问题，厘清了增加值的来源，而且可以从增加值的角度分析一国(地区)嵌入全球生产网络的程度。刘遵义等(2007)根据中国加工贸易特点构建(进口)非竞争型投入产出表，估算了中美两国各自的增加值。⑤ 樊茂清等(2014)运用GVC分解法测算中国制造业的出口增加值，以衡量其国际分工地位。⑥ 刘重力和赵颖(2014)基于TiVA数据，从增加值角度构建“后向关联度”和“最终需求贡献率”两个指标，对13个东亚国家在全球价值链分工中的各种相互关系进行研究。研究结果表明，中国为东亚区域的上游供给者，并且其地位在逐渐提升。⑦ 王玉燕等(2014)基于投入产出表计算了中国制造业各行业嵌入全球价值链的程度，并通过实证模型检验分析嵌入程度同技术进步的关系。⑧

以上研究表明，通过计算出口中的增加值不仅可以分析一国(地区)在全球生产网络中创造的国内价值，而且可以确定其在全球生产网络中的地位。当前增加值贸易主要基于WTO与OECD开发的TiVA数据库，是中观层面研究一国(地区)全球生产网络中地位的

① 刘维林．产品架构与功能架构的双重嵌入——本土制造业突破GVC低端锁定的攀升途径[J]．中国工业经济，2012(1)：152-160.

② 吕越，罗伟，刘斌．异质性企业与全球价值链嵌入：基于效率和融资的视角[J]．世界经济，2015(8)：29-55.

③ Maurer，A，Degain C．Globalization and Trade Flows：What You See is not What Get！[J]．Journal of International Commerce，Economics and Policy，2012，3(3)：1-27.

④ Lamy，P．“Made in China” tells us little about global trade[N]．Financial Times，2011-11-24.

⑤ 刘遵义，陈锡康，杨翠红，等．非竞争型投入占用产出模型及其应用——中美贸易顺差透视[J]．中国社会科学，2007(5)：91-103.

⑥ 樊茂清，黄薇．基于全球价值链分解的中国贸易产业结构演进研究[J]．世界经济，2014(2)：50-70.

⑦ 刘重力，赵颖．东亚区域在全球价值链分工中的依赖关系——基于TiVA数据的实证分析[J]．南开经济研究，2014(5)：115-129.

⑧ 王玉燕，林汉川，吕臣．全球价值链嵌入的技术进步效应——来自中国工业面板数据的经验研究[J]．中国工业经济，2014 (9)：65-77.

重要工具。除了宏观层面进行全球生产网络研究外，也有一部分国内学者从微观企业层面探讨一国(地区)在全球生产网络中的地位。

全球生产网络的生产方式在各国之间不断延展细化，塑造了新的国际分工与贸易体系，制造方式由传统的国家制造转变为"全球制造"，货物贸易也由传统的成品贸易转变为"任务贸易"。在中间品贸易的背后，企业不再提供全部成品，仅仅负责全球生产网络中的一个或部分环节。因此，企业是全球生产网络的参与主体，其嵌入程度代表着一国(地区)参与全球分工的程度(Escaith & Inomata，2011)。① Dedrick et al.(2010)从微观企业的角度对 iPod 的全球价值链分工问题进行了研究，指出企业创新能力在产业演化发展等方面扮演着重要的角色。② Kee & Tang(2015)采用企业层面的数据对中国企业的国内价值及其嵌入程度进行了分析，指出贸易与投资自由化能够使其在全球价值链分工中的地位得到提升。③ Antràs & Rossi-Hansberg(2009)对全球价值链发展进行了综述，指出当前从企业视角分析嵌入问题有两种框架：第一，分析具有不同技术水平或要素禀赋的国家如何组织生产，全球价值链通常将产品分割成多个任务，每一个企业主要从事其中的一部分，在分析时通常假设成一个固定的函数模型，因此该分析框架与企业的异质性无关，以 Grossman、Nicoud 为代表。④ 第二，关注价值链中企业之间交易的组织形式，是以跨国公司形态的交易还是独立企业之间的契约交易。该分析框架更多关注了"企业边界"的问题，将企业参与全球生产网络的动力机制视为内生情况，从而研究企业的异质性如何影响国家或地区嵌入全球生产网络，以 Helpman、Chor 为代表。⑤ 而国内研究大多基于《中国工业企业统计数据库》与《中国海关统计数据库》实证检验中国在全球生产网络中的嵌入程度。张杰等(2013)合并中国工业企业数据和进出口企业贸易明细数据，测算了出口国内附加值，指出企业国内附加值与企业规模、贸易模式以及其他因素存在相关性，并且企业在全球价值链中的参与程度存在波动性。⑥ 孙学敏和王杰(2016)亦是采用以上两个数据库从微观层面测算了企业嵌入全球价值链的程度，并实证检验了全球价值链参与对企业生产率的影响。⑦ 吕越(2015)测算了企业在全球价值链中的嵌入程度，同时考察效率和融资约束对

① Koichi, Ishikawa. Economic Integration of East Asia: Prospects and Issues[J]. Asian Studies, 2018, 64(4): 62-79.

② Dedrick J, Kraemer K L, Linden G. Who profits from innovation in global value chains?: a study of the iPod and notebook PCs[J]. Industrial and Corporate Change, 2010, 19(1): 81-116.

③ Kee H L, Tang H. Domestic Value Added in Exports[R]. World Bank, 2015.

④ Antràs P, Rossi-Hansberg E. Organizations and Trade[J]. Economics, 2009, 1(1): 43-64.

⑤ Helpman E. Trade, FDI, and the Organization of Firms[R]. NBER Working Paper, No. 12091, 2006.

⑥ 张杰，陈志远，刘元春. 中国出口国内附加值的测算与变化机制[J]. 经济研究，2013 (10): 124-137.

⑦ 孙学敏，王杰. 全球价值链嵌入的"生产率效应"——基于中国微观企业数据的实证研究[J]. 国际贸易问题，2016 (3): 3-14.

企业参与全球价值链的影响，发现企业参与全球价值链的分工程度同其生产效率相关。①

以上研究表明，从企业层面探讨一国(地区)嵌入全球生产网络是一个新兴视角，尚处于发展阶段。然而，地区之间存在着差异性，同时受制于数据的可获得性，需要具体情况具体分析。

2.2 欠发达地区制造业在GVC分工中的地位

增加值贸易衡量的是一个国家或地区在全球价值链分工下所获得的"净收益"，反映的是真实国际分工的利得，剔除了一系列中间产品部分，折射出的是一国(地区)产业发展的真实特征。

制造业是国民经济非常重要的一部分，是国民经济发展的"晴雨表"，而全球价值链分工的生产模式影响了制造业在不同地区的集聚。欠发达地区制造业发展速度远高于发达国家，特别是亚洲，如越南、泰国等。由此反映了这些欠发达地区和国家参与了全球价值链分工，并且从表面上看也实现了一部分价值增值。然而，Lamy 指出，在全球价值链分工下，一系列"中国制造"的统计数据，如进口、出口、产值等指标，不能够真实反映中国在全球价值链分工中的地位。以 iPhone 手机出口价值流向为例②，若从传统贸易统计来看，整条价值链为 36.85 亿美元[(1581+229+1875)百万美元]，中国获得净利益为 16.46 亿美元[(1875-229)百万美元]，占据了整条价值链的 45%左右，反映中国是净收益"大国"？然而，根据 TiVA 统计数据，整条价值链为 18.75 亿美元，中国所获得的净收益只有 65 百万美元，只占整条价值链的 3.5%左右，少之又少(见图 2.2)。由此，折射出中国在 iPhone 价值链中处于价值链低端，并没有像传统统计数据表现的那样。通过对比，在新的国际产业分工背景下，传统国际贸易统计方法不仅夸大了世界商品的出口规模，而且不能准确衡量一国同其他国家之间的贸易关系。基于上述案例，TiVA 贸易统计方法不仅能够避免传统贸易统计过程中的"重复"问题，而且可以准确衡量一国(地区)在全球生产网络分工中创造的增加值及其所处地位。欠发达地区大多由新兴工业国家构成，制造业的发展规模与质量对一国经济转型至关重要。为此，本书拟从 TiVA 的视角梳理落后地区在全球价值链分工中的研究进展。

全球价值链对应的是增加值的概念，而增加值的计算必然涉及中间产品的问题。当前，中间产品贸易增速已大于最终产品贸易增速，体现出中间产品贸易在区域经济中的重要作用，中间产品贸易已经成为促进区域经济增长的主要动力。通过 2012 年的 OECD 数据可以看出，在全球供应链中，有超过半数的全球出口贸易是由中间产品贸易完成的。

① Maurer, A, Degain C. Globalization and Trade Flows: What You See is not What Get! [J]. Journal of International Commerce, Economics and Policy, 2012, 3(3): 1-27.

② OECD-WTO. Trade in Value-Added: Concepts, Methodologies and Challenges[R]. Mimeo, OECD, 2012.

Maurer and Degain 在其文章中指出，全球供应链的改变和其在全球分工中的重要地位，对

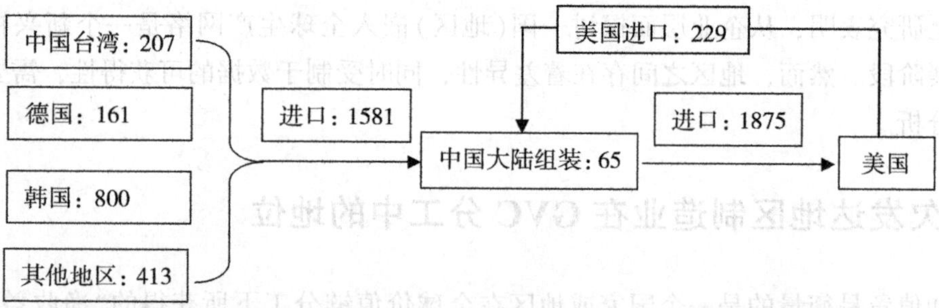

图 2.2 中国大陆对美国 iPhone 手机出口总值的来源国家及价值链分配(单位：百万美元)

注：摘自 OECD-WTO："Trade in value-added：concepts，methodologies and challenges"案例分析。

国际贸易统计方式提出了新的挑战，改变了国际贸易按产品类别来统计贸易流量的传统方式，避免了中间投入产品在不同国家(地区)贸易过程中的重复统计问题。① Hummels 等于 2001 年最早提出了垂直专业化分工(Vertical Specialization，VS)概念及框架，并且发现在全球价值链分工的背景下，一个国家出口的价值通常会包含从其他国家进口的一部分中间产品。② 由于 Hummels 提出的垂直专业方法无法体现一个国家在 GVC 中所创造的实际价值，Robert Koopman 等(2011)根据 HIY 法计算了基于第三国出口投入的国内增加值，再根据出口中的进口投入构造了一个"参与度指标"，该指标较为清楚地反映了一国参与全球供应链的情况。③ Johnson & Noguera(2012)改进了 HIY 的分析框架，从价值创造的角度提出了增加值出口的概念，同时基于 GTAP 数据库和 WIOD 数据库的 ICIO 表测算了贸易的附加值，分析了不同国家在全球价值链中的分工及其地位。④ 尽管 Johnson & Noguera 在增加值的测算上作出了巨大改进，但是没有考虑到国家参与国际分工的模式，因为不同国家参与全球价值链的形式是不一样的。Koopman 等(2014)结合 HIY 方法与 J&N 分析框架，提出了一个统一的普遍性的框架，将增加值划分为 9 个部分，通过分离重复的模块，不仅避免了传统贸易统计方法所带来的重复计算问题，同时也厘清了增加值的来源问题，能够为后续嵌入问题、国家间联系问题及全球价值链分工和地位提供新的思路。⑤

澜湄流域国家参与了全球生产网络分工，Guillaume Gaulier(2006)、赵立斌(2012)等学者指出以东亚为主的发展中国家凭借自身在制造业上的比较优势，承接了日韩等发达国

① Lamy，P. "Made in China" tells us little about global trade[N]. Financial Times，2011-11-24.

② Hummels D，Ishii J，Yi K M. The Nature and Growth of Vertical Specialization in World Trade[J]. Journal of international Economics，2001，54(1)：75-96.

③ Koopman R，Powers W M，Wang Z，et al. Give Credit Where Credit is Due：Tracing Value Added in Global Production Chains[R]. NBER Working Papers，No. 16426，2010.

④ Johnson R C，Noguera G. Accounting for intermediates：Production Sharing and Trade in Value Added[J]. Journal of International Economics，2012，86(2)：224-236.

⑤ Koopman R，Wang Z. Tracing Value-Added and Double Counting in Gross Exports[J]. American Economic Review，2014，104(2)：459-494.

家的零部件生产，并且吸引了许多跨国公司，通过内外资的接触逐渐融入国际垂直分工体系。①② 但是对欠发达地区在全球生产网络、全球价值链中地位的研究还不是很多，从增加值贸易视角进行研究则更少。王岚(2015)指出中国通过承接GVC中的劳动密集型生产工序，以低端要素嵌入全球价值链为国际产品代工，具有“大进大出，两头在外”特征的加工贸易逐渐成为中国参与全球价值链等的主要模式。③ De J. 等(2011)通过使用HIY的分析框架研究了墨西哥边境制造业的垂直专业化，发现墨西哥在边境出口中的国外份额占66%，占据了较大的比重，主要集中于电子装配、半导体装配、电子元器件等制造业。④ Wang 等(2013)不仅在总体上测算了价值链，而且在行业水平上对价值链和增加值贸易进行测算与分解。⑤ 程大中(2016)则借鉴Wang的分析方法，评估中国参与全球生产网络分工的程度，指出中国加入世贸组织后生产的商品国外价值部分在上升，通过关联指数表明了中国已经融入全球价值链和产业链，但是其嵌入程度较低，仍然需要提升全球价值链分工地位。⑥ 佘群之和贾净雪(2015)通过GVC指数研究全球价值链分工中上下游依赖关系和最终产品需求依赖关系，表明中国对欧美国家的依赖程度高，但随着中国参与程度的提升，二者之间的关系在逐渐减弱。⑦ 卫瑞等(2015)基于GVC分解法对中国增加值出口的影响因素进行了分析，表明增加值出口对国内增加值创造的重要性在不断提高；外国最终需求的来源地结构变动、中国前向国际产业关联变动和外国最终需求规模变动是影响中国增加值出口变化的重要因素。⑧ 综上，国外学者大多集中于理论方法的研究，国内学者集中于实际应用的研究。因此，基于价值链视角剖析一国(地区)在全球生产网络中的地位尚处于发展阶段，是一个研究热点。

全球价值链分工体系下欠发达地区国际分工的地位研究是随着增加值贸易分析技术的成熟而逐渐发展的。欠发达地区的国际分工体现的是全球价值链或产业链的位置关系。综

① Gaulier, G, Lemoine F, Ünal-Kesenci D. China's Specialization in East Asian Production Sharing: East Asia's De Facto Economic Integration[J]. Palgrave Macmillan UK, 2006: 135-180.

② 赵立斌．从全球生产网络的视角看中国与东盟、美国的不平衡贸易[J]．首都经济贸易大学学报，2013(2)：67-75.

③ 王岚，李宏艳．中国制造业融入全球价值链路径研究——嵌入位置和增值能力的视角[J]．中国工业经济，2015(2)：76-88.

④ De J, C L, Koopman R B, et al. Estimating Foreign Value-added in Mexico's Manufacturing Exports[R]. US International Trade Commission Working Paper, 2011.

⑤ Wang, Z, Wei S J, Zhu K F. Quantifying International Production Sharing at the Bilateral and Sector Levels[R]. NBER Working Paper, No. w19677, 2013.

⑥ 程大中．中国参与全球价值链分工的程度及演变趋势——基于跨国投入—产出分析[J]．经济研究，2015，50(9)：14.

⑦ 佘群芝，贾净雪．中国出口增加值的国别结构及依赖关系研究[J]．财贸经济，2015(8)：91-103.

⑧ 卫瑞，张文城，张少军．全球价值链视角下中国增加值出口及其影响因素[J]．数量经济技术经济研究，2015(7)：3-20.

合国内外学者的研究可以发现：首先，从增加值贸易的角度分析欠发达地区全球生产网络嵌入的研究成果比较少；其次，学者研究较多的是中国制造业问题，如Tang①、罗长远②等，零星有一些中美洲、西亚，但较少涉及落后地区的制造业；最后，从研究成果来看，欠发达地区在全球价值链中的地位并不理想，创造的价值占据整条价值链的部分极少，极大部分价值为发达国家所攫取。从中国东部地区参与全球价值链分工的演变趋势来看，中国国内价值比重呈现出先迅速下降后缓慢上升的"V"字形趋势。③ 主要是因为，早期中国处于全球价值链的低端位置，国内价值较低，但是随着中国东部沿海地区产业转型、技术创新等，其在国际分工中的地位也在逐渐提升。面对中国东部地区发展模式初有成效，在全球价值链中的地位也在缓慢扭转，对于中国西部地区乃至更落后的新兴发展中国家和地区——澜湄流域，该如何提升价值链和国际分工的地位呢？是在全球价值链分工下通过自身技术创新慢慢提升，逐步发展壮大，还是沦为"世界工厂"？

2.3 欠发达地区制造业升级发展的研究进展

通过对欠发达地区GVC价值链地位的文献梳理，可以发现大多数欠发达地区位于全球价值链分工的低端，国内价值部分得不到提升。面对此种状况，本节以价值链的研究为基础，从价值链升级的角度梳理欠发达地区制造业发展的文献。Helpman(2006)、Vechiu(2014)指出产品内分工将增加跨国公司扩大FDI投资范围的动因，从而促使发达国家的FDI对更多的发展中国家产生技术溢出效应。④ Grossman(2006)、Fritsch(2010)指出价值链分工下一个产品生产工序会在不同国家完成，因而生产率将得到大幅提升，从而促进东道国技术进步，进而带动欠发达地区产业升级。⑤ 同时，王立华(2013)从复杂自适应系统的角度指出微观企业主体上的表现对宏观产业的发展起着重要的作用；产业发展升级的核心主体是企业，企业对产业升级转型甚至集群涌现性的出现至关重要；另外，企业自身动态性的调整发展过程和企业主体之间耦合都对产业升级发展及集群涌现性产生影响⑥。许

① Tang, H W, Wang F, Wang Z. The Domestic Segment of Global Supply Chains in China under State Capitalism[R]. The World Bank Policy Rearch Working paper, No. 6960, 2015.

② 罗长远，张军．附加值贸易：基于中国的实证分析[J]．经济研究，2014(6)：4-17.

③ 文东伟．全球价值链分工与中国的贸易失衡——基于增加值贸易的研究[J]．数量经济技术经济研究，2018，35(11)：39-57.

④ Vechiu N, Makhlouf F. Economic Integration and Specialization in Production in the EU27: does FDI Influence Countries' Specialization?[J]. Empirical Economics, 2014, 46(2): 543-572.

⑤ Fritsch M, Slavtchev V. How does Industry Specialization Affect the Efficiency of Regional Innovation Systems?[J]. The Annals of Regional Science, 2010, 45(1): 87-108.

⑥ 王立华．企业主体对产业转型升级影响的分析——基于复杂适应系统理论角度[J]．宏观经济研究，2013(2)：105-111.

鸿文(2013)指出企业之间的人员流动、竞争等都可以产生知识的外溢①。因此，欠发达地区制造业价值链的提升并不是“遥不可及”的，发达国家的技术溢出为欠发达地区学习先进的生产工艺、技术水平提供了可能性。

技术差距等一系列客观因素也影响着欠发达地区产业的发展。Wang & Blomstrom (1992)指出了外资企业的溢出效应同内外资技术差距之间的关系，两者之间的差距越大，其提供的示范效应及可模仿的空间就越大，技术落后的本土企业模仿创新，实现企业发展和经济赶超的可能性就越大②。由于技术差距的存在，知识或技术的溢出成为必然，Keller & Yeaple(2009)通过进出口与外商直接投资分析了美国制造业企业的国际技术外溢现象，指出生产落后的小企业能够从外资企业获得更多的技术外溢，提高生产水平。③ Wright & Greenaway 等学者(1998)研究表明，对外开放引进的外资企业，显著地促进了本土制造业劳动生产效率的提高。④ 当本土企业的模仿成本低于外资企业的创新成本时，技术差距意味着落后本土企业可以更多地模仿先进企业的技术，实现技术赶超。当本土企业自身技术水平无法消化吸收溢出知识时会产生反作用，从而影响“示范—模仿”机制发挥作用(Girma，2005；Long & Hale，2006)。⑤⑥

Lai 等(2008)认为正向的技术外溢要以适当水平的内外资技术水平差距为前提，技术水平较差的国家和地区通过对发达国家技术进行吸收模仿从而实现增长的跳跃，有相当的难度；而技术差距小的发达地区，也未能表现出较好的技术外溢效应。⑦ 因此，技术溢出的学习过程并不是简单线性相关关系，而是非线性的作用机制，与技术差距息息相关。王华(2012)指出内外资技术差距的“双刃性”，证明了存在内外资技术差距的门槛值，在内外资技术差距的影响下，外商直接投资的技术溢出效应表现出非线性动态演进规律。⑧⑨

---

① 许鸿文．FDI 产业内技术外溢效应对中国内资企业溢出效果的影响——基于中国行业面板数据的实证检验[J]. 中国科技论坛，2013(3)：89-95.

② Wang, J Y, Magnus B. Foreign Investment and Technology Transfer: A Simple Model[J]. European economic review, 1992, 36(1): 137-155.

③ Keller, W, Stephen R Y. Multinational Enterprises, International Trade, and Productivity Growth: Firm-level Evidence from the United States[J]. The Review of Economics and Statistics, 2009, 91(4): 821-831.

④ Milner, C, Peter W. Modeling Labor Market Adjustment to Trade Liberalization in an Industrializing Economy[J]. The Economic Journal, 1998, 108(447): 509-528.

⑤ Girma, S. Absorptive Capacity and Productivity Spillovers from FDI: A Threshold Regression Analysis [J]. Oxford bulletin of Economics and Statistics, 2005, 67(3): 281-306.

⑥ Long C, Hale G. What Determines Technological Spillovers of Foreign Direct Investment: Evidence from China[J]. Global Finance Journal, 2006, 1(2): 153-162.

⑦ Lai M Y, Wang H, Zhu S J. Double-Edged Affects of Technology Gap and Technology Spillovers: Theory and Chinese Industry Study[J]. China Economic Review, 2008, 20(3): 414-424.

⑧ 王华，祝树金，赖明勇．技术差距的门槛与 FDI 技术溢出的非线性——理论模型及中国企业的实证研究[J]. 数量经济技术经济研究，2012(4)：3-18.

⑨ 叶娇，王佳林．FDI 对本土技术创新的影响研究——基于江苏省面板数据的实证[J]. 国际贸易问题，2014(1)：131-138.

因此，企业的发展不仅取决于溢出效应，而且同企业的吸收能力相关，而这种能力又与企业的创新效应相关，能够加强企业对知识的整合，提高技术创新能力和生产效率。①②

Humphrey & Schmitz(2000)描述了欠发达地区代工企业价值链升级的一般过程，即工艺流程升级(Process Upgrading)→产品升级(Product Upgrading)→功能升级(Functional Upgrading)→跨产业升级(Inter-sector Upgrading)，这四个路径是逐一递进的，后者的发展是以前者的实现为基础的，每个阶段升级路径的实现必然有其相应的企业核心能力和价值活动作支撑。③ Hubert Schmitz(2004)指出立足于内销战略的国内厂商由于不受制于跨国公司，拥有完全的企业战略决策权，并能够依据自身能力开展技术研发以及打造自主品牌。同时还更有能力将国内具备的技术能力和品牌影响力向邻国甚至是国际市场拓展。④ 何佳佳(2008)对我国代工企业进行研究，指出只要我国代工企业能巧用国际分工的机会，利用多渠道、多方式尽可能地向跨国公司学习其先进的管理思想、技术诀窍及品牌营销经验，增强自身核心业务能力，同时不断积累创新能力和创新经验模式，就有可能向价值链的高附加值领域攀升，实现功能升级甚至是价值链的跨越。⑤

通过上述学者的研究，可以总结出价值链的攀升和国际分工的提升主要取决于企业的学习能力和自主创新能力。首先，学习能力是指对跨国企业生产过程中技术外溢的学习，通过学习外资企业的先进技术来提升自身生产工艺，创造高附加值是重要策略之一。同时Humphrey & Schmitz(2000)、Gereffi 等(2005)证明了通过跨国公司的技术溢出效应可以使欠发达地区在全球生产网络中形成良性的循环累加演化过程。⑥ 然而，跨国企业的技术外溢并不是自愿发生，而是外部性的结果，一旦跨国企业知晓有模仿学习企业的存在，跨国企业也会采取相应的专利保护手段，科斯、罗默等均对外部性讨论过。⑦ Chin & Grossman (1988)、Deardorff(1992)通过一般均衡分析的框架，指出发展中国家的福利水平会因为发达国家外资企业的严格知识产权保护而受损，对发展中国家技术创新不利。⑧⑨ 其次，自

① Qian, H F, Acs Z J. An Absorptive Capacity Theory of Knowledge Spillover Entrepreneurship[J]. Small Business Economics, 2013, 40(2): 185-197.

② 谢洪明，张霞蓉，程聪，等. 网络关系强度、企业学习能力对技术创新的影响研究[J]. 科研管理，2012，33(2)：55-62.

③ Humphrey J, Schmitz H. Governance and Upgrading Linking Industrial Cluster and Global Value Chain Research[R]. Institute of Development Studies Working Paper, 2000.

④ Schmitz, H. Local enterprises in the global economy[M]. Edward Elgar Publishing, 2004.

⑤ 何佳佳. OEM企业转型模式及其影响因素研究[D]. 杭州：浙江大学，2008.

⑥ Gereffi G, Humphrey J Sturgeon T. The Governance of Global Value Chains [J]. Reviews of International Political Economy, 2005(12): 78-104.

⑦ Coase, R H. The Coase Theorem and the Empty Core: a Comment [J]. The Journal of Law & Economics, 1981, 24. 1: 183-187.

⑧ Chin J C, Grossman G M. Intellectual Property Rights and North-South Trade [J]. Social Science Electronic Publishing, 1991, 13: 87-92.

⑨ Deardorff A V. Welfare Effects of Global Patent Protection[J]. Economica, 1992, 59(233): 35-51.

主创新能力是指企业通过研发投入与人力资本积累两种手段，从而实现生产力提升，继而改善企业在全球价值链分工中的地位。企业自主创新能力是欠发达地区提升国际分工地位的关键因素，其思想主要来源于早期熊彼特增长理论(Schumpeterian Growth Theory)，历经阿罗、罗默、卢卡斯等学者创新发展，提出了经济增长的内生动力——技术。①② Stöllinger(2013)、Parrado 等(2014)基于商品贸易过程中的技术溢出效应，指出先进技术的商品贸易会给欠发达国家的企业在“干中学”的模仿过程中提高自身技术水平和竞争力。③④ 同时 S&P 将学习能力与自主创新能力结合，指出了“干中学”的学习方式，使之学习模仿能力内生化，提高自主创新能力。

现阶段，关于澜湄流域产业升级的研究非常少。Reenstra & Hanson(1996)指出澜湄流域制造业的技术水平、研发能力等比较低下，获得的附加值也比较低。⑤ 在全球生产分工体系下，发达国家趋于将劳动密集型产业转移到发展中国家，从而使本国制造业企业集中资源发展价值链高端环节，在促进本国技术进步的同时造成发展中国家的持续落后。受中美贸易摩擦与新冠肺炎疫情双重影响，在外资大量涌入和贸易转移效应显著增强的特征事实下，考察全球价值链嵌入对澜湄流域产业升级的影响，剖析其内在机理是非常值得研究的。这不仅能为该地区突破低端锁定、实现价值链攀升，而且能够为其他发展中国家与地区提升国际分工地位提供新的理论依据。如黄郑亮(2019)指出中美贸易摩擦使全球价值链的“制造端”向越南偏倚，给越南制造业带来发展优势的同时，也对其生产结构升级提出了新挑战；⑥ 也有文献指出澜湄流域国家应取长补短，按照硬件、软件、驱动“三位一体”路径打造区域价值链合作范本(张彦，2019)。⑦

综上来看，欠发达地区处于全球价值链低端位置是一个不可否认的事实，价值链攀升和国际分工地位改善是一个值得研究的课题。虽然这是一个产业问题，甚至是一个区域发展问题，但是价值链提升的微观基础仍然是企业发展的问题，王立华通过复杂自适应理论指出了产业发展的微观体现是企业主体。因此，企业主体成为该问题研究的新起点，而欠发达地区价值链分工地位的提高不同于一般企业创新能力的提升，其不仅涉及企业发展理论，而且同国际贸易、区域发展甚至是内生经济理论相关，所以该问题是一个综合的复杂管理学问题。

① Romer, P. Endogenous Technological Change[J]. Journal of Political Economy, 1990, 98 (5): 71-102.

② Lucas R. On the Mechanism of Economic Development[J]. Journal of Monetary Economic, 1988, 22 (1): 3-42.

③ Stöllinger R. International Spillovers in a world of Technology Clubs [J]. Structural Change and Economic Dynamics, 2013, 27: 19-35.

④ Parrado R, De C E. Technology Spillovers Embodied in International Trade: Intertemporal, Regional and Sectoral Effects in a Global CGE Framework[J]. Energy Economics, 2014, 41: 76-89.

⑤ Fenestra R C, Hanson G H. Globalization, Outsourcing and Wage Inequality[J]. American Economic Review, 1996, 86(2): 240-245.

⑥ 黄郑亮. 越南制造业在全球价值链的位置研究[J]. 东南亚研究, 2019(5): 86-108, 156.

⑦ 张彦. 中国与东盟共建区域价值链问题探讨——以制造业为例[J]. 国际展望, 2019, 11(6): 68-89, 152-153.

通过对欠发达地区企业学习能力与自主创新能力的培养，进而增强技术水平；通过技术水平的传递从而改善欠发达地区产业在全球价值链分工中的"尴尬"地位。诚然，学习能力与自主创新能力是重要的、关键的要素，但是从现有研究来看还存在不足。企业家精神、企业文化等企业层面较为容易忽略的因素依然可以影响欠发达地区产业升级。

因此，本书以"摸清事实—寻找原理—系统仿真—案例分析"为逻辑思路，寻找澜湄流域在全球生产网络背景下产业升级转型的动力机制，探索该地区制造业嵌入全球生产网络的升级路径。

2.4 澜湄流域制造业嵌入全球生产网络升级发展的理论框架

2.1节、2.2节和2.3节梳理了全球生产网络、欠发达地区制造业在全球价值链分工中的地位以及制造业升级发展的相关文献。基于上述文献研究，以下将整理本书的理论框架，形成完整的分析思路。

(1)澜湄流域制造业嵌入全球生产网络升级发展的逻辑起点——嵌入程度

开展科学问题研究的第一步应该是找寻其逻辑起点，澜湄流域制造业升级发展是其目的，而该问题的逻辑起点是什么呢？在升级发展之前是怎样一个状态呢？为此，需要判断该地区嵌入全球生产网络的现状，通过现状特征再引出升级发展问题。从当前的研究来看，澜湄流域处于东亚生产网络的边缘，而东亚生产网络又受制于欧美生产网络。因而，判断该地区在全球生产网络的地位，可以为后续对于升级发展的研究提供现实依据。通过出口增加值贸易及GVC指数的方法分析澜湄流域参与全球生产网络分工的贸易利得和网络特征，继而通过阶段数等指标刻画该地区嵌入全球生产网络的程度。所以现状及嵌入程度分析是其研究问题的逻辑起点。

(2)澜湄流域制造业嵌入全球生产网络升级发展的微观机理——嵌入机理

面对澜湄流域当前的发展现状，为了实现其制造业的升级发展，有必要寻求其微观机理。全球生产网络是当前国际产业分工的最新形式，国际投资与中间产品的全球流动为欠发达地区产业的发展提供了新的机遇。技术势差为溢出效应提供了可能性，同时为该地区学习发达国家知识和技术创造了机会。因而本书嵌入机理之一是依托全球化生产的平台，发挥企业主观能动性，在嵌入全球生产网络过程中吸收技术溢出，提升其技术水平。

企业创新是产业发展的基本动力，认识并理解企业创新行为的内在机理对于全面理解产业发展规律具有重要意义。大量企业的创新决策最终对产业创新、区域创新以及国家创新产生总体性的综合影响力。Cohen & Levinthal(1990)指出内部研发与吸收外部知识是互补而非替代关系，吸收和利用外部知识的能力取决于其内部的研发努力所形成的吸收能力。[①] 因而

① Cohen W M, Levinthal D A. Absorptive Capacity: A New Perspective on Learning and Innovation[J]. Administrative Science Quarterly, 1990, 35(1): 128-152.

本书嵌入机理之二是创新效应，通过内部研发提升企业自主创新能力，从而促进其理解和吸收外部知识的能力，最终实现产业技术创新。澜湄流域经济基础薄弱，单单依靠学习外部的知识是不够的，还需要有创新能力，通过二者共同作用力才能够推动地区产业的升级。

(3)澜湄流域制造业嵌入全球生产网络升级发展的模拟仿真——嵌入升级

基于上述的微观机理及调研过程中的实际因果关系，模拟学习效应和创新效应对该地区制造业升级发展的影响。通过对参数的比较与分析，判断影响澜湄流域制造业发展的各种因素。从企业子系统到产业子系统模拟分析该地区制造业的变化趋势，继而通过各方因素加强企业自身的实力，最终促进产业的升级发展。

本书的理论框架如图 2.3 所示。

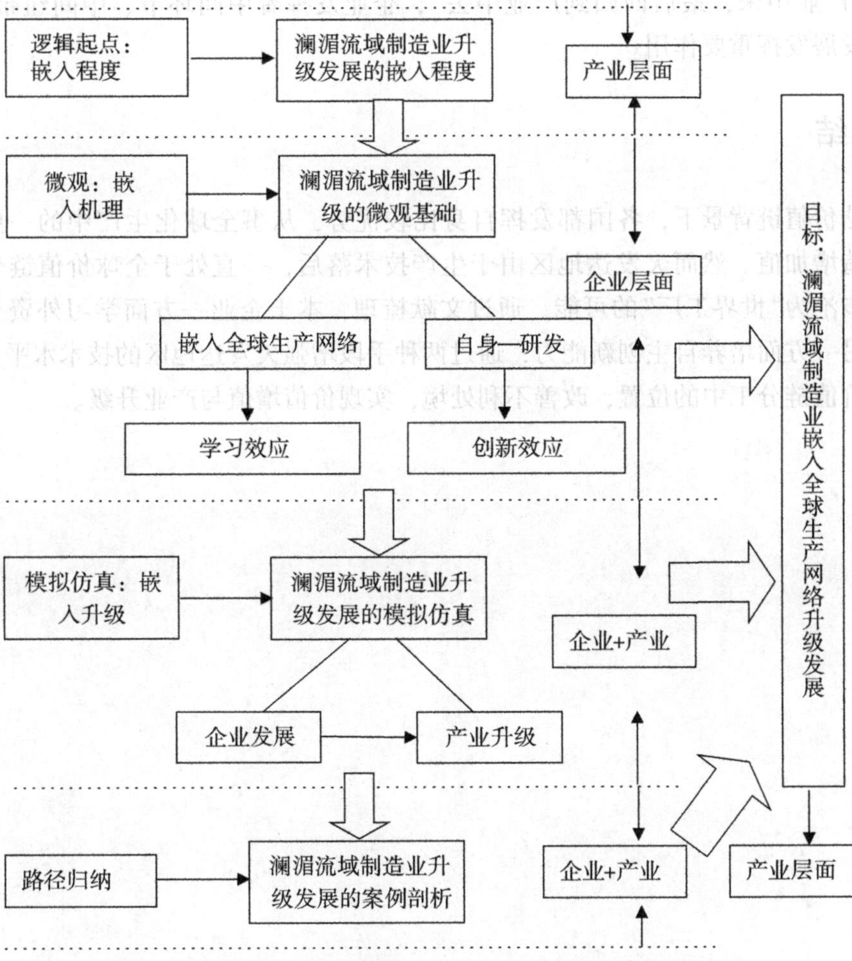

图 2.3　澜湄流域制造业嵌入全球生产网络升级发展的理论框架

图 2.3 给出了澜湄流域制造业升级发展的理论框架，也是本书撰写的基本思路。从逻

辑起点出发，发现问题，从而寻找原理，为产业升级提供理论基础。

首先，参与全球化分工或是嵌入全球生产网络都是学习发达国家技术溢出的前提条件，而内部研发又是其自主行为，通过二者之间的合力促进其产业升级。

其次，本书的分析思路遵循“产业—企业—产业”和“嵌入程度—嵌入机理—嵌入升级”的逻辑，以企业为中间节点，突出企业是产业结构升级和增长方式转变的中心环节。微观层面的企业技术进步是一切经济增长的根源，而技术进步一方面通过学习吸收外在的知识，另一方面通过企业创新行为获得。因而企业技术进步是产业升级、区域发展甚至国家创新最为本质的元素，不仅是提高生产效率、提升产业结构的主体，而且是研究与开发、进行知识和技术创新的主体。通过产业层面判断该地区制造业嵌入全球生产网络的特征，继而提出产业升级的问题。然后，从微观企业的角度寻求升级机理，通过增强企业技术促进产业升级。所以，无论是模拟仿真还是案例分析，都将遵循企业到产业的分析思路。即“从产业中来，最后回归到产业中去”，企业发挥着中间环节、中间纽带的作用，对产业的发展发挥重要作用。

2.5 小结

在全球价值链背景下，各国都发挥自身比较优势，从事全球化生产中的一些生产环节，并创造增加值。然而欠发达地区由于生产技术落后，一直处于全球价值链分工的低位，有逐步沦为“世界工厂”的可能。通过文献梳理，本土企业一方面学习外资企业的技术溢出，另一方面培养自主创新能力，通过两种手段增强欠发达地区的技术水平，从而提升在全球价值链分工中的位置，改善不利处境，实现价值增值与产业升级。

第3章 增加值视角下澜湄流域制造业出口贸易利得分析

随着经济一体化和贸易自由化的深入发展，以跨国公司为主导的全球生产网络快速发展并不断深化。全球生产网络的分工方式，一方面为欠发达地区融入全球经济、实现技术进步并最终提升价值链地位提供了机遇。另一方面，作为欠发达地区的澜湄流域搭乘着全球生产网络的“顺风车”不断参与国际产业分工。赤松要的“雁形产业发展理论”勾勒出了东南亚国家处于“雁尾”地位，从事劳动密集型产业的加工生产与贸易。当前国际分工、产业转移等与“雁形产业发展理论”存在着许多不同，国际分工不再是水平式的，垂直化产品内分工的特征越来越明显，产品逐渐发展成网络式的片段化生产，国家(地区)仅仅获得单个价值片段。澜湄流域经济基础薄弱、基础设施欠缺、生产力水平有限，能够参与全球生产网络既是机遇又是挑战。为此，在测度澜湄流域制造业嵌入全球生产网络程度之前，先从出口增加值和出口贸易网络的角度理清该地区参与全球生产分工的事实特征。本章从增加值贸易和GVC指数角度梳理澜湄流域参与全球分工的特征。

3.1 澜湄流域基本特征

澜湄流域除中国、泰国、越南外，缅甸、老挝、柬埔寨均是联合国界定的最不发达国家，工业制造业基础非常薄弱。余珮和孙永平(2011)①指出代表中国参与澜湄合作的云南、广西，在中国东部地区制造业嵌入全球生产网络和国际分工地位得以提升的进程中明显被边缘化，与东部地区经济发展不断拉大。

随着东亚地区逐步成为全球制造业生产的重要中心，澜湄流域也逐步参与全球生产网络的分工进程，凭借自身在自然资源、人力成本等方面的优势，进行加工、代工、组装等生产活动，不断参与国际产业分工。如制衣业的阿迪、保罗、耐克等品牌，电子设备的宏基、通和、爱普森等，汽车制造业的丰田、奔驰等均在澜湄流域国家投资建厂。根据世界银行数据显示，2000年以来，澜湄流域FDI流入增长较快，如2005年引进FDI的规模超过千亿美元，2013年达到3200亿美元，投资行业有电子、机械、汽车零部件和化学材料等，以制造业为主。澜湄流域凭借外商投资加快了产业发展的力度，其生产链条逐渐延伸，产业结构日益复杂。更为重要的特征是，澜湄流域国家出口制造业的比重也在不断提

① 余珮，孙永平. 集聚效应对跨国公司在华区位选择的影响[J]. 经济研究，2011(1)：71-82.

升，出口产品以代工的鞋衣、电子配件等为主，出口国家主要为欧美等发达国家。大量中间产品、零部件的出口，外商直接投资以及代工企业的增加，反映了澜湄流域国家已逐渐融入全球生产网络体系。

表 3.1 列出了澜湄流域国家参与全球分工的相关指标，外商直接投资由 2013 年的 330 亿美元增加至 2018 年 367 亿美元，年平均增长率为 2.15%，其中越南净增 66 亿美元，为其他国家之最。尽管泰国和老挝稍有回落，但是这两个国家依然是发达国家的投资热点地区。从工业发展情况来看，柬埔寨、老挝和缅甸工业占比稍有提升，泰国和越南有所下降，说明澜湄流域国家工业基础存在差异，发展不均衡，泰国和越南实现部分工业化转型，而柬埔寨、老挝和缅甸则处于工业发展阶段。

表 3.1　　澜湄流域国家参与全球分工的相关指标特征

澜湄流域国家	2013 年					2018 年				
	进出贸易总额（亿美元）	外商直接投资（亿美元）	工业占 GDP 比重	工业品出口比重	工业品进口比重	进出贸易总额（亿美元）	外商直接投资（亿美元）	工业占 GDP 比重	工业品出口比重	工业品进口比重
柬埔寨	149	13	29.7%	95.4%	81.8%	302	31	32.1%	94.4%	80.2%
老挝	65	43	28.3%	53%	75.1%	112	13	35.7%	43.8%	70.8%
缅甸	232	26	27.4%	28.6%	73.7%	360	36	32.1%	50.2%	65.2%
泰国	4782	159	46%	79.8%	74.2%	4330	132	34.7%	81.4%	76.6%
越南	2278	89	41.6%	77.3%	82.3%	4806	155	35.6%	85.1%	83.5%

注：数据来源于《东盟统计年报》。

工业制成品的出口比重平均维持在 65%，尤其是泰国、越南和柬埔寨的出口比重均在 80%以上，主要出口市场为中国、欧美发达国家与其他东盟国家；柬埔寨出口产品以代工成衣为主，出口比重在 90%以上，主要出口市场是欧美等发达国家。另外，澜湄流域国家工业制成品的进口比重也非常高，2018 年达到 75.3%，并且通过细分商品门类来看，主要以中间零部件产品为主。由此反映了澜湄流域国家“两头在外”的加工贸易特征，也反映了该地区参与全球生产分工的特征事实。

大量中间产品和零部件的进出口、外商直接投资的增加以及代工企业的增加，说明澜湄流域依托自身要素禀赋优势，在特定价值片段开始嵌入全球生产网络，但是该地区贸易利得又如何呢？同时面对新一轮经济全球化的浪潮，澜湄流域能否把握机遇，利用产品生产工序不断分解和中间产品跨境流动的机遇，通过劳动、土地等廉价要素进一步参与国际分工，从制造业的特定价值区段持续及深入地嵌入全球生产网络？为此，本章节从增加值贸易的角度探讨澜湄国家制造业在全球生产体系下的贸易利得，从而判断该地区制造业嵌入全球生产网络的现状，进而为持续嵌入全球生产网络及实现价值链的攀升提供现实依据。

3.2 澜湄流域国家制造业出口贸易增加值特征

澜湄流域作为全球较为不发达的地区，所面临的实际情况同其他地区是不一样的，存在区域的特殊性。考虑数据来源与可获得性，澜湄流域国家采用 TiVA 数据分析(WTO-OECD 数据库只统计柬埔寨、泰国与越南三国)。

3.2.1 澜湄流域制造业整体发展状况

由于 TiVA 数据库尚未统计老挝与缅甸的数据，所以从泰国、越南和柬埔寨三国的数据来推断澜湄流域的发展情况。表 3.2 列出了上述三个国家与亚洲其他国家制造业增加值的数据。

表 3.2　**澜湄流域同亚洲其他国家制造业增加值表(十亿美元)**

国家	2005	2006	2007	2008	2009	2010	2011	2012	2013	2014	2015
中国	739	909	1178	1504	1651	1980	2422	2680	2961	3214	3224
泰国	**55**	**60**	**72**	**79**	**76**	**95**	**101**	**110**	**115**	**113**	**112**
越南	**18**	**21**	**24**	**32**	**33**	**37**	**44**	**49**	**56**	**61**	**63**
柬埔寨	**2**	**2**	**2**	**3**	**3**	**3**	**3**	**4**	**4**	**4**	**5**
日本	1032	982	1000	1084	1004	1191	1216	1229	1007	961	911
韩国	256	284	319	290	263	329	371	374	398	417	416
新加坡	32	33	40	43	44	54	57	61	59	61	57
印度尼西亚	75	99	115	140	138	167	194	197	193	189	181
马来西亚	39	44	52	57	51	60	72	76	78	82	72
菲律宾	26	30	38	44	42	51	56	60	67	71	73

注：数据来源于 WTO-OECD 数据库，由其整理与计算得到，2016 年版本的数据只更新到 2015 年。列出亚洲其他国家是为了方便比较。

增加值反映的是一个国家在生产过程中扣除中间投入所得到的净值，是核算 GDP 的重要方法。制造业增加值反映的是一个国家制造业所有行业部门所创造的价值，是国民经济的重要组成部分。表 3.2 将澜湄流域国家同亚洲其他国家进行对比，其中中国和日本为亚洲重要经济体，韩国和新加坡为“亚洲四小龙”成员，其他国家为东盟自贸区的重要成员。由表 3.2 可知，从整体上看柬埔寨、泰国与越南制造业增加值呈现递增趋势。以柬埔寨和越南为例，2005 年增加值分别为 20 亿美元和 180 亿美元，到 2015 年增长至 50 亿美元和 630 亿美元，平均增长速度分别为 9. 6%、13. 3%。尽管澜湄流域国家制造业增加值发展较快，但是区域内部存在差异，总体表现为泰国>越南>柬埔寨。同亚洲其他国家相比较，该地区制造业发展水平存在较大差距。以 2015 年为例，除泰国以外，柬埔寨和越南排名分别为倒数第一和倒数第三。尽管泰国和越南制造业增加值在部分年份高于新加坡和马来西亚等国家，但是也不能表明其参与全球价值链分工的程度较高。由于国家体量和制造业发展程度不一，因而各国创造的制造业增加值总量存在差异。

3. 2. 2　澜湄流域国家出口国内增加值比较分析

出口国内增加值比重 EXGR_DVASH，反映的是一国(地区)在全球价值链分工下通过自己国内生产要素创造的价值，是真实的价值交换，能够反映全球生产网络嵌入的贸易利得。与此对应的概念为出口国外增加值比重 EXGR_FVASH，其含义与国内增加值相反。

出口国内增加值比重的高与低有其自身的含义①，当该指标比较高时，主要有两种原因：其一，一国家很少参与全球价值链的分工，其出口的价值大多来源于该国国内创造的增加值；其二，当一国高度参与全球价值链的分工并处于价值链的高端位置时，出口产品包含的国内价值相应地就会很高。故而国内增加值比重处于高位时存在两种情形，然而国内增加值比重较低反映的是一国参与全球价值链分工的程度有限，处于不利地位。

从表 3. 3 和图 3. 1 可以看出，整个东亚地区的国内增加值占比在逐年提升，而柬埔寨、越南与泰国的国内增加值变化稍显不同，泰国波动递增，越南递减，柬埔寨平稳发展。另外，澜湄流域其他国家制造业的国内增加值发展态势与中国不一样，中国呈现稳定的增长，尽管 2010 年出现下跌，但之后恢复并稳步发展，而柬埔寨、越南、泰国则是波动发展趋势，甚至出现下跌。文东伟(2016)在对中国参与全球价值链分工的研究中，指出中国的国内增加值比重出现“V”形的变化趋势，特别是入世以来中国的国内增加值比重不断提升，表明中国不断改善在全球价值链分工中的地位。虽然柬埔寨、越南、泰国在 1995 年时国内增加值价值比重较高，但是并不意味它们在全球生产体系下获得较高的贸易利得。从总量上看，柬埔寨、越南、泰国创造的国内增加值分别为 2. 2 亿美元、285 亿美元和 18 亿美元，其价值总额不仅小于中国，而且远远不及韩国的 1/5(同期中国为 487 亿美元，韩国为 3007 亿美元)。其次，20 世纪 90 年代澜湄流域国家进口中间投入规模较小。以泰国为例，1995 年进口中间投入用于出口生产的份额仅为 30%左右，表明澜湄流域国家商品出口价值大多来源于国内初始投入产品的价值，说明参与国际生产分工的程度较低，其贸易利得不明显。自 2005 年以来，泰国与越南的制造业出口国内增加值比重维持在 60%左右，而柬埔寨为 70%左右，处于中等偏上位置。由此表明澜湄流域国家出口内含的国内增加值在提升，获得了分工带来的贸易利得。然而，学术界认为出口国内增加值比重并非越高越好，与一国产业所处的阶段相关。通过用于出口的中间产品投入份额可知，在这一时期澜湄流域国家不断上

① 国内增加的具体核算原理见附录 A1。

升，反映了出口价值中的国外份额也在上升，说明澜湄流域国家嵌入了全球生产网络，参与了全球生产分工。以泰国为例，用于出口的中间品投入份额由2000年的37%增加至2010年的52%，说明深度嵌入了全球生产分工体系。然而，同中国相比，澜湄流域其他五国嵌入全球生产网络的水平和质量有待进一步提升。

表3.3　澜湄流域国家同亚洲其他国家制造业出口国内增加值比重表(%)

国家	1995	2005	2006	2007	2008	2009	2010	2011	2012	2013	2014	2015	2016
中国	51.88	73.7	74.1	75.2	77.1	80.5	78.9	78.3	79.2	79.7	80.5	82.7	83.4
泰国	68.23	61.6	62.9	63.9	61.0	65.6	64.0	61.2	61.6	62.5	63.3	66.4	67.5
越南	68.67	63.9	61.9	59.2	58.5	62.8	59.5	58.2	59.2	58.3	57.6	55.5	56.4
柬埔寨	78.46	70.5	71.0	71.1	72.4	74.5	73.4	73.7	72.6	73.1	72.3	73.1	71.4
日本	83.41	89.8	87.8	86.8	84.8	89.1	87.8	85.7	86.1	84.8	84.2	86.8	88.6
韩国	72.65	67.3	65.8	65.6	58.8	62.9	61.8	57.6	58.0	60.5	62.7	67.4	69.6
印度尼西亚	80.41	81.6	85.1	85.7	85.0	87.9	87.6	87.2	86.7	86.1	85.9	87.1	88.7
马来西亚	61.34	55.0	56.6	55.9	59.7	60.2	59.4	60.6	61.9	62.8	63.4	63.1	63.9
菲律宾	58.78	73.7	68.3	75.8	75.2	78.1	76.1	76.5	76.1	79.0	79.6	78.0	76.6
新加坡	47.93	57.2	55.4	58.6	54.8	58.0	58.7	56.5	56.2	57.2	57.0	59.1	60.6

注：数据来源于WTO-OECD数据库。

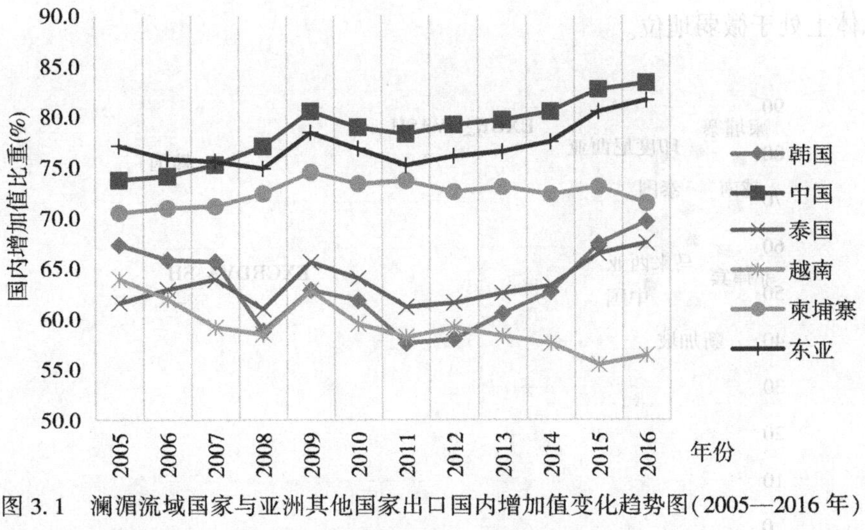

图3.1　澜湄流域国家与亚洲其他国家出口国内增加值变化趋势图(2005—2016年)

注：数据来源于WTO-OECD数据库，由作者整理计算并绘制，下同。东亚是以上述国家数据求取均值，代表平均水平。

进一步比较澜湄流域国家和其他亚洲国家出口国内增加值比重与国内增加值占世界份额的关系，绘制 1995 年、2005 年、2011 年和 2015 年的二维关系图，如图 3. 2。国内增加值出口占世界的份额用来刻画一国或地区在世界增加值贸易中的地位，反映其同全球生产网络的关系，与出口国内增加值比重的概念相似，唯一不同之处是世界增加值的概念。

从图 3. 2 可以看出，在 1995 年时柬埔寨、泰国、越南处于第二象限(低—高)，反映了柬埔寨、越南、泰国国内增加值占世界份额的比重较低但国内增加值出口比重较高。2005 年至 2011 年，柬埔寨、泰国、越南一直处于第三象限(低—低)，不仅国内增加值出口比重低，而且国内增加值占世界的份额低。这些结果反映了该地区 1995 年时很少参与全球价值链的分工，故 EXGR_DVASH 比率较高；2000 年以来，澜湄流域国家通过中间产品贸易较多地参与全球化分工，出口国内增加值比重较高的格局被打破，开始从事制造业产品的某一生产工序，故 EXGR_DVASH 比重在下降。2005 年到 2011 年，格局尚未打破，出口国内增加值比重仍处于低位，表明该地区在全球价值链分工中仍处于相对较低的环节。而 EXGRDVA_SH 比率一直较低，说明了澜湄流域国家一直以来都不是世界出口国内增加值的主要来源，EXGRDVA_SH 比重为 2. 6%左右，远不及欧美日的 1/10(2009 年 27. 92%)，与中国也相差了一段距离(2011 年 8. 2%)，反映该地区制造业在价值创造上仍处于低端位置。2015 年可以发现泰国已经进入第二象限，打破之前的僵局，说明随着参与分工的深化，其出口国内增加值比重得到提升。然而，澜湄流域的其他国家无论是出口增加值比重还是增加值占比都没有提升。

除韩国与中国以外，东亚其他经济体都集中于第二与第三象限，但是相较而言，澜湄流域国家依然存在差距。2005 年越南和泰国的 EXGR_DVASH 比重为 60%~65%，高于新加坡和马来西亚，但低于韩国、中国。2008 年以后泰国稳步提升，越南呈下降趋势，总体上与新加坡、印度尼西亚等存在一些差距，反映了柬越泰三国参与全球生产分工的程度不高，总体上处于微弱地位。

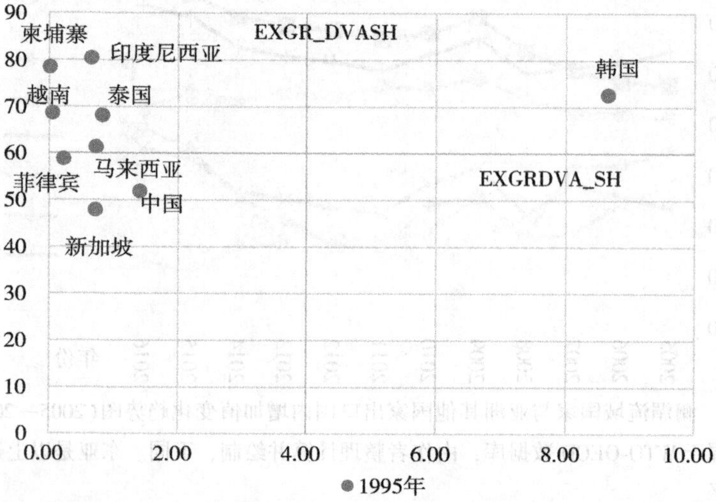

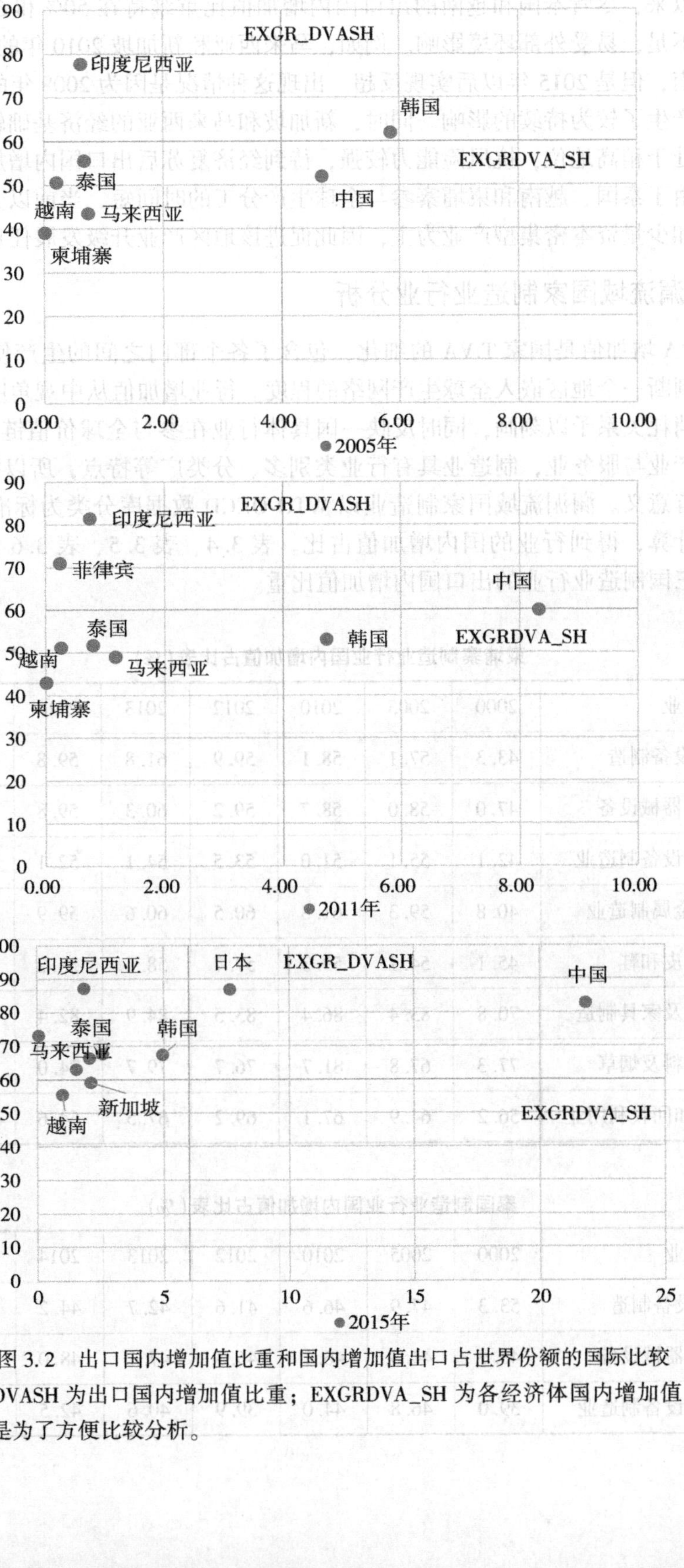

图 3.2 出口国内增加值比重和国内增加值出口占世界份额的国际比较

注：EXGR_DVASH 为出口国内增加值比重；EXGRDVA_SH 为各经济体国内增加值占世界的比重。列出多个国家，是为了方便比较分析。

十多年以来，尽管泰国和越南的出口国内增加值比重维持在50%和60%左右，但是发展的后劲不足，易受外部环境影响。例如，马来西亚和新加坡2010年的EXGR_DVASH比重不及越南，但是2015年以后实现反超。出现这种情况是因为2008年的金融危机对越南和泰国等产生了较为持续的影响。同时，新加坡和马来西亚的经济基础较为良好，在全球价值链中处于稍高地位，抗风险能力较强，待到经济复苏后出口国内增加值比率迅速提高。另外，由于泰国、越南和柬埔寨参与全球生产分工的时间短，当前以劳动密集型的粗加工制造业和少量资本密集型产业为主，因此促进该地区产业升级发展任重道远。

3.2.3 澜湄流域国家制造业行业分析

行业TiVA增加值是国家TiVA的细化，包含了各个部门之间的生产使用关系，可以较为清晰地判断一个地区嵌入全球生产网络的程度。行业增加值从中观角度对国家、部门之间的生产消耗关系予以刻画，同时反映一国具体行业在参与全球价值链分工中的地位。相对于第一产业与服务业，制造业具有行业类别多、分类广等特点，所以行业TiVA增加值的分析更有意义。澜湄流域国家制造业以WTO-OECD数据库分类为标准，笔者通过下载、整理并计算，得到行业的国内增加值占比。表3.4、表3.5、表3.6分别为柬埔寨、泰国与越南三国制造业行业的出口国内增加值比重。

表3.4 柬埔寨制造业行业国内增加值占比表(%)

行业	2000	2005	2010	2012	2013	2014	2015	2016
机械和设备制造	43.3	57.1	58.1	59.9	61.8	59.8	60.9	63.7
通信电子器械设备	47.0	58.0	58.7	59.2	60.3	59.8	60.3	61.5
电气及光学设备制造业	42.1	55.1	51.0	53.5	54.1	52.1	51.9	52.4
化学及非金属制造业	40.8	59.3	61.8	60.5	60.6	59.9	62.8	60.5
纺织、皮和鞋	45.1	54.7	59.3	57.7	58.6	58.2	61.0	63.0
木材、纸张及家具制造	70.8	83.4	86.4	83.5	84.9	82.4	83.4	83.8
食品、饮料及烟草	77.3	67.8	81.7	76.7	79.7	74.0	80.7	79.3
其他制造业和回收利用业	56.2	64.9	67.1	69.2	67.5	64.6	73.1	72.1

表3.5 泰国制造业行业国内增加值占比表(%)

行业	2000	2005	2010	2012	2013	2014	2015	2016
机械和设备制造	53.3	47.9	46.6	41.6	42.7	44.2	46.8	47.8
通信电子器械设备	45.9	44.3	46.1	46.3	47.1	48.0	50.7	52.1
电气及光学设备制造业	39.0	46.8	44.0	39.9	40.6	42.5	44.3	45.0

续表

行业	2000	2005	2010	2012	2013	2014	2015	2016
化学及非金属制造业	64.1	60.2	64.2	58.2	58.9	59.6	64.2	67.8
纺织、皮和鞋	78.3	72.4	73.3	74.8	75.9	75.8	77.7	79.3
木材、纸张及家具制造业	75.9	69.7	71.3	67.9	69.0	69.1	71.7	73.2
食品、饮料及烟草	82.3	79.4	82.7	81.3	82.5	82.4	83.5	84.2
其他制造业和回收利用业	66.3	59.1	60.6	54.6	55.4	57.0	59.0	60.8

表 3.6　越南制造业行业国内增加值占比表(%)

行业	2000	2005	2010	2012	2013	2014	2015	2016
机械和设备制造	39.7	43.8	40.0	38.1	39.8	38.6	36.5	37.7
通信电子器械设备	51.1	52.8	47.1	41.9	41.7	41.4	38.8	38.6
电气及光学设备制造业	33.7	52.6	45.0	45.7	44.3	43.4	41.0	41.5
化学及非金属制造业	55.5	50.9	49.8	52.5	51.1	51.1	52.0	53.6
纺织、皮和鞋	53.3	58.5	55.7	54.5	55.6	55.3	53.9	55.3
木材、纸张及家具制造	78.1	53.8	53.2	46.1	52.3	51.9	51.1	51.8
食品、饮料及烟草	82.0	65.9	63.4	66.9	63.7	62.9	62.4	63.2
其他制造业和回收利用业	58.3	55.3	51.2	56.9	52.5	51.6	50.0	60.8

注：数据来源于 WTO-OECD 数据库，通过整理与计算得到；由于表格较多，相关总量表附于文后。

首先，从变化趋势来看，无论是何种制造业，其出口国内增加值比率呈现波动变化的过程。以机械和设备制造业为例，柬埔寨出口国内增加值占比 2005 年为 57.1%，2010 年为 58.1%，2015 年为 60.9%；泰国分别为 47.9%、46.6%和 46.8%；越南分别为 43.8%、40.0%和 36.5%，其他制造业亦是如此。从增加值总量来看，以 2015 年为例，柬埔寨、泰国、越南机械设备制造业分别为 0.04 亿、26.5 亿和 15.7 亿美元。与亚洲其他国家相比，非常少，不及韩国、新加坡等国家的 1/10。这些都反映了澜湄流域国家嵌入全球生产网络后，制造业出口国内增加值比重并没有实现快速增长，相反存在下降的趋势。表明该地区与自身生产要素结合程度较低，参与全球价值链分工的程度较低，依然处于低端位置(日本、韩国制造业的国内增加值比重大多维持在 80%以上)；同时也折射出该地区有沦为"世界工厂""低端锁定"的可能性。

其次，从行业分布来看，劳动密集型行业的国内增加值占比较其他行业高。柬埔寨和越南的食品、饮料及烟草制造业的出口国内增加值占比在 60%以上；泰国的纺织、皮和鞋制造业与食品、饮料及烟草制造业也均在 70%以上，而其他资本或技术密集型行业均在 60%以下，甚至部分电气及光学设备制造业在 40%以下。从增加值总量上看，2015 年，三国纺织、皮和鞋制造业分别为 19. 12 亿美元、61. 22 亿美元和 131. 4 亿美元，食品、饮料及烟草制造业分别为 4. 19 亿美元、116. 5 亿美元和 93. 1 亿美元。同时期，韩国为 175. 4 亿美元；食品、饮料及烟草制造业分别为 166. 8 亿美元、20. 5 亿美元和 66. 4 亿美元。通过比较可知，澜湄流域国家在劳动密集型制造业领域具有一定的优势，创造的国内价值量高于相应的亚洲国家。究其原因在于澜湄流域国家劳动力资源丰富且低廉，同时轻工制造业的价值链较短，所以该地区在劳动密集型制造业方面表现出了比较优势。

需要指出的是，一个行业的出口国内增加值比重不仅与出口生产使用的进口中间投入份额密切相关，而且与出口生产使用的国内中间投入高度相关。一般而言，一个行业出口生产使用的进口中间投入份额越高，表明该行业会有更多的中间投入用于出口生产。如果一个行业出口生产使用的国内中间投入份额较低时，那么该行业的出口国内增加值比率就会较低。但一个行业出口生产使用的国内中间投入高于进口中间投入，且出口生产使用的进口中间投入份额较高，那么该行业的出口国内增加值比率仍有可能较高。因此，在全球价值链分工的背景下，一个行业的国内增加值的高低，主要取决于该行业出口生产使用的国内中间投入和进口中间投入的大小。一个地区参与全球生产分工及全球生产网络的嵌入程度主要由两个因素决定：一是是否参与全球化生产过程，即经济开放水平；二是参与过程中是否有国内价值的创造及投入，即自身价值创造的能力，而不是过度地依赖其他国家中间产品的投入。20 世纪 90 年代，柬埔寨、越南、泰国无论是制造业整体还是分行业，出口国内增加值比重较高，而 21 世纪以来逐渐下降，针对该现象有如下解释。20 世纪末该地区很少参与全球生产分工，出口商品的国内中间品投入比例在 80%以上，所以出口国内增加值比重较高。但是，这并不意味着该地区嵌入全球生产网络的程度很高。21 世纪以来，澜湄流域国家逐渐融入全球生产网络体系，通过查找分析相关数据并计算可知，2010 年柬埔寨制造业进口中间投入的份额为 52%，泰国为 40%，越南在 50%以上。① 这些都表明了该地区参与全球价值链分工的程度在提升，同时对区域外国家的依赖性也同步在加强。然而，澜湄流域国家在参与全球价值链分工的过程中“质量”并未提升，国内价值的创造非常有限，故而出口国内增加值的比重较低，国外增加值比重较高，造成贸易利得较低。

综合以上研究，澜湄流域国家当前在参与生产分工的过程中获得一定的贸易利得，但是对他国的依赖性在不断增强。而欠发达地区嵌入全球生产网络不仅是参与程度的提升，更重要的是质量的提升，即创造国内价值，提升在全球生产网络中的位置。当前该地区在全球生产分工体系下仍处于不利的地位，制造业的发展还有待提升，更需要在参与全球生产网络的过程中发展创新，提升国内价值，减少对发达国家的依赖性，实现价值链的攀升。由于澜湄流域还包含中国，为此本书基于投入产出表计算 GVC 指数分析中国（主要指

① 推理、数据见附录 A2。

云南、广西，澜沧江—湄公河流域流经中国云南省、广西壮族自治区）在全球价值链中的地位，以期有新的发现。

3.3 中国云南、广西嵌入全球生产网络的特征

中国作为澜湄流域的重要组成部分，不仅与越南、老挝、泰国等国家山水相连，在经济发展程度上也比较相似。云南、广西位于中国西南，经济远不如东部沿海。随着中国经济的崛起，西南边疆省份的云桂两省区也逐渐参与全球价值链的分工，引进外资的规模不断增加。① 2014 年广西实际利用外资为 10.01 亿美元，同比增长 43%；云南实际利用外商直接投资额为 27.06 亿美元，同比增长 7.6%。其中，广西制造业行业实际利用外资 3.77 亿美元，占外资总量的 37.6%，云南制造业实际利用外资 7.85 亿美元，占 29%。外资进入带动了该地区参与国际产业分工，并逐渐融入全球生产网络体系。

从制造业产品的出口来看，2017 年云桂两省区的出口规模分别在 82.62%、94.54% 以上，占比较大。但是，相对于全球生产网络的主导者——发达国家，利润率依然较低；并且与东部省份相比也存在一定的差距，为此有必要对云桂两省区嵌入全球价值链的程度和特点进行分析。中国云南和中国广西采用张少军和刘志彪（2013）的分析思路从投入产出表的视角分析该地区嵌入全球生产网络的程度。②

3.3.1 GVC 计算方法简介

关于嵌入全球生产网络的研究，主要有两种分析视角，即行业分析法与微观企业法。其中行业分析法包括出口国内增加值和 GVC 指数两种，其均从中间产品的角度分析产品生产与消费。由于出口国内增加值是以国家为单位计算的，而云桂地区是中国的一部分，尚未有有效的方法核算其国内增加值贸易。微观企业分析法则是基于企业层面的《中国海关进出口数据》，在数据获取上存在难度。故本部分从行业角度分析云桂企业在嵌入全球生产网络的程度及其特点，在分析方法上与澜湄流域国家的有所区别。基于张少军和刘志彪的研究从垂直专业化的视角计算云南和广西两省区的 GVC 指数，以此作为考察嵌入全球生产网络程度的代理变量。垂直专业化理论与 GVC 理论都是以一种产品不同生产工序的空间布局和跨国配置为基础，两者主要在研究视角和侧重点两个方面存在差异，所以垂直专业化指数也可以有效地反映一个地区嵌入全球生产网络的程度及其特点。本部分主要采用两种方法计算 GVC 指数，方法 1 同张少军，方法 2 基于进口的角度计算 GVC 指数，具体方法如下。

方法 1：整体 GVC 指数法。GVC 指数是一个地区的某一行业出口总额中来自世界其

① Kohler W. A Specific-factors View on Outsourcing[J]. North American Journal of Economics & Finance, 2001(241): 31-53.

② 张少军，刘志彪．国内价值链是否对接了全球价值链——基于联立方程模型的经验分析[J]. 国际贸易问题，2013(2): 14-27.

他国家进口中间投入所占的比重。根据定义假定国民经济中有 N 个部门，用 M_i 表示行业 i 进口的中间投入，Y_i 为行业 i 的产出，X_i 为行业 i 的出口，则行业 i 出口额中包含的进口中间投入可以用下面的数学公式表示，即行业 i 垂直专业化的数量为：

$$\mathrm{vs}_i = (M_i/Y_i)X_i = (X_i/Y_i)M_i \tag{3.1}$$

行业 i 的出口额中所投入的进口中间品比重，即行业 i 的垂直专业化比重为：

$$\mathrm{vs}i_i = (X_i/Y_i)M_i/X_i = M_i/Y_i \tag{3.2}$$

那么，每个行业出口额中的进口中间品投入比重，即各行业整体的垂直专业化比重为：

$$\mathrm{vs}i = \frac{vs}{X} = \frac{\sum \mathrm{vs}_i}{\sum X_i} = \sum\left[\left(\frac{X_i}{X_k}\right)\left(\frac{vs_i}{X_i}\right)\right];\ X_k = \sum X_i \tag{3.3}$$

其中 X_k 为各行业的总出口，将(3.1)式代入(3.3)式，得：

$$\begin{aligned}\mathrm{vs}i &= \frac{\sum vs_i}{X_k} = \frac{1}{X}\sum_{i=1}^{N}\left(\frac{M_i}{Y_i}\right)X_i = \frac{1}{X}\sum_{i=1}^{N}\frac{X_i}{Y_i}\left(\sum_{j=1}^{N}M_{ij}\right) = \frac{1}{X}\sum_{i=1}^{N}\sum_{j=1}^{N}\frac{X_i}{Y_i}\boldsymbol{M}_{ji}\\ &= \frac{1}{X}\sum_{j=1}^{N}\sum_{i=1}^{N}\frac{X_i}{Y_i}M_{ij} = \frac{1}{X}\boldsymbol{\mu}\boldsymbol{A}^{M}X^{V}\end{aligned} \tag{3.4}$$

其中 $\boldsymbol{M}_{ji}$ 为行业 i 从别国 j 行业进口的中间投入品数量，$\boldsymbol{\mu}$ 为 $1\times n$ 维的向量；$\boldsymbol{A}^M$ 为 $N\times N$ 维进口系数矩阵，是对中间产品依存的系数矩阵；X^V 为 $N\times1$ 维的出口向量。由上述公式可知，计算 vs$i$ 需要确定 M_{ji} 的进口系数矩阵。由于中国编制的投入产出表属于竞争型，尚未对进口中间投入和国内中间投入的划分。为此，假设两点：

假设 1：各个行业将 i 行业的产品作为中间投入，其进口中间投入的比重在各个部门之间是相同的。

假设 2：作为中间投入的进口与国内生产的比例与最终产品中进口的与国内生产的比例相同。

根据这两条假设可以计算出 i 行业进口中间投入与总中间投入的比例等于 i 行业的总进口与(总产出+进口-出口)之比。对于地区投入产出表来说，该比例系数需要做些调整，以云南省为例，云南省与其他地区之间的联系包括中国之外和国内其他地区之间的联系，因此代表进口中间投入的部分由“进出口”和“地区间调出入”两类构成。将进口与地区间调入合并，出口与地区间调出合并，所以在计算价值链时，比例相应地调整为(进口+调入)/(总出口+进口+调入-出口-调出)。再用投入产出表中的直接消耗系数矩阵 $\boldsymbol{A}$ 的每一行乘以相同的比例系数就可以求得进口和调入系数矩阵 $\boldsymbol{A}^{M+I}$，继而代入式(3.1)、式(3.2)、式(3.3)求得相应的指数，其中 X=出口+调出。该方法计算的指数为一国某一地区外部价值链水平，其经济学含义为一国某一地区(出口和调出总额)来自外部的中间投入贡献所占的比重，表明一个地区产业对外部地区的依赖又是对世界的依赖。对于东部沿海地区，云南和广西嵌入全球生产网络的程度较低，用此方法计算的指数既表明了云桂两省区与世界其他经济体的联系，也反映了云桂两省区与中国其他省区之间的经济联系。同时，中国是全球生产网络中的一员，因此从广义角度来看，该指数体现了云桂两省区对全球生产网络中节点的依赖性。

整体 GVC 指数法是从投入的角度将进口中间投入逐步从总中间投入中“剥离”，其依赖“相同性”假定，该假设条件较为苛刻，往往各行业使用 i 行业的中间投入，在各个部门的进口中间投入比重之间存在差异。因为各个部门的国内要素禀赋是不一致的，从而导致国内投入的比例也是不一样的，如果国内产品充裕，那么进口的中间投入就会减少，反之亦然。因此假设 2 以最终产品国内生产与进口为比例计算进口中间投入，会产生误差。最后，云南省投入产出表 2007 年并未单独统计“调入”“调出”“进口”与“出口”数据，而是直接统计“流入”与“流出”，无法准确计算该年度的进口中间投入。采用整体 GVC 指数法考察中国云南和广西两省区嵌入外部生产网络是基于以下考虑：第一，在全球价值链分工体系和“一带一路”的背景下，中国任何一个省份都不能“独善其身”，而是都在积极融入全球生产网络，是全球生产网络中的一个节点，因此整体 GVC 指数法更具有表现力。第二，张少军和刘志彪在对整体 GVC 指数“剥离”时采用的是加权平均数的方法，权重为进口与调出占流出的比重，这种权重的取法是基于各部门中间使用都是相同的假定。由于在分离进口中间投入的过程中，已经使用了一次相同比例投入的假设，再次假设会进一步产生测算误差。为此本书基于上述学者的研究，暂不对整体 GVC 指数进行再次“分割”，继续采用整体指数法衡量云南与广西嵌入全球生产网络的程度。

方法 2：进口 GVC 指数法。基于行业总进口的角度，通过进口在行业中的再分配，计算进口中间投入，进而计算 GVC 指数，以此反映地区产业嵌入全球价值链的问题。设 Import_i 为 i 行业的总进口，现假设如下：

假设 1：一个地区进口的产品只有两种转换渠道，作为最终产品消费和作为中间产品进行生产；而作为中间产品的部分即进口中间投入。

假设 2：总进口在不同行业中的投入按照一定的比例进行，为了使计算简便而假设，中间投入/总投入=国内中间投入/国内生产=进口中间投入/总进口；此表达式的意义是总进口的行业投入是按照各自的直接消耗系数进行中间品的投入。

根据上述两条假设利用投入产出表中的直接消耗系数矩阵 $\boldsymbol{A}$ 的每一行乘以相同的 Import_i，得到每个行业使用其他行业的进口中间投入，再根据方法 1 中的式(3.1)、式(3.2)、式(3.3)计算出相应指数。需要明确的是，方法 2 中的 X_i 和 Import_i 来自地区海关进出口数据，是净出口与净进口；同时需要对海关进出口数据按国民经济行业门类进行匹配。由于是对行业 i 总进口的再次投入，所以各个行业中间使用行业 i 的进口中间投入总和不超过自身的总进口，用数学公式表示如下：

$$\sum_{j=1}^{n} Y_{ij} \leqslant \text{Import}_i \tag{3.5}$$

如果超过总进口，再次假设总进口均用于中间产品的再生产，然后计算调整指数进行修正，调整指数如下：

$$\alpha = \left(\text{Import}_i / \sum_{j=1}^{n} Y_{ij}\right) \times 100 \tag{3.6}$$

方法 2 是从进口的角度测算一个地区行业 i 的进口中间投入，依赖地区海关进出口数据。方法2与方法1的区别主要在于进口中间投入的计算方法不一样。方法1基于投入产出表从中间投入的角度“剥离”出进口和调入，称为“整体GVC指数法”；方法2基于海关进出口数据从进口的角度“剥离”出进口中间投入，称为“进口GVC指数法”。需要明确的是，投入产出表中的进出口与海关数据中的进出口是不一样的，投入产出表是最终产品(相对于某一生产环节)的进出口，海关数据的进出口则是由最终产品(消费)与中间品(再生产)构成。从严格数学角度来看，整体GVC指数应该大于进口GVC指数，然而在实际操作中方法1与方法2依赖的假设条件不一样，两者关系可能无法满足上述数学关系。

3.3.2　GVC指数比较分析

基于方法1和方法2的理论，计算得到云南和广西两省区的整体GVC指数与进口GVC指数，如表3.7和表3.8。

表3.7　　云南省制造业嵌入全球生产网络的GVC指数表(%)

行业	编号	方法1			方法2		
		2002	2007	2012	2002	2007	2012
制造业(整体)	T1	1.647	5.548	2.257	1.534	3.377	1.422
劳动密集型	T11	0.771	1.019	1.270	0.777	3.007	0.876
资本或技术密集型	T12	2.518	7.606	2.773	2.037	3.410	1.708
食品制造及烟草加工业	6	0.397	0.496	0.779	0.095	1.531	0.605
纺织业	7	8.352	3.440	5.313	7.061	4.230	6.961
纺织服装鞋帽皮革羽绒制品业	8	5.257	17.157	7.074	12.241	10.238	4.339
木材加工及家具制造业	9	1.231	2.836	5.001	9.919	8.485	2.300
造纸印刷及文教体育用品制造业	10	3.008	5.620	3.747	1.737	2.171	2.101
石油加工、炼焦及核燃料加工业	11	6.737	10.412	0.826	10.014	2.284	1.228
化学工业	12	2.205	2.712	2.753	0.865	1.442	0.645
非金属矿物制品业	13	0.901	3.258	1.244	0.938	1.397	0.823
金属冶炼及压延加工业	14	1.160	9.778	2.628	1.748	2.733	2.064
金属制品业	15	6.080	4.434	2.416	4.567	6.882	3.677
通用、专用设备制造业	16	3.785	6.563	4.778	4.265	4.446	1.978
交通运输设备制造业	17	6.374	7.298	7.853	5.152	4.558	4.200
电气机械及器材制造业	18	3.268	4.144	3.115	5.686	5.529	3.261

续表

行业	编号	方法1			方法2		
		2002	2007	2012	2002	2007	2012
通信设备、计算机及其他电子设备制造业	19	23.686	12.297	23.422	2.756	9.833	6.755
仪器仪表及文化办公用机械制造业	20	1.788	4.171	4.470	11.847	8.540	4.984
工艺品及其他制造业	21	2.581	3.481	1.537	2.001	5.204	3.498
废品废料	22	—	—	0.002	—	—	—

注：根据《投入产出表》和《海关进出口数据》计算得到。表中"—"表示缺少数据，无法计算。下同表3.8、表3.9。

表3.8　广西壮族自治区制造业嵌入全球生产网络的GVC指数表(%)

行业	编号	方法1			方法2	
		2002	2007	2012	2007	2012
制造业(整体)	T1	2.839	6.192	4.463	2.048	2.969
劳动密集型	T11	2.436	2.138	2.209	3.274	2.394
资本或技术密集型	T12	3.051	7.916	5.464	1.490	3.324
食品制造及烟草加工业	6	1.256	1.672	2.113	1.773	0.640
纺织业	7	1.780	5.416	3.400	6.747	3.618
纺织服装鞋帽皮革羽绒制品业	8	6.307	2.920	8.388	4.674	4.644
木材加工及家具制造业	9	4.097	3.048	0.795	8.600	3.821
造纸印刷及文教体育用品制造业	10	3.579	2.412	1.378	3.557	3.263
石油加工、炼焦及核燃料加工业	11	10.578	10.694	27.285	2.932	5.566
化学工业	12	2.141	4.582	4.021	0.939	1.574
非金属矿物制品业	13	1.422	1.978	1.350	1.463	5.893
金属冶炼及压延加工业	14	2.796	14.419	2.978	1.105	1.908
金属制品业	15	5.888	2.404	1.086	7.232	3.885
通用、专用设备制造业	16	2.321	4.390	2.587	1.895	2.584
交通运输设备制造业	17	6.043	4.089	6.877	0.771	4.528
电气机械及器材制造业	18	5.147	2.105	2.044	1.349	1.772
通信设备、计算机及其他电子设备制造业	19	3.474	11.937	7.539	6.734	4.897

续表

行业	编号	方法 1			方法 2	
		2002	2007	2012	2007	2012
仪器仪表及文化办公用机械制造业	20	2.079	4.912	2.317	6.549	3.133
工艺品及其他制造业	21	1.348	1.551	1.769	4.679	3.499
废品废料	22	—	8.695	1.177	0.360	3.255

表 3.7 和表 3.8 分别计算了云南与广西两省区制造业的整体 GVC 指数与进口 GVC 指数。其中，方法 2 的匹配过程如下：首先根据国民经济行业分类代码，匹配进出口海关数据。在实际操作中，黑色金属采矿业与有色金属采矿业合并为金属采矿业；农副食品加工业、食品制造业、饮料制造业、烟草制品业合并为食品制造及烟草加工业；纺织服装、鞋帽制造业、皮革、毛皮等合并纺织服装鞋帽皮革羽绒制品业。其中劳动密集型包括(6)+(7)+ …+(10)五个行业，其他纳入资本或技术密集型。

首先，从制造业整体上看，2002 年、2007 年中国云南省嵌入全球生产网络的程度分别为 1.647%和 5.548%，2012 年下降至 2.257%；中国广西壮族自治区分别为 2.839%、6.192%和 4.463%。由此可见，广西壮族自治区切入全球生产网络的程度稍高于云南省。2007 年，广西比云南高 0.6 个百分点。云桂两省区均表现出先上升后递减的变化过程，在 2007 年达到最高。从时间上来看，两省区 2007 年制造业 GVC 指数较 2002 年分别增长了 36.85%、18.1%，反映了垂直专业化分工在两省区呈现继续加深的趋势。然而至 2012 年，两省区均出现下降的趋势，由此表明了云南和广西在嵌入全球生产网络的过程中受到不断变化的国际环境因素影响。另外，制造业整体 GVC 指数同全国平均水平存在一定的距离，根据张少军的计算，2002 年全国平均水平为 25.88%，反映了云桂两省区制造业切入全球价值链程度较低，当前仍位于全球生产网络的不利地位。其次，从产业特征来看，资本或技术型行业嵌入全球生产网络的程度要高于劳动密集型产业，2002 年、2007 年和 2012 年云桂两省区的劳动密集型制造业的整体 GVC 指数分别为 0.771%、1.019%、1.27%，2.436%、2.138%、2.209%；而资本或技术密集型制造业的 GVC 指数分别为 2.518%、7.606%、2.773%，3.051%、7.916%、5.464%。由此说明了进口纺织、食品及皮革等劳动密集型产品作为中间品投入所创造的净价值与该产品出口的比重相对比较低，平均值分别为 1%和 2.2%；而以金属、机械制造业为代表的资本或技术密集产业进口的中间产品创造的价值较高。出现此种差异主要是因为在垂直专业化分工过程中，云桂两省区的技术(资本)密集型产业的国内价值链条较长，生产工序较多，从事的加工程度较深；而劳动密集型产业因其价值链条短，所以从事的加工程度较浅。但是，两省区无论是劳动密集型产业还是资本(技术)密集型产业切入全球化分工的程度依然较低，处于边缘位置，不足全国平均水平的 13%和 20%。

从具体行业来看，云南省金属冶炼及压延加工业，通信设备、计算机及其他电子设备制造业，通用、专用设备制造业，以及交通运输设备制造业等行业的GVC指数较高，其平均水平分别为4.522%、19.80%、5.042%和7.157%。这些行业嵌入全球生产网络的程度较其他行业高，表明这些行业的价值链较长，获取的附加值较其他行业高。广西主要在石油加工、炼焦及核燃料加工业，通信设备、计算机及其他电子设备制造业，金属冶炼及压延加工业，以及交通运输设备制造业等行业较其他部门有优势，整体GVC指数分别为16.18%、7.65%、6.73%和5.66%。云南和广西均在金属冶炼及压延加工业和通信设备、其他电子设备业表现出了相同的优势，嵌入全球价值链的程度较其他行业高。

在计算进口GVC指数的过程中涉及农林牧渔业、煤炭开采和洗选业、石油加工、炼焦及核燃料加工业、化学工业等9个部门超过总进口，为此采用调整指数进行修正。从计算的结果来看，与整体GVC指数的结论相近。绝大多数行业满足进口GVC指数小于整体GVC指数，如2012年云南省制造业整体的进口GVC指数为1.422%，广西为2.969%，满足上述数学关系。然而也存在少数行业不满足上述关系，如云南的化学工业、广西的金属制品业等。存在这种现象的原因主要是两种方法的假设基础不一样，出现过大或过小估计在所难免。然而，无论是何种方法测算的云南与广西嵌入全球生产网络程度，均能反映两省区制造业嵌入全球生产网络的程度较低，垂直专业程度较低，产品附加值及利润率较低等特点。

3.3.3 完全GVC指数分析

上述GVC指数的计算均是从直接联系的角度计算的，考虑的是生产过程中直接的经济联系，下面在式(3.4)的基础上引入里昂列夫逆矩阵，探讨生产过程中直接与间接的各种经济关系，分析商品出口之前在国内各行业部门之间的循环，从而反映国民经济各行业之间直接和间接的技术经济联系，其计算公式如下：

$$\text{vs}i = \frac{1}{X}\mu A^M\ (I - A^D)^{-1}X^V \tag{3.7}$$

通过式(3.7)计算得到云南和广西完全GVC指数如表3.9所示。

表3.9　**云南、广西嵌入全球生产网络的完全GVC指数(%)**

行业	编号	云南			广西		
		2002	2007	2012	2002	2007	2012
制造业(整体)	T1	6.085	7.906	9.096	11.810	12.597	13.323
劳动密集型	T11	4.484	4.037	6.036	5.582	8.842	9.241
资本或技术密集型	T12	7.157	11.551	10.311	14.098	14.312	14.565
食品制造及烟草加工业	6	2.853	2.165	2.527	4.157	5.714	5.266
纺织业	7	12.470	5.429	8.485	13.966	30.066	42.870

续表

行业	编号	云南			广西		
		2002	2007	2012	2002	2007	2012
纺织服装鞋帽皮革羽绒制品业	8	7.927	22.441	11.259	10.660	11.986	19.597
木材加工及家具制造业	9	7.881	6.040	14.678	7.234	13.739	1.195
造纸印刷及文教体育用品制造业	10	17.157	6.721	13.940	6.136	12.708	1.972
石油加工、炼焦及核燃料加工业	11	9.748	18.492	9.585	16.769	13.084	36.322
化学工业	12	7.074	8.443	12.005	16.438	24.474	22.295
非金属矿物制品业	13	1.363	5.129	5.420	4.074	2.828	2.428
金属冶炼及压延加工业	14	3.613	12.531	8.330	20.628	18.456	3.911
金属制品业	15	9.021	6.462	11.259	10.608	6.030	26.413
通用、专用设备制造业	16	10.529	11.684	12.760	2.364	22.784	14.897
交通运输设备制造业	17	7.933	13.108	15.686	11.088	5.172	12.629
电气机械及器材制造业	18	10.079	13.375	7.233	24.834	10.615	12.077
通信设备、计算机及其他电子设备制造业	19	26.059	15.373	25.618	64.654	35.321	10.832
仪器仪表及文化办公用机械制造业	20	6.724	18.186	8.839	21.245	13.046	5.714
工艺品及其他制造业	21	5.930	18.229	9.398	6.077	2.252	2.329
废品废料	22	0.009	—	—	—	16.290	56.814

表 3.9 从完全消耗系数的角度计算了云南和广西省份完全嵌入全球生产网络的程度，反映的是行业生产过程中直接与间接的经济联系。假设每个产品生产部门进口的中间投入在成为最终产品出口前，在多个阶段间接使用其他部门的进口中间投入，体现了直接和间接的循环累计效应。相对于整体 GVC 指数而言，该指数考虑了间接进口中间投入，反映了垂直专业生产过程中进口中间投入的直接与间接贡献率。

首先，从表 3.9 可知，在考虑了间接进口中间投入时，云南和广西两省区制造业嵌入全球生产网络的程度依然较低，但较之整体 GVC 指数高。2012 年云南省制造业整体的完全 GVC 指数为 9.096%，较 2007 年提升将近 1.1 个百分点；广西则为 13.323%，较 2007 年提升了 1.2 个百分点。尽管国际金融危机影响了云南和广西参与全球生产网络的直接程度，但是其嵌入全球生产网络的整体程度却在提升。比较劳动密集型行业与资本(技术)密集型行业，可以发现前者嵌入全球生产网络的程度依然小于后者，2012 年云南两种类型的行业分别为 6.036%、10.311%，广西为 9.241%、14.565%，出现此种差异的原因依然与行业属性相关。虽然云南和广西同属于澜湄流域体系，但是两省区嵌入的程度不相同，广西无论是劳动密集型行业、资本(技术)密集行业或者是制造业，整体都要高于云南，反映了广西制造业发展状况要好于云南，嵌入全球化生产的程度也好于云南。从具体行业来看，以资本或技术密集型行业为例，云南在化学工业、金属制品业、通用、专用设备制造业及通信设备、计算机及其他电子设备制造业等行业的完全 GVC 指数较高，2012 年均在 10%以上；广西在石油加工、炼焦及核燃料加工业、化学工业、金属制品业等几个部门的 GVC 指数较高，均在 15%以上。由此反映出行业部门同整体 GVC 指数大体一致，但是完全 GVC 指数却要高于整体 GVC 指数 5 个百分点，由此说明了进口中间投入的间接使用可以提升垂直专业生产。综合以上，完全 GVC 指数是一个有效的指标，是对整体 GVC 指数衡量一个地区嵌入全球生产网络程度的补充，能够较为全面地反映行业价值链问题。

参考全国平均水平①，云南和广西两省区的嵌入全球生产网络程度明显较低，全国制造业的平均 GVC 指数在 20%以上。从具体结果来看，通信设备、计算机及其他电子设备制造业为 39.38%，仪器仪表及文化办公用机械制造业为 32.5%，石油加工、炼焦及核燃料加工业为 26.19% ，电气机械及器材制造业为 24.91%，交通运输设备制造业为 23.14%，以高技术工业为主。而云桂两省区轻工制造业的 GVC 指数高于其他工业，为 15%左右，主要以纺织与服装制造业为主，同全国平均水平存在差异。

本部分采用了垂直专业化的计算方法分别从投入与进口的角度测算了云南和广西两省区的整体 GVC 指数、进口 GVC 指数与完全 GVC 指数。首先，在测算方法上，方法 1 完全从定义的角度分离进口中间投入，具有思路清晰、易于理解、操作简单的特点。其次，整体 GVC 指数与完全 GVC 指数在分析问题上是一致的，但两者存在差异、各有优点。整体 GVC 指数是从直接使用的角度，分析的是一个地区某一行业出口的直接投入部门，是直接效应的反映。而完全 GVC 指数则考虑了间接使用部分，能够较为全面地衡量一个地区嵌入全球生产网络的程度及其价值链的长短。方法 2 是进口中间投入的再思考，从行业总进口的角度考虑再分配问题，可以避免地区间中间投入的问题，是张少军等学者计算 GVC 指数方法的补充，但是其依赖于地区海关进出口统计数据。同时，假设条件过于严苛，不可避免会产生误差，尤其是总进口行业再投入的比例，尽管按照直接消耗系数计算较为合理，但是进口中间投入的比例可能不等于直接消耗系数。

3.4 小结

本章通过 TiVA 数据库分析了澜湄流域国家参与全球生产分工的贸易利得，并通过 GVC 指数测算分析了中国云南和广西两省区嵌入全球生产网络的程度。通过研究得到以下几点结论：

(1)2000 年以来，澜湄流域国家积极融入全球化生产体系，并从中受益。自 2001 年中国加入世界贸易组织以来，开放程度不断提升，进口中间产品及其再投入也不断增加，

① 参考王玉燕、林汉川文献。

云南和广西两省区的垂直专业化的参与度增加。

(2)澜湄流域国家制造业出口国内增加值份额有所提升，但是内含的价值创造较少；中国云南和广西的整体 GVC 指数与完全 GVC 指数都比较低，反映了该地区参与全球生产分工的程度不高。

(3)出口国内增加值及 GVC 指数因行业而异。从具体行业来看，机械、金属制造业、化工等行业出口国内增加值的比重低，纺织、皮和鞋、食品、饮料和烟草相对较高。主要是因为资本或技术密集型制造业具有工序长、价值链长、复杂等特点，澜湄流域国家因技术水平有限，较难参与高层级的生产工序，所以参与全球生产网络分工获得的贸易利得较低。

澜湄流域是由发展中国家组成的小团体，尽管积极参与国际产业分工，但是当前制造业的发展仍然处于不利地位，参与全球分工并未获得相应的利益。面对此种尴尬境地，澜湄流域该何去何从，该如何提升分工地位，提升价值水平，甚至是产业升级呢？Jabbour & Mucchielli(2007)①、Jabbour(2015)②研究指出垂直专业分工是技术扩散的重要途径，当发达国家进口中间投入的企业向发展中国家供给中间产品时，就会存在技术的转移，可以使技术接受国甚至该国家产生利益。张小蒂和孙景蔚(2006)指出国际垂直专业化能够实现劳动生产效率和技术水平的提高。③ 因此，该地区应充分把握全球生产网络的机遇，利用好发达国家的技术外溢，充分吸收先进的技术水平提高自身创造能力，从而实现价值链的攀升。

---

① Jabbour L, Mucchielli J L. Technology Transfer Through Vertical Linkages: The Case of the Spanish Manufacturing Industry[J]. Cahiers De La Maison Des Sciences Economiques, 2007, 5(5): 115-136.

② Jabbour L. Determinants of International Vertical Specialization and Implications on Technology Spillovers[J]. Geophysical Prospecting for Petroleum, 2015, 54 (2): 188-196.

③ 张小蒂，孙景蔚. 基于垂直专业化分工的中国产业国际竞争力分析[J]. 世界经济，2006(5): 12-21.

第4章　贸易网络视角下澜湄流域制造业参与生产分工特征分析

随着经济一体化和贸易自由化的深入发展，全球生产网络的分工形式在东亚地区的影响已变得越来越明显。20世纪90年代赤松要的“雁形产业发展理论”在东亚已经充分得到了验证，而位于亚洲的其他落后国家，如澜湄流域国家是否有机会参与全球生产网络的分工，并从事相应的生产环节？

众所周知，经济全球化造就了东亚生产网络，随着中国、越南、泰国、马来西亚等经济体的发展，处于东亚边缘的国家该何去何从，是深度参与全球生产分工，还是被边缘化？前面的章节已经从增加值贸易的角度梳理了澜湄流域制造业参与生产分工的贸易利得，明确了该地区制造业发展的基础特征。为此，本章通过网络可视化的方法从制造业商品贸易的角度分析澜湄流域国家在东亚生产网络的演变过程，从而为客观认识其变化规律、为嵌入全球生产网络的理论测度提供依据。

4.1　制造业贸易网络的构建

20世纪80年代末中国和东盟各国以其自身丰富的劳动力资源为比较优势大量引进外资，实施以加工贸易为主的出口导向战略，实现了经济的迅速增长。随着全球生产网络的发展，东亚地区各经济体之间的联系越来越密切，生产环节日趋分散化，垂直化的产品内分工特征也越来越明显，区域性生产网络逐渐形成，中国发挥了连接东亚生产网络和全球生产网络的桥梁作用。特别是2001年中国加入WTO以来，中国经济同全球经济间的联系变得越发紧密。国内学者唐海燕(2008)①、丁一兵(2013)②考察了近年来东亚区域贸易模式指出，东亚逐步成为世界制造业的中心，其内部错综复杂的生产关系反映了区域内部的经济关联。例如，中国从其他东亚经济体进口资本品、零部件，向区域外出口最终消费品的贸易。另外，还有一些学者从FDI的区域内流动以及商品贸易的流动分析东亚国家参与全球分工及其对地方经济的影响，如李晓③、欧定余④。

---

① 唐海燕，张会清．中国崛起与东亚生产网络重构[J]．中国工业经济，2008(12)：60-70.

② 丁一兵，刘璐，傅缨捷．中国在东亚区域贸易中的地位变化与其经济结构调整[J]．对外经济贸易大学学报，2013(4)：5-14.

③ 李晓，张建平．东亚产业关联与经济相互依赖性——基于AIIOT 2000的实证分析[J]．世界经济研究，2010(4)：72-79.

④ 欧定余，陈维涛．东亚区域生产网络分工下的“FDI—贸易关联”——基于中国数据的引力模型实证分析[J]．财经问题研究，2012(1)：107-111.

制造业是东亚国家经济关联的重要载体，随着分工的深化，澜湄流域逐渐深入其中，为此可以通过构建东亚生产网络以分析澜湄流域国家制造业参与分工的情况。首先，东亚具体国家包括中国、日本、韩国、马来西亚、新加坡、印度尼西亚、菲律宾、缅甸、老挝、越南、泰国和柬埔寨。① 其次，东亚生产网络是当前国际生产网络中较为活跃、重要的一部分，通过参与价值链的分工，融入世界经济的潮流，实现经济增长，这是东亚各国在新时期的历史使命；而落后的边缘国家也在不断通过代工和产业承接等方式参与生产分工。最后，东亚生产网络依据其特点发生着越来越多的变化，并伴随着自身的演变，对世界经济的发展产生了越来越深刻的影响。本章所构建的制造业贸易网络主要是通过商品在东亚地区的流动来刻画国家之间的经济联系及其生产网络的变化，以此来反映澜湄流域国家的特征。

4.1.1　制造业商品的遴选及处理

将中国国民经济行业分类标准与国际商品 HS 编码相结合，统一分类口径，遴选出 10 大行业类别，分别为食品饮料制造业、烟草制造业、纺织业、服装皮革制造业、化学制造业、橡胶塑料制品业、金属冶炼及加工业、电子器械制造业、汽车制造业及医药制造业。根据行业属性将食品饮料制造业、纺织业与服装皮革制造业归为劳动密集型产品；剩余 7 大类归为资本或技术密集型产品。然后，将每一类行业与 HS 编码对应，例如与纺织业对应的 HS 两位编码有 50，51，52，56，57，58 和 59 这七个门类，其他行业亦是如此。② 制造业商品数据来源于 UNCOMTRADE 网站，通过建立的区域关系网络，一方面用来刻画东亚地区生产网络内部差异性与结构性问题，另一方面用来反映生产加工与消费问题。

4.1.2　制造业贸易网络关系的刻画

网络关系，即网络模型的边，一方面反映东亚各国商品贸易之间的联系，另一方面通过有向关系反映供需关系。为了分析的准确性，通过两个时间节点的变化刻画东亚制造业网络的变化过程，分析其动态性。贸易网络最直接的体现是出口。李敬等(2017)③在《管理世界》一文中提出了如何衡量两国之间的实质性出口关系，即采用十万美元的划分标准，如果两国之间的出口价值大于等于 10 万美元的标准，则两国之间存在显著的贸易关系，否则为不显著，公式如下：

$$R_{ij} = \begin{cases} R_{ij}^{1}, \ R_{ij}^{1} \geqslant 10 \\ 0, \ R_{ij}^{1} < 10 \end{cases} \tag{4.1}$$

---

① 由于朝鲜和蒙古两个国家数据缺失比较严重，故而不作为研究对象。

② 行业分类同国际贸易商品 HS 编码的对应关系，是参考相关研究及经验整理。由于篇幅有限，其他行业对应的 HS 编码暂不在文中列举。

③ 李敬，陈旎，万广华，等．“一带一路”沿线国家货物贸易的竞争互补关系及动态变化——基于网络分析方法[J]．管理世界，2017(4)：10-19.

其中，R_{ij}为权重矩阵，以 10 万美元为单位，R_{ij}^1为国家 i 出口到国家 j 的商品货值，因而构建的是以 R_{ij} 为权重的加权网络。

4.2　制造业贸易网络分析

以东亚 12 国作为网络的节点，以处理的出口贸易关系为边，同时为了突出视觉效果，将社会网络与空间地理位置相结合，根据劳动密集型与资本(技术)密集型分类，以 UCINET 和 ARCGIS 软件绘制 2004 年、2009 年和 2015 年东亚制造业贸易网络可视图，如图 4.1～图 4.6。

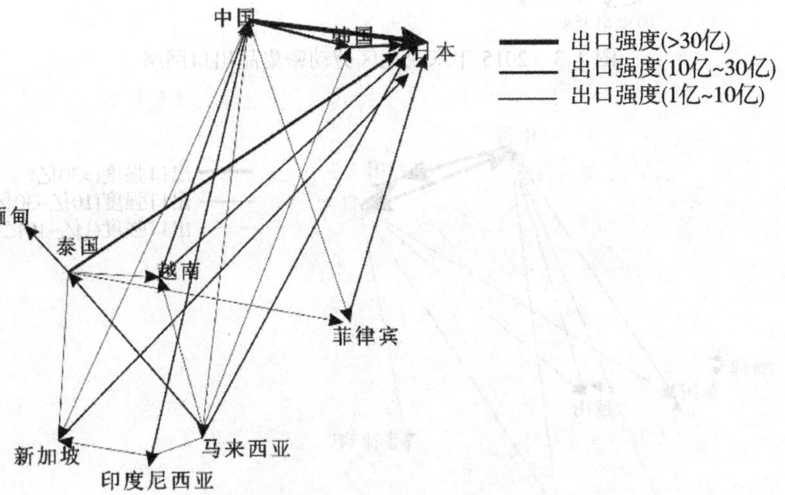

图 4.1　2004 年东亚地区劳动密集型品出口网络

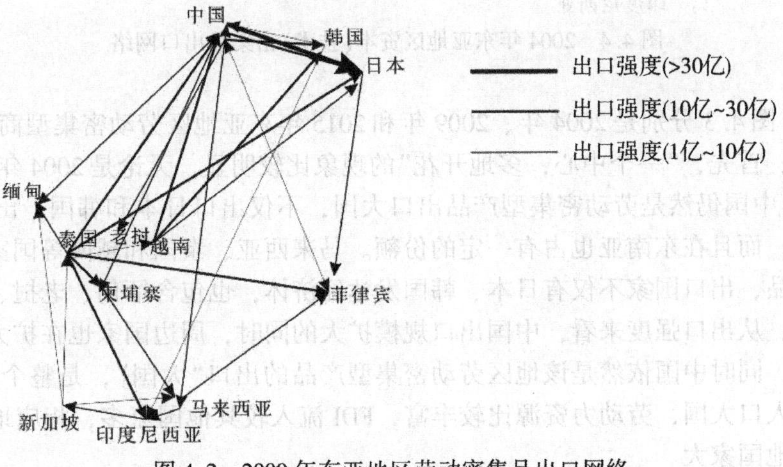

图 4.2　2009 年东亚地区劳动密集品出口网络

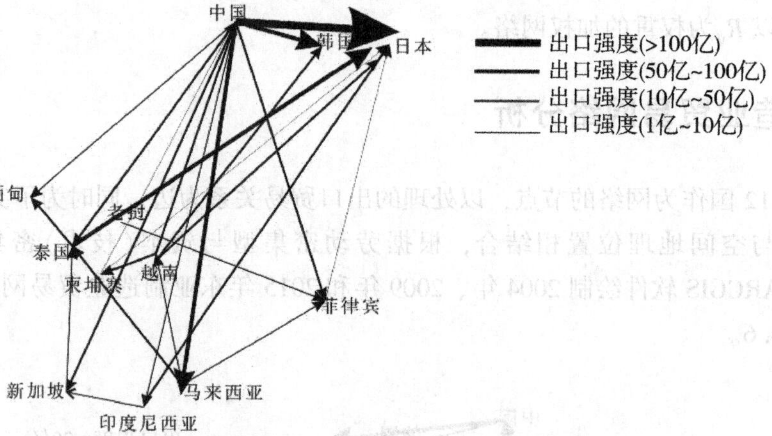

图4.3 2015年东亚地区劳动密集品出口网络

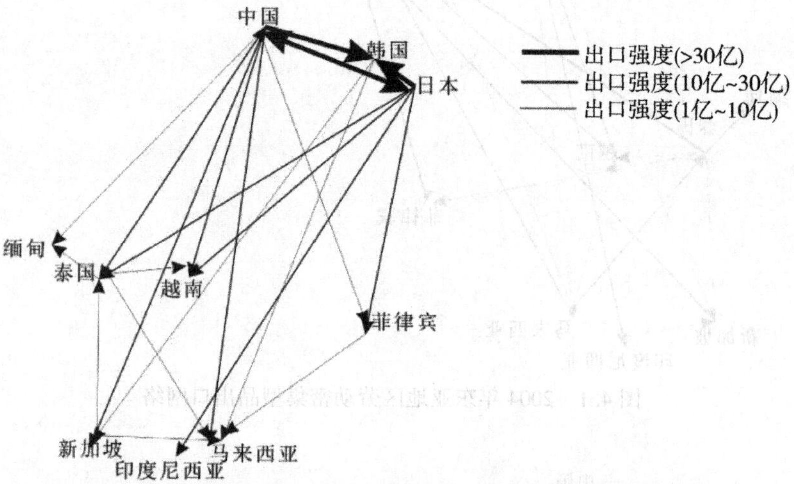

图4.4 2004年东亚地区资本(技术)密集品出口网络

图4.1~图4.3分别是2004年、2009年和2015年东亚地区劳动密集型商品出口网络。从图上来看，首先，“一个中心，多地开花”的现象比较明显。无论是2004年还是2009年和2015年，中国仍然是劳动密集型产品出口大国，不仅出口日本和韩国，出口价值在30亿美元以上，而且在东南亚也占有一定的份额。马来西亚、泰国和越南等国家也出口一部分劳动密集品，出口国家不仅有日本、韩国发达经济体，也包含缅甸、老挝、印尼等落后地区。其次，从出口强度来看，中国出口规模扩大的同时，周边国家也在扩大，整体网络密度在加强，同时中国依然是该地区劳动密集型产品的出口“大国”，是整个网络的中心。由于中国是人口大国，劳动力资源比较丰富，FDI流入较其他国家多，相应地，生产和出口规模较其他国家大。

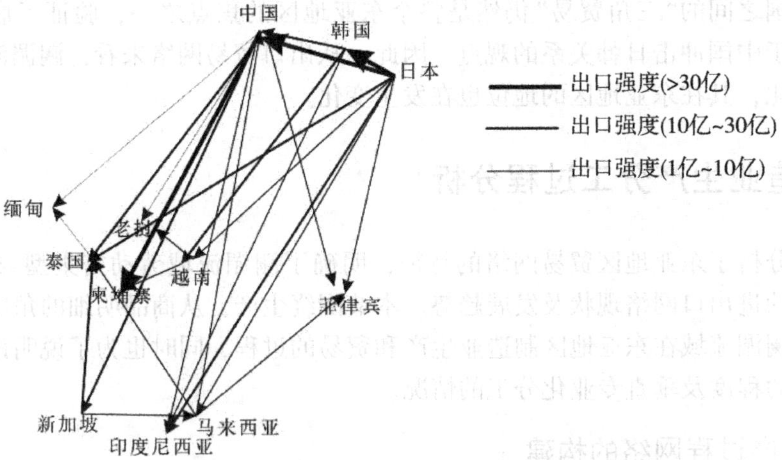

图 4.5　2009 年东亚地区资本(技术)密集品出口网络

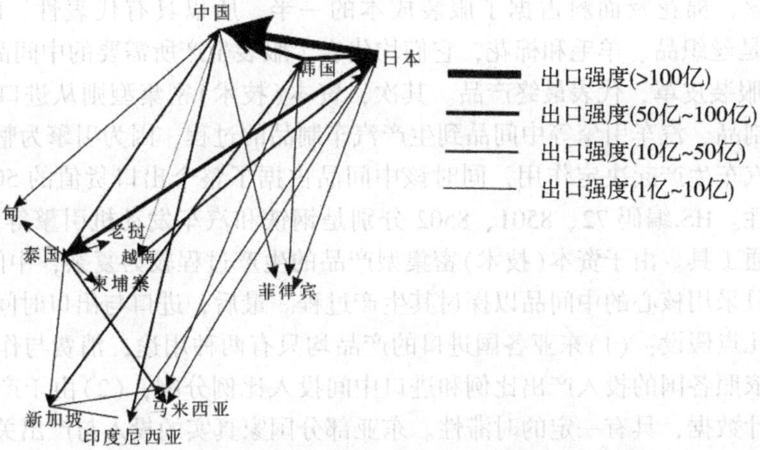

图 4.6　2015 年东亚地区资本(技术)密集品出口网络

图 4.4~图 4.6 分别是 2004 年、2009 年和 2015 年东亚地区资本(技术)密集型产品的出口网络，从图上来看，有两大显著特征。其一，“三角贸易”，中日韩三国是整个东亚地区资本(技术)密集品交易的活跃中心，东南亚诸多国家位于网络的边缘位置，资本(技术)密集品的出口强度仍然较弱。其二，“三角贸易”存在弱化趋势，2004 年至 2015 年中日韩地区的贸易强度减弱，同时出现转移趋势，东南亚部分国家也存在资本(技术)密集品的出口，其强度在逐渐增强。日本等国家的进口呈现多元化特征，不再单单从澜湄流域的中国进口，泰国、越南等其他澜湄国家也成为其选择。

综合比较，东亚制造业网络有如下几点特征：其一，澜湄流域国家尤其是泰国、越南逐渐在削弱中国在东亚制造业贸易网络中的地位，以劳动密集型产品为例，其出口强度逐渐变大，降低了对他国的依赖，并占据一部分价值链，实现了价值增值。其二，新兴的东南亚国家在不断“崛起”，泰国、越南等国家逐渐变强，与中日韩之间的贸易联系在不断加强。其三，无论是劳动密集型产品还是资本(技术)密集型产品，中国均表现“良好”，同日本与韩国之间的“三角贸易”仍然是整个东亚地区的焦点之一，验证了唐海燕、丁一兵等学者关于中国冲击日韩关系的观点。因此，从出口贸易网络来看，澜湄流域参与分工的强度在变化，其在东亚地区的地位也在发生变化。

4.3　制造业生产分工过程分析

上一节分析了东亚地区贸易网络的特征，明确了澜湄流域劳动密集型与资本(技术)密集型产品的进出口网络现状及发展趋势。本节围绕生产，从商品明细的角度理清上下游产品，研究澜湄流域在东亚地区制造业生产和贸易的过程，同时也为了说明该地区参与全球生产网络的程度及垂直专业化分工的情况。

4.3.1　生产过程网络的构建

首先，劳动密集型是从进口纺织中间产品到生产服装皮革等最终品的过程，因为纺织中间品，如丝、棉花及面料占据了服装成本的一半，所以具有代表性。HS 编码中 50、51、52 分别是丝织品、羊毛和棉花，它们均代表了服装生产所需要的中间品，而 63、65、67 等为纺织服装皮革，代表最终产品。其次，资本(技术)密集型则从进口电子产品及零部件、钢铁制品、汽车引擎等中间品到生产汽车制品的过程，因为引擎为整个汽车的核心零部件，对汽车生产起决定作用，同时该中间品占据了整个出口货值的 50%以上，因而也具有代表性。HS 编码 72、8501、8502 分别是钢铁和汽车发动机引擎等中间品，而 87 代表陆上交通工具。由于资本(技术)密集型产品的生产过程较为复杂，中间投入不单一，为简化分析只采用核心的中间品以探讨其生产过程。最后，进口与出口时间间隔一年，主要基于以下几点假设：(1)东亚各国进口的产品均只有两种用途，消费与作为中间产品再投入，两者依照各国的投入产出比例和进口中间投入比例分配；(2)由于产品从生产到出口，再到统计数据，具有一定的时滞性。东亚部分国家真实的投入与产出关系无法精确地测度，通过该假设可以减少误差，降低分析的难度。根据时间维度和贸易关系程度的划分，构建 4 组东亚地区制造业的生产网络图，如图 4.7～图 4.10。

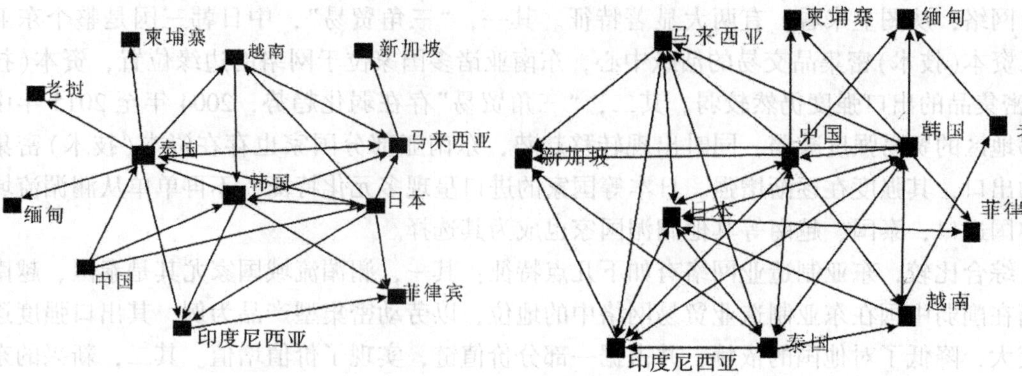

(a)2003 年纺织等中间品进口网络　　　　(b)2004 年服装制成品出口网络

图 4.7

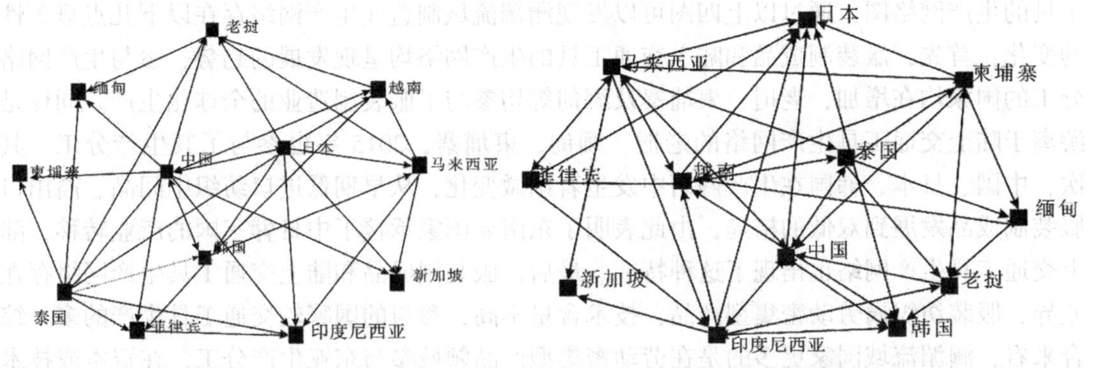

(a)2014 年纺织等中间品进口网络　　(b)2015 年服装制成品出口网络

图 4.8

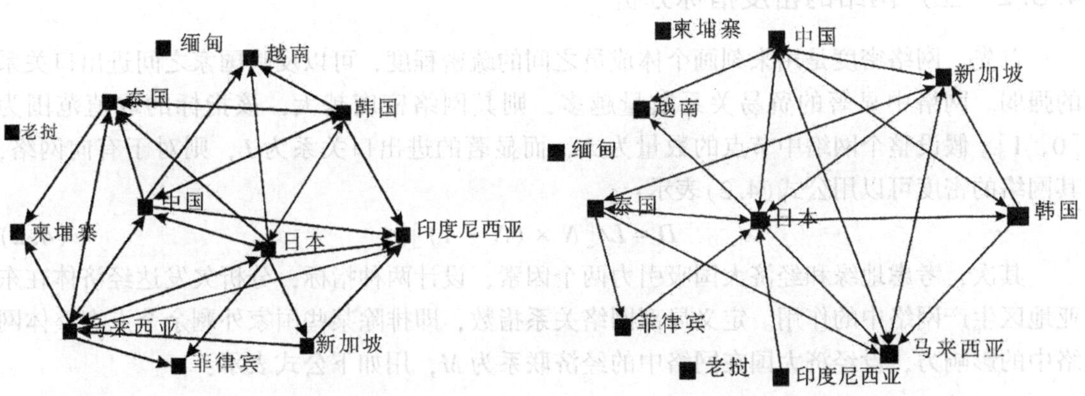

(a)2003 年汽车电子及发动机进口网络　　(b)2004 年陆上交通工具出口网络

图 4.9

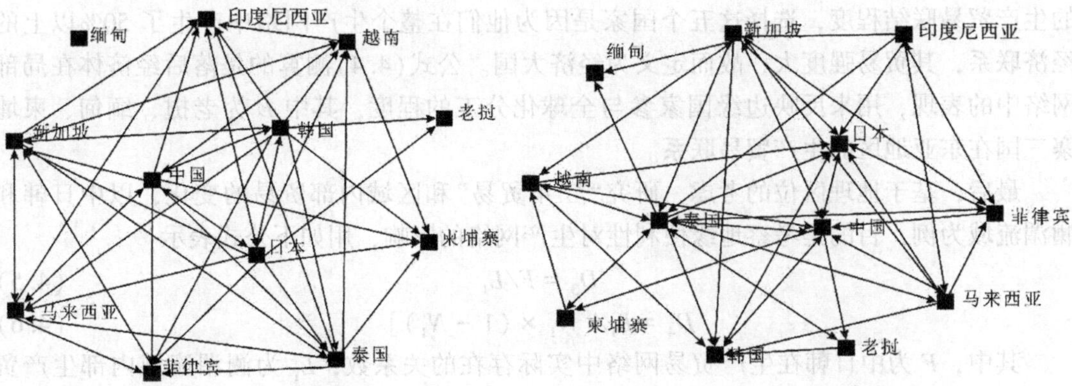

(a)2014 年汽车电子及发动机进口网络　　(b)2015 年陆上交通工具出口网络

图 4.10

图4.7~图4.10绘制的是纺织等中间品、服装制成品、汽车电子及发动机与陆上交通工具的生产网络图，通过以上四图可以发现澜湄流域制造业生产网络存在以下几点显著性的变化：首先，服装制成品和陆上交通工具的生产网络均呈现发展的趋势，参与生产网络分工的国家均在增加，老挝、柬埔寨及缅甸等均参与了服装制造业的全球化生产。同样是游离于陆上交通工具生产网络的老挝、缅甸、柬埔寨，2015年也参与了其生产分工。其次，中国、日本、韩国在生产网络中发生着细微变化，从早期低进口纺织中间品、高出口服装制成品发展到双低的格局，由此表明了东南亚国家承接了中日韩三国的产业转移，陆上交通工具生产网络也出现了这种特征。最后，服装制成品和陆上交通工具生产网络存在差异，服装纺织属劳动密集型产品，技术含量不高，参与的国家较交通工具生产的多。综合来看，澜湄流域国家更多的是在劳动密集型产品领域参与东亚生产分工，在资本或技术领域稍显薄弱。

4.3.2　生产网络的密度指标分析

首先，网络密度是用来刻画个体成员之间的疏密程度，可以反映国家之间进出口关系的强弱。网络中显著的贸易关系数量越多，则其网络密度越大，该指标的取值范围为[0，1]。假设整个网络中节点的数量为 N，而显著的进出口关系为 L，则对于有向网络，其网络的密度可以用公式(4.2)表示：

$$D = L/[N \times (N-1)] \tag{4.2}$$

其次，考虑地缘和经济大国吸引力两个因素，设计两种指标，分析欠发达经济体在东亚地区生产网络中的作用。定义局部网络关系指数，即排除某些国家外剩余节点在整体网络中的影响力，设经济大国在网络中的经济联系为 M，用如下公式表示：

$$D_1 = 1 - M/L \tag{4.3}$$

$$D_2 = E/(L - M) \tag{4.4}$$

公式(4.3)测算的是除中国、日本、新加坡、马来西亚及韩国外，其余国家在网络中的生产贸易联结程度，选择这五个国家是因为他们在整个生产网络中产生了50%以上的经济联系，其贸易强度大，故而定义为经济大国。公式(4.4)测算的是落后经济体在局部网络中的表现，用来反映边缘国家参与全球化分工的程度，其中 E 为老挝、缅甸、柬埔寨三国在东亚地区的生产贸易联系。

最后，基于地理区位的考虑，研究“三角贸易”和区域内部贸易的变化，以中日韩和澜湄流域为例，目的是考察地缘便利性对生产网络的影响，用如下公式表示：

$$D_3 = F/L_1 \tag{4.5}$$

$$D_4 = L_1/[N_1 \times (1 - N_1)] \tag{4.6}$$

其中，F 为中日韩在生产贸易网络中实际存在的关系数；L_1 为澜湄流域内部生产贸易实际存在的关系数，一般通过计算得到；N_1 为理论存在的关系数，具体为 $N\times(N-1)$。根据式(4.2)~式(4.6)，计算对应图4.7~图4.10 8个生产贸易网络的5个指标，如表4.1。

表 4.1　　**8 个贸易网络的相关统计指标**

生产贸易网络	显著关系数	网络密度 D	局部关系指数 D_1	局部关系指数 D_2	局部关系指数 D_3	局部关系指数 D_4
2003 年纺织等中间品进口	27	0.205	0.519	0.214	0.061	0.20
2004 年服装等制成品出口	46	0.348	0.367	0.059	0.189	0.17
2014 年纺织等中间品进口	37	0.280	0.649	0.714	0.061	0.23
2015 年服装等制成品出口	51	0.386	0.647	0.364	0.061	0.57
2003 年汽配及发动机进口	26	0.197	0.577	0.133	0.053	0.10
2004 年陆上交通工具出口	26	0.197	0.231	0.000	0.076	0.03
2014 年汽配及发动机进口	47	0.356	0.617	0.241	0.106	0.17
2015 年陆上交通工具出口	53	0.402	0.528	0.143	0.061	0.33

注：根据相关公式计算得到。

从表 4.1 来看，首先，无论是服装制品还是陆上交通工具的生产网络密度均在增加，内部的联系在加强，双高的网络密度是其显著的特征，但是后者较前者明显，反映了东亚国家从进口中间产品到生产贸易最终产品过程的形成与发展。其次，早期以服装为代表的劳动密集型进口网络的密度要高于以汽车制造为代表的资本(技术)密集型网络。但是随着东亚各国经济的发展，2014 年汽车配件及发动机的进口网络密度高于纺织中间品，由此反映了东亚地区生产领域的转变，当前较多地参与资本(技术)密集型产品的分工。同样，从产成品的出口网络密度上也能够检验上述变化，2004 年服装制品的出口密度高于陆上交通工具，而 2015 年后者超越了前者，达到 0.402。

从局部网络关系指数来看，首先，澜湄流域国家在整体网络中的表现因产品类别存在差异。劳动密集型产品进口中间品的强度在减弱，而资本(技术)密集品进口中间品的强度在增加。同时，澜湄流域国家两类产品的出口强度都在提升，反映了随着经济全球化，这些国家在逐渐参与价值链的分工，获得部分利益，尤其是泰国、越南。其次，从 D_2 指数来看，缅甸、老挝、柬埔寨三国劳动密集型产品的优势要大于资本(技术)密集型产品，进口大量的中间产品，出口于中国、日本、韩国等，对大国的依赖性比较强；而资本(技术)密集品因低进口强度，尚不能形成规模经济。最后，D_3 指数的变化表明中日韩大国经济体在整个东亚生产网络中有着重要作用，随着产业转移与部分生产工序的分工，服装及汽车等出口强度减弱，东南亚国家影响力加强。例如，泰国每年出口近 400 万辆汽车，其中日系车在 90%以上，出口遍布东亚各国；柬埔寨有“制衣大国”之称，出口于世界各地，中日韩均在其列。D_4 指标考察的是地缘因素对生产网络的影响，从其变化来看，澜湄流域内部存在小范围的“进口—生产—出口”关系，劳动密集品的内部需求较大，资本(技术)密集品在 2015 年区域内部的出口比较大，区域之间具有较大的经贸合作潜力。

4.3.3 生产网络的中心性分析

中心性是研究生产网络中各个国家在生产网络中地位和作用的指标，一个国家越在生产网络中处于中心位置，那么它在整个生产网络中的影响力就越大。通过中心性不但可以验证经济大国在整个网络中的地位，也可以判断边缘国家参与全球化分工的演变过程。本部分主要采用相对度数中心度来测度网络中节点的中心性。同时，为了分析不同网络的中心化趋势与差异，构建整体网络的相对度数中心度指数，用以描述生产网络中国家之间的紧密程度，用公式(4.7)表示：

$$NC = \sum_{i=1}^{N} [\max(De) - De_i] / (N - 2) \tag{4.7}$$

其中，De 为国家的相对度数中心度，根据公式得到表4.2的结果。

表4.2　　**8个贸易网络的中心性分析指标**

生产贸易网络	相对度数中心度排名前3名的国家	前5名中边缘国家个数	相对度数中心度指数NC	相对度数中心度均值
2003年纺织等中间品进口	泰国(81.81)、中国(63.63)、马来西亚(45.45)	2	56.36%	34.85
2004年服装等制成品出口	中国(81.81)、泰国(72.73)、韩国(63.64)	1	45.45%	43.94
2014年纺织等中间品进口	泰国(72.73)、老挝(54.55)、中国(54.55)	3	50.91%	48.45
2015年服装等制成品出口	越南(90.91)、印度尼西亚(81.82)、泰国(72.72)	4	35.36%	60.66
2003年汽配及发动机进口	日本(72.73)、中国(54.55)、新加坡(45.45)	1	47.27%	33.33
2004年陆上交通工具出口	日本(72.73)、中国(45.45)、新加坡(45.45)	0	54.55%	27.27
2014年汽配及发动机进口	泰国(90.91)、新加坡(72.73)、越南(63.64)	2	38.18%	59.09
2015年陆上交通工具出口	泰国(100)、中国(81.82)、新加坡(72.72)	2	50.91%	57.57

注：根据上述公式计算得到。

表4.2计算了东亚地区制造业进口与出口网络的中心性指标。首先，从相对度数中心度均值来看，无论是进口中间产品网络还是出口最终产品网络都在基础年份上分别增长了39.02%、38.05%、72.29%和111.11%，所以十多年以来，东亚各国之间的经济联系尤其是进口生产贸易关系更加紧密。具体来看，以纺织为代表的劳动密集型产品的增长幅度低于以陆上交通工具为代表的资本(技术)密集型产品，反映了价值链长的产品更具有优势，各国参与的程度比较高。其次，根据相对度数中心度指数来看，两种产品的进出口贸

易网络的NC指数均未增长，表明网络中国家之间的紧密程度在不断增加。

下面进一步分析每个贸易网络的中心性国家。2003年泰国在进口纺织中间品网络中排名第一位，中国排名第二位；而出口服装网络中，中国第一，泰国第二；到2014年格局发生了变化，中国排名不再靠前，排名靠前的国家主要以东南亚国家为主，随着泰国、越南等国家的发展，服装生产规模变大，出口也在变强。由此反映了中日韩三国转移了相关劳动密集型产业，当然从"前5名中边缘国家个数"指标上也可以得到验证，由2003年进口2个国家增加到3个，出口1个增加到4个，说明了东南亚国家在逐渐融入东亚地区的生产。陆上交通工具的生产网络同服装制品存在一些差异，早期以中日韩三国为主，澜湄国家较少参与，"三角贸易"的现象比较明显，当前除了泰国、越南进口与出口相对中心度较高以外，其他澜湄国家尚未进入前5名，反映了对于技术含量较高的产品，不利于经济实力较弱的国家参与全球生产分工。

总之，基于东亚地区生产网络的发展变化可以看出，澜湄流域国家通过发挥其比较优势参与分工，泰国和越南资本相对富裕，对技术含量稍高的产品具有优势，而老挝、柬埔寨和缅甸稍弱，这也是澜湄流域国家在劳动密集型与资本(技术)密集型领域参与分工存在的较大差异。

4.4 小结

综合进出口贸易和商品门类数据，运用社会网络分析法对2003年以来澜湄流域在东亚地区制造业出口网络及其生产过程进行研究，得出以下几点结论：

(1)通过整合的制造业商品数据绘制的出口贸易网络图可以看出：早期中国在整个东亚地区优势地位明显，无论是劳动密集型还是资本(技术)密集型产品，而其他澜湄流域国家只有泰国存在一些进出口关系。随着技术的进步、产业的转移与分工的细化，2014年左右，澜湄流域其他国家也表现出一些显著性的进出口贸易关系，老挝、柬埔寨等集中在劳动密集型领域，而泰国和越南则更多地在资本(技术)密集型领域。

(2)通过细化商品门类，构建以中间产品进口、最终产品出口的四组进出口网络可以发现：虽然早期"三角贸易"比较明显，尤其是陆上交通工具，并且中日韩三国依然占据着整个东亚生产网络的核心，但是2014年以来澜湄流域部分国家参与了部分生产过程。具体来看，泰国、越南等从经济发达的国家(日本、韩国)进口汽车配件与发动机，然后在整个东亚地区出口产成品，同时也反映了边缘国家对大国的依赖性。

(3)随着各国经济的发展，地缘优势逐渐发挥作用，小区域范围内的联系变得更加紧密，泰国逐渐成为东亚地区的另一个生产中心，对周边国家的经济带动作用非常明显，从生产网络上也可以看出高进口、高出口的区域局部网络逐渐形成与发展。

(4)随着东亚生产网络的变化，即以日韩为中心，到以中国为中心，再到多个地区发展的过程，澜湄流域的边缘国家趁着产业转移的新浪潮，不断地发展制造业，基本融入了区域性生产网络。作为"一带一路"的重要节点，这对于澜湄流域实现产业升级具有重要的意义。

第5章 澜湄流域制造业嵌入全球生产网络的理论测度

全球生产网络通过生产过程的分割，将世界紧密地联系在一起，而东亚地区的长期繁荣也得益于此。东亚是当前全球化生产较为活跃的地区，不仅联通欧美等发达国家，而且也沟通广大欠发达国家或地区，扮演着重要角色。在全球生产网络中，最终产品不再由一个国家或地区生产完成，而是将其分割成研发活动、产品设计、要素投入供给、制造及销售等多个环节，并分散在具有比较优势的国家或地区完成。东亚各经济体当前正承担着相关产品的特定环节，像零部件等中间产品在中国、东南亚等国家之间流转，形成的最终产品再销往世界。20世纪80年代末期，中国和一些东南亚国家以其自身丰富的劳动力资源优势吸引大量外资，实施以加工贸易为主的出口导向战略，经济实现了快速发展，增强了与世界之间的联系，并逐渐融入全球生产体系。

澜湄流域国家凭借外商投资大力发展本国产业，生产链条逐渐延伸，产业结构日益复杂。同时，这些国家制造业出口比重也在不断增加，出口产品以代工的鞋衣、电子配件等为主，出口国家主要为中国、欧美等发达国家。大量零部件、中间产品出口的增加，外商直接投资以及代工企业的增加，反映了澜湄流域国家已逐渐嵌入全球生产网络的变化。国际生产分割是澜湄流域国家参与国际分工的重要特征，生产分割长度在一定程度上反映一个国家或地区生产的中间环节数量，体现其参与全球生产网络的程度和生产结构复杂的程度。那么，在全球视角下，澜湄流域积极参与全球生产网络体系，其制造业的生产阶段数如何变化？为此，本章节以前面事实特征分析为基础，采用全球价值链的量化方法测度澜湄流域嵌入全球生产网络的程度。

5.1 全球生产网络嵌入程度的相关研究进展

国际生产分割是各国间国际分工的重要方式，通过这种分工方式，某一个国家或地区通过自身的要素禀赋和比较优势，参与一种产品生产的某个特定环节，最后通过中间产品参与全球化生产，这些国家和地区被链接到同一个生产链条体系中，国际生产分割使这些国家或地区嵌入以全球价值链为纽带的一体化分工体系（尹宗成和刘文，2015）。[①] 国际生产分割的完整概念最早由 Jones 和 Kierzkowski（1988）提出，“外包”“离岸生产”等类似的

① 尹宗成，刘文．金融发展对国际生产分割水平的影响及区域差异——基于2000—2013年省际面板数据分析[J]．经济问题，2015(8)：50-54.

概念也经常被相互替代使用。①

生产分割测算方法的研究主要有以下三种。

第一种是基于跨国公司数据和加工贸易数据，其中 OECD 手册利用跨国公司外派机构、子公司与母公司的增加值和产出数据构建了国际生产分割指标。利用加工贸易数据的研究主要是基于再出口、再进口和总出口、总进口中的中间品比值构建。不过，由于这两种数据自身存在局限性，使用这种方法的研究相对较少。

第二种是基于贸易统计数据，主要从宏观和微观两个层面展开。宏观层面，利用国家和行业层面的中间品进口数据进行构建；微观层面，由于企业数据库和海关数据库的逐渐完善，利用这两类数据进行匹配，计算一国企业出口产品的国内增加值大小，尽管这种方法到达了企业层面，但匹配过程比较困难，研究范围只能局限在一国，对于国家间的生产分割研究无法涉及(Upward et al.，2013；张杰等，2013)。②③

第三种是利用投入产出数据。Hummles 等(2001)④首次利用投入产出表进行生产分割测算，在此之后，众多学者根据研究问题对方法进行不断修正。Dean et al.(2011)运用新的度量中间产品贸易方法，测算了中国国际生产分割长度。⑤ Johnson and Noguera(2012)提出测算产品分割程度的新方法，即使用一国生产增加值与出口总额的比值。⑥ 虽然学者们不断进行修正创新，但这些测度方法仍无法清晰地揭示一国生产分割数。Fally(2012)提出了生产阶段数的概念以及测算阶段数的方法，用以衡量一国经济生产分割的长度。⑦生产阶段数越大，产业链条越长，经济生产结构复杂度越高。但是，Fally 是基于国外和国内生产阶段数相同的假设，单国(区域)投入产出模型无法区分国际生产分割长度和国内生产分割长度。基于此，倪红福等(2016)对 Fally 的方法进行改进，在全球投入产出模型框架下，构建了一种能够区分国内和国际生产阶段数的指标，对于生产阶段数的测度方法来说是一个新的突破，具有十分重要的现实意义。⑧ 据此，本书基于全球投入产出模型，测度澜湄流域制造业国际和国内生产阶段数，以科学地反映澜湄流域制造业产业链演

① Jones R W，Kierzkowski H. Globalization and the Consequences of International Fragmentation[J]. Capital Mobility & Trade Essays in Honor of Robert A，1998，59(5)：635-644.

② Upward R，Wang Z，Zheng J. Weighing China's Export Basket：The Domestic Content and Technology Intensity of Chinese Exports[J]. Journal of Comparative Economics，2013，41(2)：527-543.

③ 张杰，陈志远，刘元春．中国出口国内附加值的测算与变化机制[J]．经济研究，2013(10)：124-137.

④ Hummels D，Ishii J，Yi K M. The Nature and Growth of Vertical Specialization in World Trade[J]. Journal of International Economics，2001，54(1)：75-96.

⑤ Dean J M，Fung K C，Wang Z. Measuring Vertical Specialization：The Case of China[J]. Review of International Economics，2011，19(4)：609-625.

⑥ Johnson R C，Noguera G. Accounting for intermediates：Production Sharing and Trade in Value Added[J]. Journal of International Economics，2012，86(2)：224-236.

⑦ Fally T，Bergstran J，Chen Y，et al. Production Staging：Measurement and Facts[R]. University of Colorado Boulder Working Paper，2012.

⑧ 倪红福，龚六堂，夏杰长．生产分割的演进路径及其影响因素——基于生产阶段数的考察[J]．管理世界，2016(4)：10-23.

进过程。另外，Escaith & Inamata(2013)运用国家间投入产出模型计算生产平均路径长度，指出生产分割长度与生产结构复杂度密切相关。① Wang 等(2017)通过计算 GVC 生产长度，研究发现发展中国家的生产长度基本处于变长阶段，其生产结构的复杂程度也在增加。② 基于生产分割的长度和位置指标，不仅能够规避从贸易利得角度衡量经济体参与全球化分工程度的不足，而且可以判断各经济体在全球生产网络中处于何种地位，体现全球生产分工体系的深化，反映生产分割对经济的影响。

基于以上研究基础，本书在全球投入产出模型下，具体测算澜湄流域制造业国内、国际生产阶段数和平均传递步长，并进行演变过程分析。

5.2 研究设计

本章节研究设计分为三个递进的步骤：首先，基于现有文献成果，解释全球生产网络中制造业产品生产分割的变化机理；其次，在全球投入产出模型下，测算澜湄流域制造业全球、国内、国际生产分割数和平均传递步长，刻画澜湄流域制造业嵌入全球生产网络的特征；最后，根据以上指标判断澜湄流域嵌入全球生产网络的演变特征。

5.2.1 作用机理分析

“产品内分工”是不同国家或地区企业参与特定产品生产过程的不同环节或区段的生产或供应活动(卢峰，2004)。③ 在全球制造业产品内分工模式下，随着生产环节分割效率和生产要素配置效率的提升，一个完整的商品生产流程被分割成研发、生产、组装、销售、售后等若干功能组合，这就是功能分离。这些之前在一个企业内完成的功能，随着交易成本的下降发生了空间上的分离。这种功能分离和空间分离就是生产分割的本质，反映了不同国家的产业参与国际分工的程度。Fally(2012)在单国投入产出模型下定义了生产阶段数，产品的最终价值是由每一个生产阶段增加的价值形成的。④ 倪红福(2016)在全球投入产出模型框架下，定义生产分割长度为参与产品(产业)序列生产的工厂的加权平均数，权重是在各生产阶段增加的增加值比值。⑤ 生产分割长度的变化反映了不同国家全球、国内和国际产业结构的变化，一国某行业全球、国内和国际生产阶段数的增加，表示该行业全球、国内和国际生产结构复杂度提高。基于以上分析，本书认为测算生产分割可

① Escaith H, Inomata S. Geometry of Global Value Chains in East Asia: The Role of Industrial Networks and Trade Policies[C]//Elms D K, Low P. Global Value Chains in a Changing World. WTO Secretariat, Switzerland, 2013: 135-159.

② Wang Z, Wei S J, Yu X, et al. Characterizing Global Value Chains: Production Length and Upstreamness[R]. NBER Working Papers, No. 232261, 2017.

③ 卢锋．产品内分工[J]．经济学：季刊，2004(4)：55-82.

④ Fally T, Bergstran J, Chen Y, et al. Production Staging: Measurement and Facts[R]. University of Colorado Boulder Working Paper, 2012.

⑤ 倪红福，龚六堂，夏杰长．生产分割的演进路径及其影响因素——基于生产阶段数的考察[J]．管理世界，2016(4)：10-23.

以揭示澜湄流域国家制造业参与国际分工的真实变化以及各国产业结构的变化。

5.2.2 生产阶段数测算

本书在全球投入产出模型的框架下，首先分别测算澜湄流域国家(只分析泰国、越南、老挝、柬埔寨)制造业细分产业的国内和国际生产分割长度；然后计算了泰国、越南、老挝、柬埔寨制造业整体生产分割数，制造业整体生产分割数是所有细分产业的简单算术平均；最后考虑到国家间制造业发展水平的差距，把细分产业的生产总值与制造业总产值之比作为权重，计算澜湄流域制造业整体生产分割长度。下面是生产分割长度的计算模型：

在全球投入产出模型中定义 i 国 k 部门的生产分割长度(生产环节) N_k^i 为：

$$N_k^i = 1 + \sum_{j,\ l} a_{lk}^{ji} N_l^j \tag{5.1}$$

a_{lk}^{ji} 表示生产 1 单位价值的 i 国 k 产品需要投入 j 国 a_{lk}^{ji} 单位价值的产品 l(即单位价值产品消耗的中间品数量)，N_l^j 表示生产过程中使用的中间产品自身的生产阶段数量。若产品 i 生产过程中不需要任何其他产品的投入，则产品 i 的生产分割长度为 l；如果产品 i 生产过程中投入其他进口中间品，则产品 i 的生产阶段数 N_k^i 的大小依赖于 a_{lk}^{ji} 以及 N_l^j。

假设世界上只有 2 个国家，每个国家分别有 2 个部门，那么全球投入产出模型用矩阵可以表示为：

$$\underbrace{\begin{bmatrix} N_1^1 \\ N_2^1 \\ N_1^2 \\ N_2^2 \end{bmatrix}}_{N} = \underbrace{\begin{bmatrix} 1 \\ 1 \\ 1 \\ 1 \end{bmatrix}}_{U} + \underbrace{\begin{bmatrix} a_{11}^{11} & a_{21}^{11} & a_{11}^{21} & a_{21}^{21} \\ a_{12}^{11} & a_{22}^{11} & a_{12}^{21} & a_{22}^{21} \\ a_{11}^{12} & a_{21}^{12} & a_{11}^{22} & a_{21}^{22} \\ a_{12}^{12} & a_{22}^{12} & a_{12}^{22} & a_{22}^{22} \end{bmatrix}}_{A^{\mathrm{T}}} \underbrace{\begin{bmatrix} N_1^1 \\ N_2^1 \\ N_1^2 \\ N_2^2 \end{bmatrix}}_{N} \tag{5.2}$$

上式可记为：

$$\boldsymbol{N}^{\mathrm{T}} = \boldsymbol{U}^{\mathrm{T}} + \boldsymbol{N}^{\mathrm{T}} \boldsymbol{A} \tag{5.3}$$

$$\boldsymbol{N}^{\mathrm{T}} = \boldsymbol{U}^{\mathrm{T}} \underbrace{(\boldsymbol{I} - \boldsymbol{A})^{-1}}_{\boldsymbol{B}} \tag{5.4}$$

上式中 T 表示转置，$\boldsymbol{I}$ 表示相应维数的单位矩阵，$\boldsymbol{B}$ 是 Leontief 逆矩阵。用分块矩阵分解法，记为：

$$\boldsymbol{B} \equiv (I - A)^{-1} = \begin{bmatrix} B^{11} & B^{12} \\ B^{21} & B^{22} \end{bmatrix},\ \boldsymbol{U}^{\mathrm{T}} \equiv [u^{\mathrm{T}} \quad u^{\mathrm{T}}]$$

所以式(5.4)可以表示为：

$$\boldsymbol{N}^{\mathrm{T}} = [u^{\mathrm{T}} \ u^{\mathrm{T}}] \begin{bmatrix} B^{11} & B^{12} \\ B^{21} & B^{22} \end{bmatrix} \tag{5.5}$$

于是：

$$\begin{aligned} \boldsymbol{N}^{i\mathrm{T}} &= [u^{\mathrm{T}} \quad u^{\mathrm{T}}] \begin{bmatrix} B^{1i} \\ B^{2i} \end{bmatrix} = u^{\mathrm{T}}(B^{ii} - L^{ii} + L^{ii}) + u^{\mathrm{T}} \sum_{j \neq i} B^{ji} \\ &= u^{\mathrm{T}} L^{ii} + u^{\mathrm{T}}(B^{ii} - L^{ii}) + u^{\mathrm{T}} \sum_{j \neq i} B^{ji} \end{aligned} \tag{5.6}$$

因为 $B^{ii}-L^{ii}=\sum_{j\neq i}L^{ii}A^{ij}B^{ji}$，所以式(5.6)可表示为：

$$N^{i\mathrm{T}}=u^{\mathrm{T}}L^{ii}+u^{\mathrm{T}}\sum_{j\neq i}L^{ii}A^{ij}B^{ji}+u^{\mathrm{T}}\sum_{j\neq i}B^{ji} \tag{5.7}$$

式(5.7)为 2 国 2 部门模型，推广到多国多部门模型为：

$$\begin{aligned}N^{i\mathrm{T}}=U^{\mathrm{T}}\begin{bmatrix}B^{1i}\\B^{2i}\\\vdots\\B^{Ni}\end{bmatrix}&=u^{\mathrm{T}}L^{ii}+u^{\mathrm{T}}(B^{ii}-L^{ii})+u^{\mathrm{T}}\sum_{j\neq i}B^{ji}\\&=u^{\mathrm{T}}L^{ii}+u^{\mathrm{T}}\sum_{j\neq i}L^{ii}A^{ij}B^{ji}+u^{\mathrm{T}}\sum_{j\neq i}B^{ji}\end{aligned} \tag{5.8}$$

式(5.8)中，$N^{i\mathrm{T}}$ 为 i 国产品的隐含总体生产阶段数；$u^{\mathrm{T}}L^{ii}$ 表示国内生产阶段数，L^{ii} 为 i 国的局部 Leontief 逆矩阵；$u^{\mathrm{T}}\sum_{j\neq i}L^{ii}A^{ij}B^{ji}$ 表示 i 国产品作为中间产品投入其他所有国外产品生产而引起的 i 国隐含的生产阶段数，归为国际生产分割长度部分；$u^{\mathrm{T}}\sum_{j\neq i}B^{ji}$ 为 i 国生产的产品对国外产品的中间需求，而引起的 i 国产品的隐含生产阶段数。$u^{\mathrm{T}}\sum_{j\neq i}L^{ii}A^{ij}B^{ji}+u^{\mathrm{T}}\sum_{j\neq i}B^{ji}$ 表示国际生产阶段数。

另外，国际生产分割指数(IPSL_ratio)为：国际生产阶段数(IPSL)/全球生产阶段数(PSL)。即：

$$\mathrm{IPSL\_ratio}=\mathrm{IPSL}/\mathrm{PSL} \tag{5.9}$$

5.2.3　平均传递步长测算方法

根据全球投入产出表计算广义增加值平均传递步长(VAPL)，为了不失一般性，直接给出 N 国家 M 部门平均传递步长的计算过程，首先根据投入产出表有以下关系式：

$$AX+Y=X \tag{5.10}$$

$$X=(I-A)^{-1}Y \tag{5.11}$$

其中 $\boldsymbol{A}$ 为$(N\times M)\times(N\times M)$维的直接消耗系数矩阵，$Y$ 为最终需求列向量，X 为总产出列向量，令 $\boldsymbol{B}=(I-A)^{-1}$ 为里昂列夫逆矩阵。根据 Koopman(2014)计算增加值率的方法，定义国家 n 部门 m 的增加值率为：

$$v_m^n=(va_m^n/x_m^n)=1-\sum_{h,\ j}a_{jm}^{hn} \tag{5.12}$$

公式(5.12)中 va_m^n 为国家 n 部门 m 的直接增加值，$\sum a_{jm}^{hn}$ 为直接消耗系数矩阵按列求和，该公式表明国家 n 部门 m 直接创造直接增加值的比率。将计算得到的 $N\times M$ 个 va_m^n 转化为对角矩阵 $\hat{V}$，将其与 $\boldsymbol{B}$ 矩阵相乘，得到增加值贸易计算矩阵 $\hat{V}\boldsymbol{B}$。该矩阵中的每一个元素表明在最终产品中来自 n 国家 m 产业部门直接或间接的增加值。

广义增加值平均传递步长是指在全球生产网络中，国家 n 部门 m 传递 1 单位增加值到某一最终需求部门所经历的平均阶段数。根据完全消耗系数的理解，可以得到国家 n 部

门 m 传递到国家 n' 的最终需求部门 m' 的增加值为：

$$[\hat{V}(I+A+A^2+A^3+\cdots+A^l+\cdots)]_{mm'}^{nn'}=[\hat{V}B]_{mm'}^{nn'}=v_m^n b_{mm'}^{nn'} \tag{5.13}$$

公式(5.13)是部门 m 经过多次传递的结果，即来自行业 m 的增加值，包含直接与间接成分，表明了在全球生产网络体系下国家 n 的某各产业部门对国家 n′的相关产业的价值贡献，该公式反映的是部门对部门的传递路径长度。根据式(5.13)，可以定义广义增加值平均传递步长公式为：

$$\text{vapl}(m\to m')=\frac{[\hat{V}(0\cdot I+1\cdot A+2\cdot A^2+3\cdot A^3+\cdots)]_{mm'}^{nn'}}{[\hat{V}B]_{mm'}^{nn'}}=\frac{[\hat{V}(B^2-B)]_{mm'}^{nn'}}{[\hat{V}B]_{mm'}^{nn'}} \tag{5.14}$$

式(5.14)衡量的是部门对部门的传递步长，其中分子中的每一项刻画的是某一国家部门 m 的单位增加值传递到某一阶段产生的实际增加值，如果将 A、A^2、A^3 等视为权重，则分子可以看做对阶段的加权和；分母为理论上产生的增加值，即算数和。当然，我们可以将点对点的步长传递公式拓展到产业组对产业组：

$$\text{vapl}(M\to M')=\frac{E^{\mathrm{T}}[\hat{V}(B^2-B)Y]}{E^{\mathrm{T}}(\hat{V}B)Y} \tag{5.15}$$

式(5.15)中 $\boldsymbol{E}^{\mathrm{T}}$ 为由 0，1 元素构成的行向量，$\boldsymbol{Y}$ 为最终需求部门组成的列向量。通过调整 $\boldsymbol{E}^{\mathrm{T}}$ 中 1 的位置和数量，就可以计算一国在全球生产网络的传递长度、某一行业组合在全球生产网络中的传递长度。通过产业部门对产业部门的平均传递步长公式测算澜湄流域国家各经济体各产业距离最终需求的距离，明辨其位置特征，以此分析澜湄流域在全球生产网络中的地位，并分析它们的演变特征。

5.2.4 数据说明

本节测算泰国、越南、老挝和柬埔寨四国制造业的生产阶段数、平均传递步长，数据来自亚洲开发银行(ADB)编制的世界投入产出表，因部分年份数据未统计，研究时间为 2000 年、2005—2008 年、2010—2017 年。

5.3 澜湄流域国家制造业生产分割长度演进特征研究

5.3.1 澜湄流域国家制造业整体分割长度

图 5.1 显示的是澜湄流域国家制造业整体生产阶段数的变化情况。2000—2017 年，澜湄流域国家制造业生产阶段数总体上显著提高，产业分工深化，产业链明显拉长。同时国际生产阶段数增长较快，这与澜湄流域国家 2000 年以来迅速参与国际分工密切相关。

澜湄流域国家制造业生产分割程度表现出明显的区域特征，澜湄流域国家制造业国内生产阶段不高，且增长相比国际生产分割数较小。具体分析，如图 5.1 所示，国内生产阶段数变化大致可以分为 3 个阶段：(1)2000—2008 年，国内生产阶段数基本无变化，说明这一阶段澜湄流域国家国内产业发展缓慢。(2)2008—2011 年，澜湄流域国家国内生产阶段数起伏较大，2010 年国内生产阶段数为 2.16，相比 2008 年增长了 19.34%。(3)2012—2016 年，澜湄流域国家制造业国内生产阶段数呈稳定上升趋势，这一阶段澜湄流域国家吸引 FDI 一直较高，进出口规模迅速扩大，发达国家加快向其产业转移，澜湄流域国家成为世界加工厂，导致这些国家经济内部产业分工进一步细化，产业链不断延长。

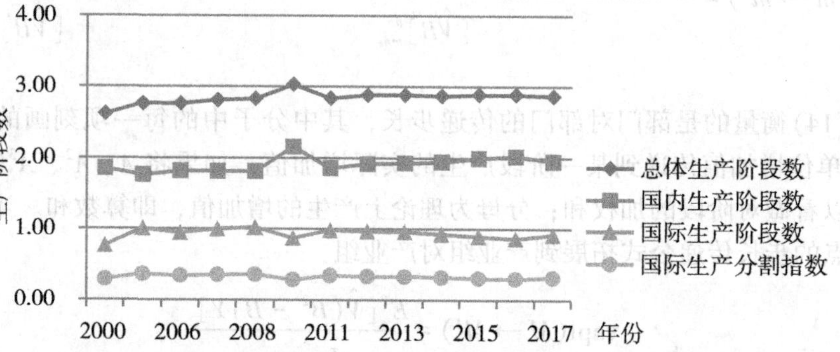

图 5.1　2000—2017 年澜湄流域国家制造业整体生产阶段数趋势

澜湄流域国家制造业国际生产阶段数也呈现三阶段特征，从图 5.1 来看，与国内生产阶段数变化呈现明显的替代特征。(1)2000—2008 年，国际生产阶段数上升幅度较大，这一时期全球经济发展迅速，发达国家将加工制造阶段大量转移到澜湄国家等发展中国家，澜湄流域国家迅速参与全球生产网络，承接国外产业转移和外包，国际生产阶段数迅速增大。(2)2008—2011 年，澜湄流域国家制造业国际生产阶段数急剧下降，2008 年到 2010 年降幅达 14.71%，这是受全球金融危机导致的国外经济增长下滑和发达国家"制造业回归"的影响，不过这种下滑是短暂性的，2011 年国际生产阶段数回升到 0.98。(3)2012—2016 年，澜湄流域国家制造业国际生产阶段数出现缓慢下降，2017 年稍有上升。

总体生产阶段数也呈现阶段性特征，与国内生产分割长度的比较相似，相比国内生产分割长度更加平缓。另外，国际生产分割指数变化趋势与国际生产分割数基本一致。整体上来看，2000—2017 年澜湄流域国家制造业全球、国内和国际生产分割长度变长，国际产业链条拉长，同时也加强了国内产业间的联系，生产结构复杂度提高，产业分工深化，国际和国际外包呈互补关系。

5.3.2　制造业整体生产分割长度的国别比较

表 5.1 是澜湄流域泰国、越南、老挝和柬埔寨四国生产阶段数的变化情况。整体上看，澜湄流域国家制造业总体、国内和国际生产分割长度呈现上升趋势，其中国际生产阶段数增长比较明显。

表5.1 **2000—2017年泰、越、老、柬四国制造业整体生产阶段数**

国家		2000	2005	2006	2007	2008	2010	2011	2012	2013	2014	2015	2016	2017
泰国	TN	2.60	2.69	2.70	2.76	2.77	3.01	2.78	2.82	2.82	2.80	2.82	2.81	2.77
	TDN	1.86	1.67	1.77	1.81	1.81	2.18	1.84	1.90	1.93	1.95	2.02	2.06	1.97
	TIN	0.74	1.02	0.93	0.95	0.97	0.83	0.94	0.92	0.90	0.85	0.79	0.75	0.80
	ININDEX	0.28	0.38	0.34	0.35	0.35	0.28	0.34	0.33	0.32	0.30	0.28	0.27	0.29
越南	TN	2.85	3.43	3.29	3.19	3.18	3.24	3.26	3.28	3.28	3.27	3.29	3.29	3.30
	TDN	1.75	2.57	2.21	1.85	1.81	2.04	2.02	2.06	2.00	1.96	1.94	1.93	1.93
	TIN	1.10	0.86	1.07	1.34	1.38	1.21	1.23	1.22	1.28	1.31	1.35	1.36	1.38
	ININDEX	0.39	0.25	0.33	0.42	0.43	0.37	0.38	0.37	0.39	0.40	0.41	0.41	0.42
老挝	TN	2.15	—	—	2.21	2.28	2.33	2.17	2.20	2.19	2.27	2.12	2.06	2.02
	TDN	1.40	—	—	1.39	1.41	1.42	1.40	1.41	1.40	1.32	1.38	1.39	1.37
	TIN	0.74	—	—	0.82	0.87	0.91	0.78	0.79	0.80	0.95	0.74	0.67	0.65
	ININDEX	0.35	—	—	0.37	0.38	0.39	0.36	0.36	0.36	0.42	0.35	0.33	0.32
柬埔寨	TN	2.26	—	—	2.41	2.35	2.39	2.30	2.35	2.39	2.38	2.39	2.40	2.40
	TDN	1.40	—	—	1.41	1.40	1.40	1.41	1.41	1.40	1.39	1.40	1.41	1.43
	TIN	0.86	—	—	1.00	0.95	0.99	0.89	0.94	0.99	0.99	0.99	0.99	0.96
	ININDEX	0.38	—	—	0.41	0.40	0.42	0.39	0.40	0.42	0.41	0.41	0.41	0.40
四国平均	TN	2.61	2.76	2.76	2.81	2.82	3.03	2.83	2.88	2.88	2.87	2.88	2.88	2.87
	TDN	1.85	1.76	1.82	1.81	1.81	2.16	1.86	1.92	1.93	1.94	1.99	2.02	1.95
	TIN	0.77	1.00	0.94	1.00	1.02	0.87	0.98	0.96	0.96	0.93	0.89	0.86	0.92
	ININDEX	0.29	0.36	0.34	0.35	0.36	0.29	0.35	0.33	0.33	0.32	0.31	0.30	0.32

注：数据由作者根据ADB数据库整理所得，四国平均是泰国、越南、老挝和柬埔寨4个国家的加权平均数，权重为各国制造业生产总值比值。2005年和2006年因为数据缺失，只计算了泰国和越南两个国家的加权平均值。TN：整体生产阶段数；TDN：整体国内生产阶段数；TIN：整体国际生产阶段数；ININDEX：整体国际生产分割指数。

如表5.1澜湄流域国家制造业全球生产阶段数所示，越南是全球生产阶段数增长最快的国家，从2000年的2.85到2017年的3.30，涨幅为16.10%，远高于澜湄流域国家平均水平，特别是2000—2005年，增长了20.35%。2007年越南加入WTO后，全球生产阶段数增长比较稳定。与越南相比，老挝和柬埔寨的全球生产阶段数明显低于澜湄国家整体水平，其中老挝制造业的全球生产阶段数下降幅度较大，2010年生产阶段数为2.33，比平均水平(3.03)低0.7，到2017年下降为2.02，比澜湄流域平均水平(2.87)低0.85。泰国制造业全球生产阶段数与澜湄流域平均水平基本一致，2000年后全球生产阶段数呈缓慢上升趋势，原因是泰国制造业产出水平较高，权重较大。随着越、老、柬三国制造业产出水平的提升，泰国制造业产出在四国总产出中权重变小，泰国制造业的全球生产阶段趋势线与平均水平趋势线逐渐分离。

从国内生产阶段数分析来看，泰国、越南两国制造业国内生产阶段数差距较小，与四国平均水平基本一致，而老挝和柬埔寨的国内生产阶段数明显低于四国平均水平，这与各国制造业发展水平基本一致。泰国制造业国内生产阶段数呈现缓慢增长趋势，2000 年为 1.86，2017 年为 1.97。越南的国内生产阶段数起伏较大，2005 年之前增长较快，之后急剧下跌。2007 年加入世贸组织后，吸引外资较多，国内产业在国际资金的带动下开始逐渐发展，2008 年国内生产阶段数为 1.81，到 2012 年增长到 2.06，增长了 13.81%，不过，这一增长并未持续，2013 年之后，越南制造业国内生产阶段数出现下降，2017 年稳定在 1.93，这是因为国内一些生产关联较强的生产活动被重新组合，集合到一个企业内部进行，企业间贸易转为企业内贸易，导致产业间中间投入环节减少，制造业的国内生产阶段数较少。另外，老挝和柬埔寨两国的国内生产阶段数变化不明显。

从澜湄流域国家制造业国际生产阶段数分析来看，澜湄流域各国制造业参与国际分工程度差异较大，且波动较大。其中，越南制造业国际生产阶段数增长最快，而且明显高于四国平均水平，受 2008 年全球经济危机以及发达国家“制造业回归”的影响，越南制造业国际生产阶段数出现了快速下跌，但 2012 年之后越南制造业国际生产阶段数再次出现缓慢上升趋势，2017 年为 1.38，比四国平均水平(0.92)高 0.46。对比表 5.1 中数据可以发现，越南制造业的国内生产阶段数和国际生产阶段数呈反向变动，2005 年国内生产阶段数增长到峰值而国际生产阶段数降至谷底，说明其国内外包替代国际外包。泰国制造业国际生产分割长度在 2008 年之前增长较快，2008 年后出现快速下跌，不过这种下滑是短暂的，2011 年国际生产阶段数上升到 0.94，2012 年之后泰国制造业国际生产阶段数再次下降，一直到 2017 年出现回升。在泰国制造业国际生产分割长度变短的同时，全球生产分割长度和国内生产分割长度变长，说明其国际和国内生产分割呈替代效应，生产链呈现向国内转移的趋势。老挝制造业国际生产分割长度明显低于四国的平均水平，说明老挝制造业参与全球分工体系的水平和复杂度相对较低，在国际生产中的产业链条相对较短。而柬埔寨凭借其低廉的劳动力和资源优势，大量承接国外产业转移和外包，拉长了其制造业国际产业链条，参与国际分工带来的技术溢出效应也加强了柬埔寨国内制造业产业间的关联，老挝国内生产阶段数呈现缓慢增长。

从表 5.1 各国制造业国际生产分割指数可以看出，越南、柬埔寨和老挝的国际生产分割指数高于四国平均水平，同时，柬埔寨和越南的国际生产分割指数呈上升趋势，说明虽然四国经济发展水平普遍偏低，但因为其劳动力价格低廉、资源丰富，吸引了大量国际投资迅速参与国际分工，尤其是柬埔寨和越南制衣制鞋业发展迅速。

5.3.3　澜湄流域国家制造业细分产业部门生产分割长度变化分析

以上分析了制造业整体生产分割长度后，本部分重点分析澜湄流域国家制造业细分产业部门生产分割长度变化，如表 5.2 所示。首先从国际生产阶段数看，皮革和制鞋业、焦炭、精炼石油和核燃料、造纸和印刷业、纺织业等初级产品及劳动密集型产业是变化幅度最大的产业，说明澜湄流域国家的这些产业参与国际分工程度发展较快，国际产业链条迅速延长，同时纺织业、皮革和制鞋业的国内生产阶段数涨幅也十分明显，说明参与国际分工带动了国内制衣制鞋业的发展，这些产业内部分工细化，国内产业链不断延长。

表 5.2　**澜湄流域国家制造业细分产业部门生产阶段数**

部门	TN				TDN				TIN			
	2000	2017	变化幅度(%)	2000—2017	2000	2017	变化幅度(%)	2000—2017	2000	2017	变化幅度(%)	2000—2017
制造业	2.61	2.87	9.62	2.84	1.85	1.95	5.43	1.91	0.77	0.92	19.74	0.93
食品饮料和烟草业	2.86	2.90	1.17	2.80	2.17	2.29	5.49	2.20	0.69	0.61	-12.34	0.59
纺织业	2.25	2.83	**25.86**	2.78	1.70	2.05	**20.34**	2.00	0.55	0.78	**43.05**	0.77
皮革和制鞋业	1.97	2.54	**29.13**	2.54	1.54	1.88	**22.58**	1.82	0.43	0.66	**52.38**	0.71
木及木制品	2.02	2.56	**26.80**	2.49	1.60	2.01	**25.28**	1.95	0.42	0.56	32.61	0.54
造纸和印刷业	1.85	2.16	16.76	2.26	1.51	1.67	10.77	1.71	0.34	0.49	**43.54**	0.56
焦炭、精炼石油和核燃料	3.06	3.39	10.57	3.13	2.09	1.91	-8.46	1.87	0.98	1.48	**51.18**	1.26
化学品和化工产品	3.10	3.11	0.25	2.99	2.14	2.04	-4.60	1.97	0.96	1.06	11.10	1.02
橡胶和塑料业	2.77	2.71	-2.12	2.79	1.97	1.92	-2.90	2.03	0.80	0.80	0	0.76
其他非金属冶炼业	2.85	3.04	6.39	2.92	1.97	1.91	-2.84	1.92	0.88	1.12	26.94	1.00
基本金属及其制品	2.71	3.29	**21.58**	3.20	1.75	1.96	**11.64**	1.85	0.95	1.33	39.85	1.36
机械制造业	2.75	2.87	4.49	2.93	1.81	1.83	1.11	1.82	0.94	1.04	11.00	1.11
电子、光学设备制造	2.92	2.99	2.24	3.08	1.91	1.92	0.49	1.82	1.02	1.07	5.51	1.26
运输设备制造业	2.79	2.88	3.56	2.98	1.82	1.89	3.86	1.85	0.96	0.99	3.00	1.12
其他制造业及废物废料回收业	2.70	2.85	5.67	2.84	1.90	2.01	5.79	1.89	0.79	0.84	5.36	0.95

注：数据由作者根据 ADB 数据库整理所得，各个细分产业的数据是泰国、越南、老挝、柬埔寨四个国家的生产阶段数的加权平均值，权重由制造业生产总值计算。2000—2017 栏下表示 2000—2017 年这 13 年(2001—2004 和 2009 年数据缺失)的简单算术平均，制造业的数据也是 14 个细分产业的简单数据平均。

其次，根据倪红福等(2016)对生产分割长度 6 种演进路径的界定，澜湄流域国家制造业细分产业主要沿三种路径变化。第一种，该产业的全球、国内和国际生产分割长度(生产结构复杂度提高)都变长，国际和国内生产分工呈互补效应，纺织业、皮革和制鞋业、木及木制品等 9 类产业属于第一种，这些产业分工深化，国际、国内产业链都出现延长。第二种，该产业全球、国内生产分割长度变长，国际生产分割长度变短，沿第二种路径变化的产业是食品饮料及烟草业，这个产业国际和国内外包呈替代效应，生产链向国内转移。第三种，产业全球、国际生产分割长度变长，国内生产分割长度变短，包括焦炭、精炼石油以及核燃料、化学品和化工产品、橡胶和塑料业以及其他非金属冶炼业 4 大细分产业，这些产业国内和国际的生产分工出现替代效应，该生产链出现向国外转移的趋势，国内产业出现空心化，因为这些产业多属于资本密集型和技术密集型产业，而澜湄国家技术水平较低，生产加工水平有限，所以这些国家出口原材料，在国外进行加工，然后再把制成品或半制成品进口到国内，因此国际生产阶段数变长，国内生产阶段数变短。另外，澜湄流域国家的石油化工、金属和其他非金属冶炼、机械制造和电子、光学制造等具有代表性的资源型行业相比其他细分行业国际生产阶段数较高，原因是澜湄国家目前的对外贸易以加工贸易为主，上述行业多数在其他行业中作为中间投入品投入，因此参与国际分工程度较高。

5.3.4　平均传递步长的比较分析

基于增加值的平均传递步长可以很好地分析一国产业在全球生产网络中的位置信息，该方法是产业链、供应链及价值链的重要分析工具。通过设置 $\boldsymbol{E}$ 矩阵中的元素，可以计算出相应的传递步长，当 $\boldsymbol{E}$ 矩阵中被考察国家的所有产业部门设置为 1，其他元素为 0 时，计算出的就是该国某个产业的传递步长；$\boldsymbol{Y}$ 矩阵为最终需求矩阵，通过矩阵运算得到具体国家的平均传递步长，如表 5.3。

表 5.3　**澜湄流域国家及日本和韩国整体平均传递步长**

	2000	2005	2008	2011	2014	2017
泰国	0.966	1.071	1.278	1.258	1.288	1.312
越南	1.147	1.567	1.281	1.574	1.674	1.731
老挝	1.346	1.951	2.166	1.805	1.915	2.127
柬埔寨	1.584	1.945	1.975	1.914	2.231	2.012
中国	1.446	1.598	1.787	1.723	1.732	1.782
日本	0.887	0.922	0.980	0.899	0.862	0.841
韩国	1.106	1.195	1.260	1.356	1.306	1.286

注：作者手工计算。

表 5.3 计算了澜湄流域国家及日本和韩国整体的平均传递步长，是这些国家整体距离最终需求的平均长度，反映的是这些国家在全球生产网络中的位置。该数值越大，说明传递单位增加值到最终需求部门需要经历较多工序。首先，基于增加值的平均传递步长，澜湄流域国家均呈现出不同程度的增长。具体来看，泰国和越南处于较低水平，2017 年分别为 1.312 和 1.731，相对于柬埔寨和老挝较低，说明相比较而言泰国和越南位于全球生产网络的下游，离最终产品的距离较近，① 这反映了澜湄流域国家内部存在较大差异。同

① 本书所介绍的上下游是距离最终产品(需求)的长度，代表中间产品历经的过程，而传统的产业上下游是产业间的供给关系，两者存在明显的区别。

中国相比较，除了泰国平均传递步长较短以外，其他国家仍然距离最终产品较远。再与日本和韩国相比较，可以发现澜湄流域国家是整个东亚参与生产分工较差的区域，尤其是柬埔寨和老挝。从时间趋势来看，2000—2008 年增长较快的是老挝和柬埔寨，说明这些国家依托自身比较优势积极参与全球化分工，通过吸引外商直接投资、承接产业转移，为全球制造提供中间产品。而 2008 年之后，直至 2011 年，两国依然受到全球金融危机的影响，除了越南外，其他国家尚未恢复到危机之前的水平。2011—2017 年，除了日本和韩国继续下降以外，其他国家均有小幅增长，其中澜湄流域国家增长比较快，平均值为 1.795，说明澜湄流域国家在 2011 年后经济得到了快速增长，参与全球化分工的水平得到进一步的提升。

表 5.4 为澜湄流域国家分产业部门的传递步长。该表有以下几点特征。首先，嵌入全球生产网络的程度因产业类别而存在差异。泰国和越南平均传递步长的增幅等为一个阶梯，增幅在 0.5 以上，表明了越南、泰国等开始依托自身的要素禀赋参与全球片段化生产，增强了本国产业结构的复杂程度。其次，澜湄流域国家在资本密集型产业的增长速度高于劳动密集型，表明这些国家逐渐参与资本密集型产业的全球分工，开始从事生产链条的中间产品起始端。最后，越南劳动密集型行业平均传递步长的增长速度高于资本密集型，分别为 74.2%、33.8%，反映了越南在劳动密集型制造业上具有比较优势。基于以上分析可知，同中国、日本和韩国相比较，澜湄流域的泰国、越南、老挝、柬埔寨制造业依然处于全球低端位置，当前仍参与简单的生产环节，但行业之间存在异质性，劳动密集型产业距离最终产品较近，反映了该地区劳动资源禀赋优势。

表 5.4 澜湄流域国家及日本和韩国产业部门的平均传递步长

	2000 年			2017 年		
	第二产业	劳动密集型	资本密集型	第二产业	劳动密集型	资本密集型
泰国	1.290	1.085	1.265	1.517	1.168	1.725
越南	1.503	1.087	1.606	2.129	1.893	2.349
老挝	1.032	1.081	0.644	1.448	1.463	1.162
柬埔寨	0.985	1.135	0.542	1.334	1.449	0.854
中国	1.885	1.496	1.971	2.016	1.855	2.232
日本	1.487	1.263	1.505	1.567	1.432	1.707
韩国	1.676	1.455	1.679	1.934	1.683	2.013

注：行业部门的平均传递步长通过简单算术平均数计算。

5.3.5 澜湄流域国家制造业嵌入全球生产网络的变化

为了分析澜湄流域制造业生产演进的过程，通过时间区段的划分，明确澜湄流域各国在劳动密集型和资本密集型行业的差异性。同时，为了准确分析，表 5.5 还列出了日本和马来西亚两国进行对比，从而明确澜湄流域制造业参与全球分工的特征。

表 5.5　　澜湄流域国家和日本、马来西亚的制造业各行业生产演进路径

国家	行业	2000—2007				2008—2012				2013—2017			
		TN	TDN	TIN	Apl	TN	TDN	TIN	Apl	TN	TDN	TIN	Apl
泰国	劳动密集型	+	+	+	持平	+	+	−	+	+	+	持平	持平
	食品饮料烟草业	+	+	+	持平	+	持平	−	持平	+	+	−	持平
	纺织皮革制品业	+	+	+	+	+	持平	−	+	+	+	+	+
	资本密集型	+	+	+	+	+	+	−	持平	+	+	+	+
	化学工业	+	+	+	+	持平	+	−	+	+	+	+	−
	机械制造业	+	+	+	+	+	+	+	+	+	+	+	+
越南	劳动密集型	+	+	+	+	+	+	+	持平	+	+	+	持平
	食品饮料烟草业	+	+	+	+	+	+	持平	−	+	+	+	持平
	纺织皮革制品业	+	+	+	+	+	+	+	+	+	+	+	+
	资本密集型	+	+	+	+	−	−	−	+	+	持平	+	+
	化学工业	+	+	+	+	−	−	−	+	−	+	+	+
	机械制造业	+	+	+	+	−	+	−	+	−	+	+	+
老挝	劳动密集型	+	+	+	+	−	持平	−	持平	+	+	持平	+
	食品饮料烟草业	+	+	+	+	−	持平	−	持平	+	+	+	+
	纺织皮革制品业	+	+	+	+	−	持平	−	持平	+	+	持平	+
	资本密集型	持平	持平	持平	+	−	−	−	+	持平	持平	+	+
	化学工业	持平	+	−	+	−	−	−	+	+	持平	持平	+
	机械制造业	+	−	+	+	−	−	−	+	持平	持平	持平	+
柬埔寨	劳动密集型	+	+	+	+	−	−	−	+	+	+	+	+
	食品饮料烟草业	持平	持平	持平	持平	持平	持平	持平	持平	+	+	持平	+
	纺织皮革制品业	+	+	+	+	−	−	−	+	+	+	+	+
	资本密集型	持平	持平	持平	+	−	−	−	−	持平	+	持平	+
	化学工业	持平	持平	持平	+	−	−	−	−	持平	+	持平	+
	机械制造业	持平	持平	持平	+	−	−	−	−	持平	+	持平	+

续表

国家	行业	2000—2007				2008—2012				2013—2017			
		TN	TDN	TIN	Apl	TN	TDN	TIN	Apl	TN	TDN	TIN	Apl
中国	劳动密集型	+	+	+	+	–	+	–	–	–	+	–	持平
	食品饮料烟草业	+	+	+	+	–	+	–	持平	–	+	–	持平
	纺织皮革制品业	+	+	+	+	+	+	–	+	–	+	–	持平
	资本密集型	+	+	+	+	持平	持平	持平	持平	+	+	持平	–
	化学工业	+	+	+	+	–	–	–	持平	–	–	–	持平
	机械制造业	+	+	+	+	–	–	持平	–	+	+	–	+
日本	劳动密集型	+	持平	+	+	–	–	持平	–	–	–	持平	–
	食品饮料烟草业	+	持平	+	+	持平	持平	持平	–	持平	持平	持平	–
	纺织皮革制品业	+	持平	+	+	–	–	持平	–	–	–	持平	–
	资本密集型	+	持平	+	+	–	–	持平	–	–	–	+	持平
	化学工业	+	持平	+	+	–	–	持平	持平	–	–	+	持平
	机械制造业	+	持平	+	+	–	–	持平	持平	–	–	+	持平
马来西亚	劳动密集型	+	+	–	+	–	+	–	持平	–	+	–	持平
	食品饮料烟草业	+	+	+	+	–	+	–	–	–	+	–	持平
	纺织皮革制品业	+	+	–	+	–	–	–	–	–	–	–	持平
	资本密集型	+	+	+	+	–	–	–	+	–	–	–	+
	化学工业	+	+	+	+	+	+	–	+	+	+	–	+
	机械制造业	+	+	–	+	+	+	–	+	–	+	–	+

注：TN 为生产阶段数，TDN 为国内生产阶段数，TIN 为国际生产阶段数，其中“+”代表增加，“–”代表递减，而“持平”是指在某一阶段内变动值小于 0.02。

表 5.5 列出了澜湄流域五国及其对比日本和马来西亚 3 个时间段的生产演进路径，具体为：2000—2007 年，代表金融危机前发展阶段；2008—2012 年，代表全球金融危机及恢复发展阶段；2013—2017 年，代表新常态经济发展阶段。综合表 5.5 来看，各国各行业嵌入全球生产网络的演进路径存在差异。2000—2007 年，泰国和越南无论是劳动密集型还是资本密集型，整体和国际生产阶段数都呈现递增趋势，国内生产阶段数保持平稳状态，表现出泰国和越南在该时间段制造业整体和国际生产结构复杂程度提升，产业分工度增加。而老挝和柬埔寨仅表现出劳动密集型生产阶段数递增趋势，资本密集型维持现状，说明两国在劳动力、资源等要素方面发挥了比较优势，通过劳动密集型产品参与全球生产网络分工。2008—2012 年，澜湄流域国家均有显著变化，除了越南劳动密集型国际生产阶段数递增以外，其他国家均递减，表明国际金融危机对澜湄国家参与全球生产分工具有负效应，并且资本密集型影响最为突出。2013—2017 年，澜湄流域各国均表现出积极向

上的态势，生产分割程度不断提升，均超过金融危机之前，其中老挝和柬埔寨继续保持劳动密集型产业优势，泰国和越南不断提升资本密集型产业优势。

澜湄流域国家在嵌入全球生产网络的过程中与日本的经济联动增强。由表 5.5 可以发现，2000—2007 年，日本国内生产分割长度保持平稳，表明国际和国内外包出现互补效应。而在 2008 年之后，日本整体和国内生产阶段数呈现递减态势，国际生产阶段数保持平稳，反映了该国生产结构的国内复杂程度降低，国内生产和中间品进出口相应减少，产业出现转移。澜湄流域国家凭借劳动力、土地等要素禀赋优势承接日本产业转移，造成日本国内产业关联程度下降，生产链条缩短，国内生产阶段数递减。然而，产业承接国分工的细化会间接提升发包方国际生产分割程度，进一步加强日本同澜湄流域国家的经济联系。《2019 年全球价值链发展报告》的研究显示，参与全球产品内分工，尤其是参与亚洲区域的价值链贸易对泰国、越南及柬埔寨等澜湄流域国家的发展意义重大，参与承接日本、韩国等国家的产业转移帮助澜湄流域国家实现了 GDP 增长，创造了数以万计的就业机会，增加了澜湄流域国家之间的联系。总之，日本是东亚地区生产网络的“领头羊”，澜湄流域国家承接了日本相应产业的生产工序参与全球分工，增强了澜湄流域国家与日本的依赖关系。

另外，澜湄流域国家与马来西亚既有相似之处，也存在差异。首先，泰国、越南和中国在第一阶段无论是整体生产阶段数还是国内、国际阶段数均递增，这表明 21 世纪以来，中泰越三国积极承接西方发达国家的产业转移，不仅延长了国内产业链，增强了生产结构的复杂程度，而且通过互补效应加强了参与全球化分工、嵌入全球生产网络的程度。而马来西亚劳动密集型产业的国际生产阶段数下降，国内生产阶段数上升，并且上升幅度大于下降幅度，说明国内提供的中间产品大于国外，国际和国内外包呈替代效应，表明该产业链集中于国内，如纺织皮革制品业。其次，2008—2012 年，中国和泰国的劳动密集型产业的国际生产阶段数下降，表明两国在参与全球化分工的一段时间之后开始加强国内产业链建设，减少对国际中间品的依赖；而越南劳动密集型的国际生产阶段数依然增长，表明该国发挥了劳动力等要素禀赋优势，加大对中间产品投入与生产；老挝和柬埔寨由于受到金融危机影响，尚未恢复。随着替代效应的逐渐增强，2013—2017 年，中国和马来西亚国际生产阶段数的递减幅度大于国内生产阶段数的增长幅度，表明劳动密集型产业逐渐向国内转移，其产业链逐渐完善，而泰国和越南依然处于上一阶段。

对于资本密集型产业，除老挝和柬埔寨外，泰国在 2012 年之前的发展路径是由“高高高”发展到“高高低”，越南由“高高高”发展到“低低低”。至 2013 年以后，与中国相比存在显著差异。中国生产阶段数维持平稳，无明显变化，表明在该阶段中国国内效应大于国际效应，通过引进外资加强国内产业链的效果明显。而泰国回归到“高高高”的路径，主要是因为泰国 BOI 的优惠政策吸引了较多发达国家资本，涉及汽车制造业、机械电子加工业等，故而国际和国内外包相互补，延长了产业链，生产复杂程度提高，但是尚未有产业转移的迹象。越南国内生产阶段数持平，整体和国际生产阶段数较高，主要是因为该国扩大开放，吸引外商直接投资，发挥本国人口红利。老挝和柬埔寨出现持平，主要是因为这两个国家经济基础较弱，尤其是资本密集型产业缺乏，易受全球金融危机的影响。从具体行业来看，泰国化学与机械工业嵌入全球生产网络的程度逐渐提升，在全球产业链的地位逐渐凸显，发挥了自身要素禀赋优势及产业政策优势。越南化学工业与机械制造业的国内生产阶段数递减，国际生产阶段数递增，整体生产阶段数也是递增，表明参与国际分工的程度大于国内分工，反映了该国积极参与全球生产网络。老挝和柬埔寨基本处于平稳状态，化学工业和机械制造业发展缓慢，处于较低级别。

5.4 小结

本章节在全球投入产出模型框架下，测算澜湄流域国家制造业生产阶段数与平均传递步长指标，得到以下几点结论：

第一，澜湄流域国家制造业生产阶段数整体上呈上升趋势，平均传递步长增加，生产结构复杂度明显增加，其中国际生产分割长度增长幅度较大，国内生产分割长度增长较少，国际和国内外包呈互补关系。这说明澜湄流域国家凭借自身资源、劳动力丰富且低廉的优势，承接国际外包，参与国际分工，逐渐代替中国成为“世界工厂”；通过技术溢出效应，澜湄流域国家在参与国际分工过程中不断学习，逐渐发展国内产业，提高国内产业的复杂度，不过因为这种学习效应有限，澜湄流域国家国内生产阶段数增长幅度明显低于国际生产阶段数。

第二，澜湄流域国家制造业生产阶段数呈阶段性变化特征，国际生产阶段数与国内生产阶段数的变化呈相反趋势，国际与国内外包呈替代效应。2000—2005 年，澜湄流域国家国内生产分割长度减少，国际生产分割长度增加；2008 年以后受国际金融危机的影响，澜湄流域国家制造业国际生产分割长度急剧下降，而国内生产阶段数增长明显，生产链逐渐向国内转移；2008 年以后澜湄流域国家国内生产阶段数呈缓慢上升趋势，国际生产分割长度则缓慢减少。

第三，因为中国“人口红利”逐渐消失，劳动成本明显增加，跨国企业纷纷转向东南亚其他国家进行投资。越南、柬埔寨凭借其劳动力低廉的优势，大量承接国际外包，国际生产分割程度明显提升。

第四，从细分产业分析，澜湄流域国家制造业中多数劳动密集型制造产业全球、国内和国际生产分割长度变长，国际和国内外包呈互补效应，而部分资本密集型和技术密集型制造业国内生产分割长度变短，国际生产分割长度变长，国际和国内外包呈替代效应。

第五，与日本和马来西亚相比，无论是生产阶段数还是平均传递步长，澜湄流域国家制造业嵌入全球生产网络的程度较低，尽管劳动密集型产业表现良好，但是总体水平较低，距离升级发展尚有较长距离。

第6章 澜湄流域制造业出口技术变化的测度及其影响因素分析

伴随着欠发达国家或地区逐渐融入全球价值链的生产体系，诸多工业制成品因不同生产工序、不同价值环节之间的多层次分工，导致最终产品融合了多个国家多种中间产品，其产品价值也由多个国家或地区产品的价值共同构成(Kiyita et al.，2016)。① 同时，信息技术与国际物流的大发展，不仅延伸了全球化生产链条的长度，而且促进了出口产品品质的提升(Baldwin et al.，2013)。② 综合生产分割的特征，我们可以发现一个明显的现象：一国(地区)出口的产品并非全部由本国生产。从技术含量来看，一国出口贸易产品所含的技术并不等于出口国实际掌握的技术，当不考虑进口中间产品技术时，很容易放大一国出口产品的实际技术。举个例子，中国代工生产、组装并出口手机产品，需进口大量的核心元器件，如处理器、屏幕和摄像头。在传统贸易统计口径下则将中国视为出口高技术含量产品的国家，然而事实恰恰相反，中国仍处于低附加值、低技术含量的组装加工生产环节阶段。因而，衡量一国出口技术含量，有必要剔除"统计假象"，从而判断一国嵌入全球价值链的程度及其真实技术水平。

在第五章，通过测度澜湄流域国家嵌入全球生产网络的生产阶段数和平均传递步长，已经明晰了该地区部分国家参与全球生产分工的程度。本章基于以上现实情况，测度出口产品的技术含量，客观评价该地区参与全球生产分工的技术变化及其存在的问题，以此全面理解和把握澜湄流域制造业出口技术变迁，以反映该地区嵌入全球生产网络过程中的技术变化，从而为提升国际竞争力提供理论依据。这对于参与区域经济合作，攀升全球价值链位置，培育国际竞争新优势具有重要参考意义和价值。

6.1 出口技术含量的研究进展

出口技术含量是用来衡量一国出口商品所包含的技术，反映出口方掌握的技术，当前大多数学者采用 Hausmann 等(2007)提出的技术复杂度测度出口技术水平。③ 简单来说，

① Kiyota K, Oikawa K, Yoshioka K. The Global Value Chain and the Competitiveness of Asian Countries [J]. Discussion Papers, 2016, 16(3): 257-281.

② Baldwin R, Venables A J. Spiders and Snakes: Offshoring and Agglomeration in the Global Economy [J]. Journal of International Economics, 2013, 90(2): 245-254.

③ Hausmann R, Hwang J, Rodrik D. What You Export Matters[J]. Journal of Economic Growth, 2007, 12(1): 1-25.

出口技术复杂度可以通过最终产品所内含的知识和技术来衡量。其测算方法可以简单表述为：以各国某产品的显性比较优势为权重，对各国人均实际 GDP 加权平均得到某产品的出口技术复杂度，再以产品出口占国家总出口比重为权重对产品的出口技术复杂度加权，得到国家出口技术复杂度。出口技术复杂度主要从产品的技术特征和企业出口的产品分布特征两个视角研究。首先以产品特征为切入点，集中在从产品所需的技术水平视角探究产品复杂度特征，主要依托 Hausmann et al. 的方法从出口额和出口份额视角刻画出口产品的技术复杂度特征；研究内容涉及产品复杂度如何通过产品需求弹性、市场分工等途径，对经济发展、行业增长、企业行为产生影响（Rodrik，2006；Xu，2010；刘维林等，2014）。[①②③] Hidalgo et al.（2007）基于此提出全球贸易产品空间概念，论证出口产品的技术复杂程度与经济增长和产业升级存在密切关系。[④] 其次，在产品分布特征方面，主要从企业出口产品的种类分布和多样化角度入手，探究企业的经营策略选择特征，如黄先海等[⑤]、Mayer et al.[⑥]。Gampfer & Geishecker（2014）、Cadot et al.（2013）指出出口同一产品的不同企业或同一企业出口不同产品间的竞争效应、替代效应和协同效应都会因企业的出口选择与产品特征差异而不同。[⑦⑧] Arnold et al.（2016）、刘斌和王乃嘉（2016）也指出制造业服务化能够扩大企业出口的种类和市场范围，能够提升产品的复杂程度，促进企业出口向高质量发展。[⑨⑩] 综上，技术复杂度是刻画生产过程中技术含量的重要指标，但是该指标的计算存在重要的缺陷，即未考虑全球价值链分工体系下生产过程已经发生了巨大变化。

针对以上缺陷，国内外学者也做了一些有益探索。姚洋和张晔（2008）考虑到国外中

---

① Dani Rodrik. What's So Special about China's Exports?［J］. China & World Economy，2006，14（5）：1-19.

② Xu B. The sophistication of exports：Is China special?［J］. China Economic Review，2010，21（3）：482-493.

③ 刘维林，李兰冰，刘玉海．全球价值链嵌入对中国出口技术复杂度的影响［J］. 中国工业经济，2014（6）：83-95.

④ Hidalgo C A，Klinger B，Barabási A L et al. The Product Space Conditions the Development of Nations［J］. Science，2007，317（5837）：482-487.

⑤ 黄先海，周俊子．中国出口广化中的地理广化、产品广化及其结构优化［J］. 管理世界，2011（10）：20-31.

⑥ Mayer T，Melitz M J，Ottaviano G I P. Market Size，Competition，and the Product Mix of Exporters［J］. Social Science Electronic Publishing，2014，104（2）：495-536.

⑦ Gampfer B，Geishecker I. International Product Market Competition and Intra-firm Reallocations［R］. ETSG Working Paper，2014.

⑧ Cadot O，Iacovone L，Pierola M D，et al. Success and Failure of African Exporters［J］. Journal of Development Economics，2013，101（1）：284-296.

⑨ Arnold J M，Javorcik B，Lipscomb M，et al. Services Reform and Manufacturing Performance：Evidence from India［J］. Economic Journal，2016，126（590）：1-39.

⑩ 刘斌，王乃嘉．制造业投入服务化与企业出口的二元边际——基于中国微观企业数据的经验研究［J］. 中国工业经济，2016（9）：59-74.

间投入的影响，构建了中国出口品的国内技术含量指标，利用中国投入产出表和中间品进口比例，剔除进口中间产品对最终产品技术的贡献，从而得到国内出口技术含量。① 但是该方法只剔除了进口中间投入品的直接贡献，而没有分离其间接消耗的国外技术贡献，因而不够准确。杜传忠和张丽(2013)进一步区分了一般贸易出口和加工贸易出口，认为加工贸易出口商品和一般商品出口(国内销售产品)中包含的进口中间投入品数量是不同的，并基于 Dean et al. (2007)的方法，计算每类商品的垂直专业化程度，能够剔除进口中间投入的技术含量，从而得到出口品技术复杂度。② 倪红福(2017)对现有出口技术含量改进方法进行研究，指出用出口技术复杂度衡量出口技术含量存在较为明显的问题：一是产自不同国家的相同类型产品具有相同的出口技术复杂度，这与现实相悖；二是该指标受许多非技术因素的影响，如世界各国人均收入分布；三是未考虑生产过程对出口技术含量的影响，仅考虑产品还不够。③ 倪红福从出口增加值、出口污染含量的测度思想出发，扣除产品技术含量中直接和间接从国外进口的部分，得到出口完全国内技术含量，以此衡量出口技术含量。

当前澜湄流域是中间产品生产和贸易较为活跃的地区，为了能够准确分析该地区参与全球化分工后国内技术的变化，本章采用倪红福的算法计算该地区出口产品的技术含量。通过剔除进口中间品对该地区出口产品国内技术含量影响，同时充分涵盖国内产生的增加值对出口产品的贡献，继而从国家整体及细分制造业类别的角度，全面研究澜湄流域出口产品的国内技术含量及其在国际分工中的地位。同时根据出口技术含量的变化，明确澜湄流域区域的结构特征。

6.2　研究方法与数据说明

6.2.1　研究方法

某一产品的技术含量是生产该产品所有生产工序的技术含量的总和。换句话说，可以基于具体某一阶段生产工序来测度技术含量(倪红福，2017)。在全球价值链生产体系下，生产过程分割使得一个国家生产的产品将涉及不同国家多种中间产品的投入，其技术的衡量不仅需要计算直接技术，还需要充分考虑因中间产品而产生的间接技术。根据定义，产品的技术含量等价于最后生产工序自身技术含量和中间投入品的技术含量之和。投入产出表中的生产关系反映了从中间品投入到最终产品的经济技术联系，即通过生产要素与中间投入品加工组合成新产品。

基于世界投入产出表，假定各部门间的生产活动满足里昂列夫生产函数形式，即：

① 姚洋，张晔．中国出口品国内技术含量升级的动态研究——来自全国及江苏省、广东省的证据[J]．中国社会科学，2008(2)：67-82.

② 杜传忠，张丽．中国工业制成品出口的国内技术复杂度测算及其动态变迁——基于国际垂直专业化分工的视角[J]．中国工业经济，2013(12)：52-64.

③ 倪红福．中国出口技术含量动态变迁及国际比较[J]．经济研究，2017(1)：44-56.

$$y_k^i = \min\left(\frac{m_{1k}^{1i}}{a_{1k}^{1i}}, \frac{m_{2k}^{1i}}{a_{2k}^{1i}}, \frac{m_{1k}^{2i}}{a_{1k}^{2i}}, \frac{m_{2k}^{2i}}{a_{2k}^{2i}}, \cdots, \frac{va_k^i}{vt_k^i}\right) \tag{6.1}$$

其中，y_k^i 为 i 国 k 部门产品的产出；m_{lk}^{ji} 为 i 国 k 部门对 j 国 l 部门的中间需求，a_{lk}^{ji} 为 i 国生产单位 k 部门产出需要直接消耗 j 国 l 部门的产品量，va_k^i 为 i 国 k 部门的要素报酬，即劳动和资本要素投入；vt_k^i 为 i 国 k 部门的要素报酬占总产出的比重。

基于 Lall et al. (2006)①对技术含量的定义，再假定产品部门的全部技术含量是中间投入品的技术与最后生产工序所含技术的加权和，权重为各自价值与总产出的比重，于是全部技术含量为：

$$v_k^i = \sum_{l,\,j} a_{lk}^{ji} v_l^j + vt_k^i \cdot tsi_k^i \tag{6.2}$$

其中，v_k^i 为 i 国 k 部门产出产品的全部技术含量，tsi_k^i 为 i 国 k 部门产品部门的劳动生产率。式(6.2)右边第一项为消耗所有中间产品的技术含量，包含直接技术含量与间接技术含量；第二项为最后生产工序的技术含量。用矩阵形式表示，如下：

$$\begin{bmatrix} v_1^1 \\ v_2^1 \\ \cdots \\ v_k^i \end{bmatrix} = \begin{bmatrix} a_{11}^{11} & a_{21}^{11} & \cdots & a_{l1}^{j1} \\ a_{12}^{11} & a_{22}^{11} & \cdots & a_{l2}^{j1} \\ \cdots & \cdots & \cdots & \cdots \\ a_{1k}^{1i} & a_{2k}^{1i} & \cdots & a_{lk}^{ji} \end{bmatrix} \begin{bmatrix} v_1^1 \\ v_2^1 \\ \cdots \\ v_k^i \end{bmatrix} + \begin{bmatrix} vtsi_1^1 \\ vtsi_2^1 \\ \cdots \\ vtsi_k^i \end{bmatrix} \tag{6.3}$$

其中，$vtsi_k^i = vt_k^i \cdot tsi_k^i$， 整理上式得到国家 i 每个部门的全部技术含量表达式：

$$V^T = (VT\#T^T(SI)) \tag{6.4}$$

其中，TSI 为最后生产工序技术含量的列向量，VT 为增加值率系数列向量，#表示对应元素相乘形成新的列向量，$(I-A)^{-1}$ 为里昂列夫逆矩阵，通常以 B 表示。分解公式(6.4)中的 v_k^i 得：

$$v_k^i = \sum_{l=1} vtsi_l^i \cdot b_{lk}^{ii} + \sum_{j \neq i} \sum_{l=1} vtsi_l^j \cdot b_{lk}^{ji} \tag{6.5}$$

$$dv_k^i = \sum_{l=1} vtsi_l^i \cdot b_{lk}^{ii} \tag{6.6}$$

式(6.5)为产品的全部技术含量公式，b_{lk}^{ji} 为矩阵 B 对应的元素，公式(6.6)为国内技术含量，即公式(6.5)右边第一项。该指标从整体技术含量中剥离了进口中间品的技术含量，既包含直接技术，也包含间接技术，是完全的国内生产环节下的技术含量。最后，定义国内技术含量指数：

$$dtv_k^i = \frac{dv_k^i}{v_k^i} = \frac{\sum_{l=1} vtsi_l^i \cdot b_{lk}^{ii}}{\sum_{l=1} vtsi_l^i \cdot b_{lk}^{ii} + \sum_{j \neq i} \sum_{l=1} vtsi_l^j \cdot b_{lk}^{ji}} \tag{6.7}$$

对于一国整体的出口技术含量，可以通过各国行业部门产品的出口比重为权重计算。

① Lall S, Weiss J A, Zhang J. The Sophistication of Exports: A New Trade Measure [J]. World Development, 2006, 34(2): 222-237.

基于生产工序的技术含量可以反映一国或地区生产效率、竞争能力及其增加值创造效率，能够较好地刻画一国参与全球价值链分工的技术变化。基于此，通过上述方法计算澜湄流域制造业的出口技术含量，并细分行业部门分析该地区在全球价值链分工体系下是否存在“益处”，判断澜湄流域全球价值链治理的模式。

6.2.2　数据说明

本书采用的数据是亚洲开发银行编制的投入产出表 ADB-MRIO，其中 2000 年、2010—2017 年的投入产出表中含有泰国、老挝、越南和柬埔寨 4 个澜湄流域国家；而 2005—2008 年仅含有泰国和越南，为了准确分析澜湄流域国家出口技术的变化，将综合运用两类投入产出表。最后生产工序的技术含量将采用该阶段的劳动生产率衡量，即增加值与所使用劳动力的比值衡量。倪红福(2017)、王林辉和应洁妤(2018)均采用 WIOD 下有关就业的卫星账户数据获取劳动力数据，而本书研究的地区无法获得相关行业的就业数据。[①][②] 为此，在世界劳工组织数据库中下载三大行业的就业数据，然后假设行业部门总中间投入与总从业人数之比等于分部门中间投入与从业人数之比，通过计算得到各个行业的从业人数。投入产出表中所有国家所有行业的就业人数均采用该方法估计，以避免统计口径不一致性。

6.3　澜湄流域国家制造业出口技术含量测算[③]

6.3.1　制造业出口技术含量水平及其变动

澜湄流域国家是全球经济较为落后的地区之一，除了中国和泰国达到中等发达国家水平以外，其他均为欠发达经济体，尤其是老挝和柬埔寨，它们是联合国界定的极度落后的国家。近些年，该地区经济增长逐渐加快，吸引外资的能力和水平逐渐加强，出口中间产品的水平不断增加。UNCTAD 数据库显示，2006—2016 年，澜湄流域国家中间品的进出口占其对外贸易总额的 60%以上，以加工组装环节的劳动力成本优势嵌入全球价值链特征明显。同时世界投资报告显示，2011—2016 年，澜湄流域成为全球经济增长和吸引外资最快的地区，且 FDI 开始呈现本地生产、本地消费的趋势。为此，基于生产分割的特征及其测度方法，综合运用亚洲开发银行多区域投入产出表，测算澜湄流域制造业出口的技术含量，以便系统分析 2000 年以来该地区参与全球生产分工及其出口技术水平的变化，具体结果如表 6.1 所示。

① 倪红福. 中国出口技术含量动态变迁及国际比较[J]. 经济研究，2017(1)：44-56.

② 王林辉，应洁妤. 制造业国际贸易的竞争性和互补性：来自国内技术含量视角的分析[J]. 南京社会科学，2018(2)：12-20.

③ 本节对澜湄流域国家制造业出口技术含量的分析仅限于泰国、越南、老挝、柬埔寨。

表 6.1　**澜湄流域国家制造业的出口技术含量变化**　（千美元/人）

	年份	2000	2005	2010	2012	2014	2016	2017
泰国	TV	20.235	29.707	31.565	38.355	34.191	31.252	33.589
	TDV	5.162	5.684	10.619	12.604	12.048	14.046	15.039
	TDTC(%)	25.510	19.133	33.643	32.861	35.237	44.943	44.775
越南	TV	22.592	16.591	28.847	32.698	31.765	30.330	31.789
	TDV	1.045	2.308	2.575	3.374	3.443	3.202	3.438
	TDTC(%)	4.628	13.912	8.928	10.318	10.838	10.558	10.815
老挝	TV	19.494	—	23.496	26.347	27.143	22.663	23.939
	TDV	0.717	—	1.998	2.566	2.576	3.093	3.235
	TDTC(%)	3.680	—	8.502	9.738	9.490	13.647	13.513
柬埔寨	TV	12.174	—	18.347	16.500	14.504	14.098	14.853
	TDV	0.948	—	0.870	0.788	0.938	1.057	1.153
	TDTC(%)	7.788	—	4.742	4.773	6.468	7.496	7.762

注：TV 为整体技术含量，TDV 为国内技术含量，TDTC 为国内技术含量占比，其中“—”表示数据缺失。

表 6.1 显示了澜湄流域国家制造业整体技术含量（TV）、国内技术含量（TDV）及其国内技术含量指数的变化情况。从表上数据来看，澜湄流域国家制造业整体技术含量总体呈现上升趋势，泰国由 2000 年 20.235 千美元/人上升至 2017 年 33.589 千美元/人，年均增速达到 16.47%；越南也由 22.582 千美元/人增长至 31.789 千美元/人，年均增长 15.95%；老挝和柬埔寨均有小幅增长。尽管如此，澜湄流域国家制造业的技术含量依然存在波动发展特征。2012 年泰国、越南、柬埔寨三国整体技术水平达到最高值，分别为 38.555 千美元/人、32.698 千美元/人和 16.5 千美元/人，而老挝在 2014 年达到高点；之后澜湄流域国家呈现下降趋势。出现此种现象，主要是因为 2012 年之后，各国 FDI 流入出现不同程度的下降，如泰国由 128.9 亿美元下降至 2014 年的 49.7 亿美元，降幅达到 61.4%；老挝由 14.2 亿美元下降至 9.97 亿美元；柬埔寨由 18.4 亿美元下降至 17.2 亿美元。由于 FDI 具有技术溢出作用，对各国技术积累具有积极作用，而 FDI 的下降会对澜湄流域制造业发展产生一定的负效应。澜湄流域整体技术含量的下降一方面说明了其现阶段参与全球价值链分工的脚步放缓，同时也表明全球经济大环境对其产生影响。如发达国家的“再工业化”和“制造业回归”等政策，缩减了部分 FDI 及产业转移，对澜湄流域制造业产生重要影响。经济全球化是不可避免的，随着垂直专业化的深化，澜湄流域参与分工程度的提升，其整体出口技术水平稳步回升。

国内技术含量是指出口产品中所融合的国内技术成分，用此指标来刻画一国或地区在全球价值链分工体系下的技术获得，是其最本质的收益。从表 6.1 可以看出，泰国、越南、老挝和柬埔寨的国内出口技术含量总体呈递增趋势。泰国的国内技术含量由 2000 年的5.162千美元/人增长至2017年的15.039千美元/人，年增长6.6%；越南国内技术含量由1.045千美元/人缓慢增长至3.438千美元/人，年均增长7.3%；老挝和柬埔寨也分别由0.717千美元/人、0.948千美元/人增长至3.235千美元/人和1.153千美元/人，增长率分别为9.3%和1.2%。相较于整体技术含量，澜湄流域的这4个国家的国内技术呈现持续增长，并未出现大幅度的下降。由此表明，21世纪以来，澜湄流域国家不断深化参与全球价值链分工的程度，通过承接域外产业转移和外包，拉长了国内产业链条，学习了发达国家的先进技术，增强了自身国内技术含量。然而，就国内技术水平而言，该地区依然位于全球价值链的薄弱环节，与发达国家相差甚大。美国作为全球价值链的主导者，2011年国内技术含量为145.62千美元/人，是泰国的12倍之多，是越南的50倍；日本作为东亚地区制造业发展水平较高的国家，其国内技术含量为116.55千美元/人，亦是澜湄流域的数十倍；韩国技术含量为43.44千美元/人，远高于澜湄流域国家。尽管澜湄流域国家出口制造业的国内技术含量在不断提升，但是离实现产业升级尚有差距，尤其是越南、老挝和柬埔寨，如图6.1和图6.2所示。

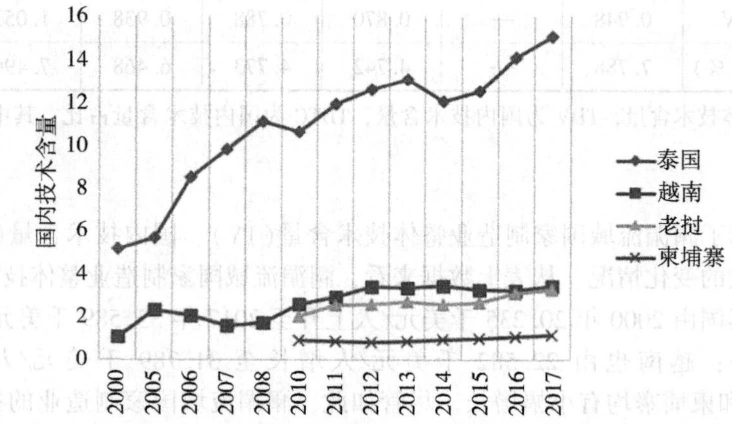

图6.1　澜湄流域国家制造业出口国内技术含量

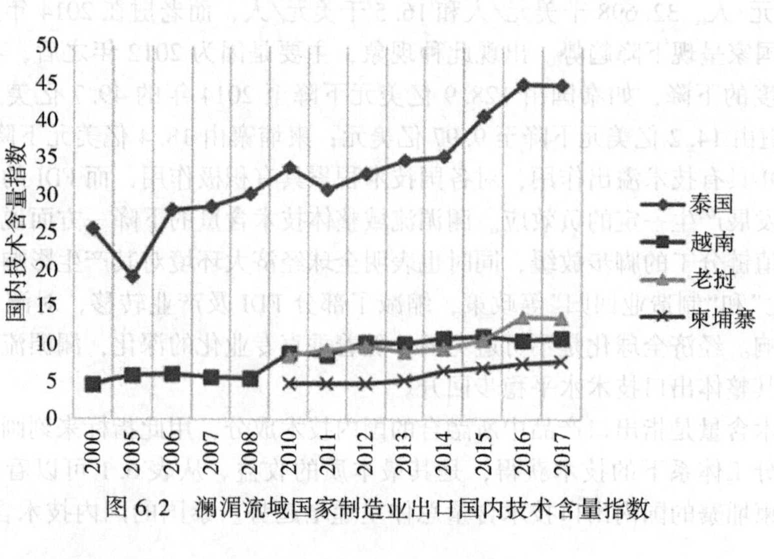

图6.2　澜湄流域国家制造业出口国内技术含量指数

图 6.1 和图 6.2 分别绘制了澜湄流域国家制造业出口的国内技术含量及其指数，从图上来看，澜湄流域国家内部差异明显，泰国总体水平高于其他三国，其国内技术含量指数呈直线上升趋势，由 2000 年的 25.51%上升至 2017 年的 44.77%，而其他三国维持在 10%左右。出现此种现象主要是因为，澜湄流域国家的产业发展存在差异，泰国资本和技术密集型产业较为完备，如汽车制造业、化学化工业，对制造业技术积累的贡献高达 60%，而老挝和柬埔寨则通过劳动密集型产业积累技术，如纺织业。需要注意的是，老挝和越南国内技术含量较为相似，主要是因为老挝仅有 600 万人口，较其他国家少，计算的部分行业劳动生产率与越南相差不大。尽管两国经济总量存在较大差距，但是人均 GDP 相差无几，如老挝由 2010 年的 1141 美元增长至 2017 年的 2457 美元，而越南也由 1310 美元增长至 2343 美元，故而国内技术投入相差不大。然而，越南和老挝对世界经济的影响不一，致使两国的整体技术水平存在较大差距，表现为两国嵌入全球价值链的程度不同，总体上越南要高于老挝。

6.3.2 分产业类型的制造业出口技术变化

由于产业间的异质性，不同产业在供应链和价值链上存在较大差异，其出口技术含量也会存在差异。为此，借鉴祝树金和张鹏辉(2013)的方法将制造业按照要素禀赋进行分类，然后计算每一种产业类型的出口技术含量①，具体结果如表 6.2 所示。

表 6.2　**澜湄流域国家分产业类型的出口技术含量变化**　(千美元/人)

国家	产业类型	2000			2010			2017		
		V	DV	DTC	V	DV	DTC	V	DV	DTC
泰国	劳动密集型	18.87	3.40	18.03	29.42	9.98	33.93	31.74	13.24	41.71
	资本密集型	18.50	3.15	17.05	30.08	15.48	51.47	33.89	19.92	58.77
	技术密集型	20.68	3.11	15.02	31.99	9.43	29.47	33.84	14.04	41.49
越南	劳动密集型	18.96	0.37	1.93	22.53	3.05	13.55	26.78	4.39	16.39
	资本密集型	18.53	0.34	1.83	29.89	2.15	7.18	31.68	3.14	9.91
	技术密集型	24.48	0.34	1.40	32.98	2.32	7.03	34.01	2.90	8.51
老挝	劳动密集型	19.56	0.80	4.10	23.20	2.01	8.67	23.22	3.09	13.29
	资本密集型	13.75	0.75	5.47	22.80	1.96	8.60	24.37	3.50	14.38
	技术密集型	18.80	0.66	3.52	27.18	1.82	6.68	26.48	3.37	12.74
柬埔寨	劳动密集型	12.38	0.45	3.61	14.40	0.97	6.71	13.18	1.18	8.94
	资本密集型	11.17	0.43	3.86	23.34	0.69	2.96	19.33	0.99	5.14
	技术密集型	20.95	0.73	3.50	27.99	0.98	3.50	26.48	1.00	3.79

注：V 为整体技术含量，DV 为国内技术含量，DTC 国内技术含量指数。

① 祝树金，张鹏辉. 中国制造业出口国内技术含量及影响因素[J]. 统计研究，2013，30(6)：58-66.

通过表6.2可以发现，(1)澜湄流域国家三种密集型产业的出口技术含量均呈现递增趋势。如泰国劳动密集型产业整体技术含量由2000年的18.87千美元/人增长至2017年的31.74千美元/人，为澜湄流域四国中最高；越南由18.96增长至26.78；老挝由19.56增长至23.22。(2)总体而言，技术密集型的整体技术含量高于资本和劳动密集型。如2010年泰国三种类型的产业出口技术含量分别为18.87、18.50和20.68，越南分别为18.96、18.53和24.48，其他国家其他年份亦是如此。相较于其他两类产业，技术密集型因其自身技术含量较高，并且生产工序多，产业链条长，故而各国的整体技术含量较高。(3)劳动密集型产业早期具有比较优势。2000年澜湄流域四国劳动密集型产业的整体出口技术含量分别为18.87、18.96、19.56和12.38，高于资本密集型(18.50、18.53、13.75和11.17)。而2010年资本密集型的整体技术含量已超过劳动密集型，说明随着外资不断涌入橡胶、塑料等资本密集型行业，其技术优势逐渐得到发挥，同时塑料橡胶的生产工序要多于纺织鞋帽，故而出现此种现象。

最后，澜湄流域国家制造业的国内技术含量较低，距离技术升级仍有一段距离。2010年泰国三种类型产业的国内技术含量分别为9.98、15.48和9.43，其技术含量占比分别为33.93%、51.47%和29.47%；至2017年该指标分别增长至13.24、19.82、14.04，发展迅速，居澜湄流域国家首位。而越南、老挝、柬埔寨三国除了劳动密集型产业的国内技术含量稍高以外，资本和技术密集型的技术含量指数均在10%以下，说明这三个国家制造业发展存在短板，技术含量较高的产业仍然发展不足。尽管泰国制造业发展水平远高于其他国家，但是其依然与发达国家存在较大的差距。例如，美国2010年三种类型产业的国内技术含量分别为86.17、99.55和113.29，其指数分别为90.7%、91.56%和89.93%。而东亚地区的日本，相应地国内技术含量分别为67.32、76.74和62.29，其指数分别为87.12%、88.73%和79.62%。总体而言，澜湄流域国家参与全球生产分割的程度在不断提升，各国发挥劳动比较优势，带动了纺织、服装等产业的发展，但是国内技术不足，还有待提升，特别是资本和技术密集型产业。

表6.3为2017年澜湄流域四国具体制造业的出口技术在全球价值链中的排名情况。从全球视野来看，泰国造纸、印刷及出版业(C7)的整体技术含量较2010年上升了11位，为所有行业的最高；木制品(C6)的国内技术含量提升了14位，最高；交通运输设备业(C15)在国内技术含量中占比最高。越南、老挝变化较为平稳，除了劳动密集型产业有小幅提升以外，其他行业有所下降。而柬埔寨变化较大的是焦炭、精炼石油与核燃料(C8)，较2010年下降了15位。总体而言，泰国的资本和技术密集型行业参与全球生产分工的程度较高，其国内技术增长较快。而其他三个国家则在劳动密集型行业有所收益。尽管如此，澜湄流域制造业出口技术含量大多位于全球价值链的后四分位区间内。从表6.3来看，泰国制造业整体技术含量大多位于40~47，国内技术位于30~50区间内，尚无进入前10名的产业，排名位次远低于发达国家。其他三个国家制造业的技术含量排名基本在后四分位数，尤其是老挝、柬埔寨技术密集型的国内技术含量大多是全球倒数。以上现象，表明国家收入水平越高，其国内技术含量也相应地越高。参与全球价值链分工最根本的目的是提升一国产业技术水平，出口技术含量准确地衡量了一国在全球生产分割下的技术水平，以下将着重分析澜湄流域国家出口技术水平的影响因素。

表 6.3　　2017 年澜湄流域国家制造业出口技术位次排名①

产业类别	泰国			越南			老挝			柬埔寨		
	V	DV	DTC	V	DV	DTC	V	DV	DTC	V	DV	DTC
C3	47	47	47	49	59	61	58	58	58	59	62	62
C4	45	46	44	47	59	59	55	57	56	59	62	62
C5	40	35	25	47	53	54	52	52	47	58	58	58
C6	42	30	21	52	59	60	60	58	57	57	62	61
C7	26	24	9	48	58	60	60	59	57	56	62	62
C8	42	48	48	44	51	51	50	46	37	52	58	58
C9	43	50	51	46	58	60	49	57	55	59	61	61
C10	45	34	25	44	58	60	49	57	56	56	61	61
C11	42	56	59	49	59	58	56	58	50	60	61	61
C12	46	49	50	47	59	62	51	58	59	59	61	61
C13	45	48	42	44	58	60	56	56	55	52	61	61
C14	45	40	38	44	59	58	50	56	55	46	61	61
C15	44	32	27	45	59	61	46	58	60	53	62	62
C16	45	47	42	52	59	59	58	58	58	50	62	62

注：C3~C16 为产业代码。ADB 中含有 62 个国家。

6.4 澜湄流域国家制造业出口技术含量的影响因素分析

6.4.1 计量模型和数据说明

从澜湄流域国家制造业出口技术含量的比较分析可以发现，区域的结构性问题依然存在，泰国整体水平好于其他国家是事实。为此有必要分析产生差异的具体原因，以下将从国家层面对该地区出口技术含量的影响因素进行实证分析。

生产分割是用来刻画一国(地区)参与全球价值链分工的重要变量，出口技术含量与生产分割长度密切相关。一般而言，嵌入程度越深，相应地，整体技术含量也会提升。各国因要素禀赋差异，两者之间的关系也会存在差异，为此计算生产分割与出口技术之间的相关系数，如表 6.4。

① C3 食品、饮料及烟草；C4 纺织制品；C5 皮、鞋靴；C6 木制品；C7 造纸、印刷、出版；C8 焦炭、精炼石油、核燃料；C9 化学制品；C10 塑料、橡胶；C11 其他非金属制品；C12 基础金属、有色金属；C13 机械制造；C14 电气及光学设备；C15 交通设备；C16 其他制造业、废品回收。

表6.4　　　　澜湄流域国家出口技术含量与生产分割之间的相关系数

	泰国	越南	老挝	柬埔寨
TV/PSL	0.485	0.051	0.303	0.200
TV/DPSL	0.003	−0.575	−0.245	−0.056
TV/IPSL	0.514	0.830	0.370	0.213
TDV/PSL	0.575	0.639	−0.364	0.343
TDV/DPSL	0.572	0.146	−0.343	0.593
TDV/IPSL	−0.260	0.359	−0.252	0.191

注：PSL代表全球生产阶段数，DPSL代表国内生产阶段数，IPSL代表国际生产阶段数。

分析表6.4，大体可以发现整体全部技术含量与全球和国际生产阶段数存在正向关系，与国内生产阶段数呈负向关系。如泰国、越南、老挝、柬埔寨TV&PSL的相关系数分别为0.485、0.051、0.303和0.2；TV&IPSL分别为0.514、0.83、0.37和0.213。而TV&DPSL除了泰国为0.003，呈微弱正向关系以外，其他国家均为负相关。国内技术含量与全球生产阶段数和国内生产阶段数，除了老挝是负相关外，其他国家均为正相关；而与国际生产阶段数的关系尚不明确，因为泰国和老挝是负相关，其他两国为正相关。综合以上信息，可以发现生产分割程度是澜湄流域国家出口技术含量的重要影响变量，为此设定计量模型如下：

$$\mathrm{TV}_{ct} = \alpha + \beta_1 psl_{ct} + \beta_2 ipsl_{ct} + \varphi X_{ct} + \varepsilon_{ct} \tag{6.8}$$

$$\mathrm{TDV}_{ct} = \alpha + \beta_1 psl_{ct} + \beta_2 dpsl_{ct} + \varphi X_{ct} + \varepsilon_{ct} \tag{6.9}$$

上式中，c代表国家，t表示年份，模型(6.8)考察全球生产阶段数与国际生产阶段数对整体全部技术的影响，而模型(6.9)考察全球生产阶段数与国内生产阶段数对国内技术的影响。X为控制变量，涉及技术水平、人口规模、资本密集程度等。通过以上两个模型，综合判断参与全球价值链分工的程度对澜湄流域国家制造业出口技术水平的影响。除了生产分割变量以外，其他变量的刻画及其数据来源，如表6.5。

表6.5　　　　变量选取与数据来源

序号	变量	定义	数据来源
1	全球生产分割长度	Fally(2012)、倪红福(2016)	ADB-MRIO
2	国内生产分割长度	倪红福(2016)	ADB-MRIO
3	国际生产分割长度	倪红福(2016)	ADB-MRIO
4	经济规模	人均GDP取对数	World Bank
5	基础研究水平	高水平论文发表数量取对数	World Bank
6	人均资本量	人均资本量取对数	Penn World Table, Version 9.0
7	劳动力水平	人力资本指数	Penn World Table, Version 9.0

续表

序号	变量	定义	数据来源
8	服务业发展程度	服务业增加值与 GDP 的比值	APEC
9	开放程度	FDI 与 GDP 的比值	World Bank
10	私营部门的国内信贷量占比	私营部门的国内信贷量与 GDP 的比值	WDI

需要指出的是，首先技术水平通常由各国研发经费与 GDP 的比值来衡量，由于澜湄流域国家研发经费数据缺失严重，故改用基础研究水平，以高水平论文发表数量来表征。高水平论文不仅能够从侧面反映一国基础研究的现状，也能够刻画技术发展水平，具有一定的代表性。其次，全球生产阶段数为国内生产阶段数与国际生产阶段数之和，为避免多重共线性不能同时引入这三个变量，所以针对具体问题引入合适的变量。

6.4.2 计量结果分析

因数据的可得性，形成了澜湄四国 2000 年、2005—2008 年和 2010—2017 年共 13 年的面板数据。由于 2005—2008 年的投入产出表中缺少老挝和柬埔寨，最后共有 44 个样本量。又由于个别变量存在缺失数据，如人均资本、国内信贷占比，为此采用线性插值的方法处理。通过对固定效应与随机效应结果进行比较，本书选择固定效应模型的估计结果进行重点阐述。表 6.6 为相关变量的统计特征。

表 6.6　**主要变量的统计特征描述**

变量	样本数	中位数	标准差	最小值	最大值
TV(整体技术含量)	44	26.36	7.545	12.17	38.76
TDV(国内技术含量)	44	4.699	4.453	0.717	15.04
PSL(全球生产阶段数)	44	2.705	0.428	2.020	3.426
DPSL(国内生产阶段数)	44	1.727	0.309	1.319	2.568
IPSL(国际生产阶段数)	44	0.979	0.207	0.649	1.378
te_level(高水平论文数)	44	6.368	2.036	2.874	9.258
pgdp(人均 GDP)	44	7.502	0.797	5.713	8.794
percap(人均资本)	44	9.688	0.853	7.825	10.93
hc(劳动力水平)	44	2.194	0.343	1.540	2.706
servicerato(服务业比重)	44	0.458	0.0481	0.387	0.568
fdiratio(开放程度)	44	5.721	3.489	0.667	13.43
creditratio(国内信贷占比)	44	0.924	0.387	0.0634	1.490

通过对控制变量进行梳理，可以分为两类，其一为强度指标，其二为相对指标。因

此，在模型 1 和模型 4 的基础上依次加入两类变量，最终形成 4 组新的计量方程，具体结果见表 6.7。

表 6.7　　　　　　　　　　　**面板数据估计结果**

变量	TV			TDV		
	模型 1	模型 2	模型 3	模型 4	模型 5	模型 6
psl	5.609	−5.219	−6.893*	4.712	−4.268*	−1.039
	(1.06)	(−1.42)	(−1.91)	(1.45)	(−1.78)	(−0.37)
lpsl	24.39***	17.78***	16.73***	1.881	5.772***	2.990
	(4.92)	(5.31)	(4.41)	(0.78)	(3.53)	(1.52)
dpsl				1.881	5.772***	2.990
				(0.78)	(3.53)	(1.52)
lnte_level		2.751	4.501**		2.788***	2.444**
		(1.52)	(2.16)		(3.16)	(2.25)
lnpgdp		9.699***	7.247**		2.459**	1.998
		(4.08)	(2.53)		(2.12)	(1.34)
lnpercap		−11.59***	−11.25***		−4.500***	−5.334***
		(−5.46)	(−4.84)		(−4.34)	(−4.42)
hc			3.348*			1.974*
			(1.79)			(2.03)
serviceratio			−51.23**			8.213
			(−2.46)			(0.76)
fdiratio			−0.0659			−0.113
			(−0.32)			(−1.07)
creditratio			1.297			1.625
			(0.48)			(1.16)
cons	−12.68	45.13***	69.89***	−11.30	13.67*	14.53
	(−0.88)	(2.96)	(3.52)	(−1.62)	(1.83)	(1.41)
N	44	44	44	44	44	44

注：*，**，***分别代表 10%、5%和 1%显著性水平，括号内为标准误差。

当仅考虑生产分割对出口技术含量的影响时，可以发现国际生产阶段数对整体技术的影响较为显著，说明参与全球化分工对澜湄流域国家实现技术增长具有积极作用。而国内生产阶段数对国内技术含量的影响不显著，其原因可能是澜湄流域国家尚处于发展初期阶段，还没有能力实现国内技术的吸收与转化。当模型中加入技术水平、经济规模和人均资本变量时，发现全球生产阶段数出现了"逆转"，其符号由正变负，说明在考虑了其他外因之后，全球生产阶段数具有负效应，并且随着第二组变量的加入，负效应不再改变。

结合模型 3 可以发现：一是国际生产阶段数对出口整体技术的影响显著为正，说明生产分割下对一国技术进步具有正向的推动作用，这与 Humphrey & Schmitz(2002)的研究结论一致①，表明欠发达地区参与全球价值链分工，有利于其发挥比较优势，实现技术升级。同时该效应远大于其他因素，是带动澜湄流域技术进步的重要力量，因而全球价值链分工能够为澜湄流域制造业发展创造新机遇。二是基础研究水平具有正向影响，说明一国基础研究水平越高，越可以更好地带动技术转化，提升最后生产工序的劳动生产率，从而增加一国出口技术含量。三是经济规模对整体技术水平具有显著的正向影响，主要是因为经济规模越大，其经济复杂度越高，参与全球价值链的程度会提升，从而有利于出口技术进步。四是劳动力水平也具有正向作用，劳动力质量越高，技能越熟练，有利于澜湄流域产业间的流动，从而增强区域分工的比较优势，实现出口技术的进步。五是私营部门的国内信贷比对出口整体技术含量的影响不显著。究其原因是澜湄流域经济基础差、私营信贷发展滞后、金融体系不健全、资本市场不发达，故而对出口技术的影响不显著。六是人均资本、服务业占比对整体技术含量具有负向影响，澜湄流域主要以劳动密集型产业为主，人均资本含量越高，反而不利于技术积累。同时由于服务业自身的不可贸易性，难以分割，当服务业比重提升时，会拉低整个国家国际生产分割长度，从而降低一国参与全球价值链分工的程度，所以会影响出口全部技术含量。

模型 6 在模型 5 的基础上加入了 4 个变量，发现整体结果不如模型 5，由此说明了国内技术含量更多的是与嵌入全球价值链的程度、基础研究水平和经济规模相关。综合来看，国内生产阶段数对国内技术含量具有显著的正向作用。国内生产阶段数刻画的是一国内部产业部门之间的经济联系，通过提升生产结构复杂度，有助于澜湄流域国家国内技术的积累。基础研究水平通过研发投入以达到增强技术的目的，能够促进澜湄流域国家国内技术水平。基础研究主要通过增强国内生产环节的劳动生产率，从而优化国内产业结构以达到技术提升的目的。而经济规模效应亦是通过国内经济复杂度，延长产业链等增强国内技术水平。综上，澜湄流域因其自身的局限性，通过借助全球价值链分工的机遇，可以实现产业升级。

6.5 小结

本章节通过测算澜湄流域国家的出口技术含量，主要有如下几点结论：

第一，自 2000 年以来，澜湄流域国家制造业出口的技术水平不断提高，但是国内技术含量仍然比较低，远低于日本、韩国等发达国家。

第二，从产业类型来看，技术密集型的整体技术含量高于资本和劳动密集型；而国内

① Humphrey J, Schmitz. How Does Insertion in Globol Value Chains Affect Upgrading in Industrial Clusters? [J]. Regional Studies, 2002, 36(9): 1017-1027.

技术含量一直较低，距离技术升级仍有一段距离。

第三，澜湄流域国家制造业主要通过嵌入低端的生产工序融入国际生产分工体系，从而导致其国内技术水平含量较低。

第四，澜湄流域国家区域结构性问题依然存在，总体来说，泰国制造业好于其他国家，主要集中在资本和技术密集型产业，其出口的国内技术偏高，而越南、老挝和柬埔寨仍然以劳动密集型产业为主，国内技术水平较低。

第五，从影响出口技术含量的因素来看，生产分割长度是澜湄流域国家技术升级的重要变量，国际生产阶段对整体技术含量较为重要，而国内生产阶段数对国内技术含量较为重要。其他因素，如经济规模、基础研究水平、人力资本水平具有正向关系，对澜湄流域国家出口技术的提升具有积极的作用。

第7章 澜湄流域制造业嵌入全球生产网络的学习效应分析

全球生产网络存在两大变化：一是生产过程的分割，将整条价值链切割成不同片段之后在不同国家生产。二是中间产品贸易及再投入。具体来说，全球生产网络将序贯连接的多个生产阶段连接起来，每个国家只从事某一个或几个片段的生产。针对该现象主要有以下几点研究：全球生产网络产生的动力机制、参与分工程度的测度及参与分工带来的经济效应与影响因素分析。

通过增加值贸易和贸易网络明确了澜湄流域国家嵌入全球生产网络的特征；通过生产阶段数、平均传递步长和出口技术含量从理论上测算了澜湄流域国家参与全球分工的程度。无论是特征分析，还是理论测度，均反映出澜湄流域国家嵌入全球生产网络的程度较低，尚未实现价值增值。面对这样的现实情况，作为全球生产网络中的“弱势群体”，欠发达国家或地区该如何借助新一轮价值链的分工实现产业升级呢？为此，本章节通过构建理论模型分析澜湄流域嵌入全球生产网络的作用机制与嵌入过程中的学习效应分析，着力于探讨改变这些地区长期处于全球价值链“尴尬”地位的途径。

7.1 澜湄流域嵌入全球生产网络的作用机制

当前国际产业分工不仅对发达国家的生产方式、社会经济产生影响，同时也改变着发展中国家在全球生产网络中扮演的“角色”，其影响变得越来越重要(Deardorff，2001；Sammuelson，2004)。①② 面对新一轮的经济浪潮，实现澜湄流域国家经济增长主要取决于这些国家能否抓住全球生产网络的分工，提升技术水平，生产高技术含量的产品，实现真正的嵌入。该地区如何借助当前国际产业分工的机遇实现产业升级呢？为此，本章节引用Daron Acemoglu(2012)构建的“东—西”方国家模型，从理论角度分析澜湄流域国家嵌入全球生产网络的作用机制。③ 首先，假定东西方国家在要素禀赋与技术能力上存在差异，西方国家拥有丰富的技术劳动力，从而在产品创新方面拥有比较优势；东方国家拥有丰富的

① Deardorff A V. Fragmentation in simple trade models[J]. North American Journal of Economics & Finance，2001，12(2)：121-137.

② Samuelson P A. Where Ricardo and Mill Rebut and Confirm Arguments of Mainstream Economists Supporting Globalization[J]. Journal of Economic Perspectives，2004，18(3)：135-146.

③ Acemoglu D，Gancia G A，Zilibotti F. Offshoring and Directed Technical Change[J]. American Economic Journal：macroeconomic，2015，7(3)：84-122.

非技术工人，能够从事简单的产品生产和加工。其次，假定每一种产品首先在西方国家创造和生产，当生产成本提升时，就会有一部分生产工序转移或者外包至其他国家，以降低生产成本。模型预期：一方面，西方国家可以降低生产成本，提升生产效率；另一方面，东方国家可以从西方国家技术转移的过程中受益，即澜湄流域国家在嵌入的过程中有学习效应。

7.1.1　理论模型设定

假设世界经济由两个国家构成——东方和西方国家，即澜湄流域国家代表东方，发达国家代表西方；分别提供两种生产要素，技能劳动和非技能劳动，并且两类要素的供给数量是确定的。假定西方国家能够提供两种劳动——技能和非技能劳动，分别用 H 和 L_w 表示；而东方国家只能够提供一种劳动——非技能劳动，用 L_e 表示，相比较而言技能劳动较稀缺。两国的中间产品生产能力存在差异，即品种数量不同(Krugman，1979)①，新技术率先在西方国家使用，在支付一定的固定成本之后可以转移到东方国家。

最终产品由若干个连续的中间产品再投入生产而成，其可以用于消费和投资。其生产技术可以用两部门常替代弹性(CES)的生产函数表示，最终产品用 Y 表示，具体函数如下：

$$Y = (Y_l^{\frac{\varepsilon-1}{\varepsilon}} + Y_h^{\frac{\varepsilon-1}{\varepsilon}})^{\frac{\varepsilon-1}{\varepsilon}} \tag{7.1}$$

其中，Y_L 和 Y_h 分别是非技能和技能劳动产出，两者均是可贸易产品，相当于最终产品的两种生产要素。ε 为两部门之间的常替代弹性(CES)。利润最大化时，技能与非技能产品的逆需求函数如下：

$$P_l = (Y/Y_l)^{\frac{1}{\varepsilon}},\ P_h = (Y/Y_h)^{\frac{1}{\varepsilon}},\ P_h/P_l = (Y_l/Y_h)^{\frac{1}{\varepsilon}} \tag{7.2}$$

其中，P_L 和 P_h 分别是 Y_L，Y_h 的世界价格，因为 Y 是计价物，所以可以得到：$(P_i^{1-\varepsilon} + P_h^{1-\varepsilon})^{1/1-\varepsilon} = 1$。两个部门生产均需要中间产品，$Y_L$ 和 Y_h 分别需要投入非技能与技能劳动。两个部门的生产技术通过D-S(Dixt-Stiglitz)生产函数确定，如下：

$$Y_l = E_l\left(\int_0^{A_l} x_{l,\,i}^{\alpha}\right)^{1/\alpha};\ Y_h = E_h\left(\int_0^{A_h} x_{h,\,i}^{\alpha}\right)^{1/\alpha} \tag{7.3}$$

其中，$x_{l,\,i}$ 和 $x_{h,\,i}$ 分别为各自部门投入中间产品 i 的数量，同时定义 $\sigma = 1/(1-\alpha)$ 为任意两种中间产品的替代弹性。根据罗默水平创新理论，本模型采用中间产品的种类数 A_l，A_h 代表两个部门的技术水平。另外，E_l 和 E_h 形式如下：

$$E_l = (A_l)^{\frac{2\alpha-1}{\alpha}},\ E_h = (A_h)^{\frac{2\alpha-1}{\alpha}} \tag{7.4}$$

式(7.4)表示技术溢出，其目的是对任意一个 σ，模型都存在平衡增长路径。当利润最大化时，各自中间产品的倒需求函数如下：

$$p_{l,\,i} = P_l E_l^{\alpha} Y_l^{1-\alpha} x_{l,\,i}^{\alpha-1},\ p_{h,\,i} = P_h E_h^{\alpha} Y_h^{1-\alpha} x_{h,\,i}^{\alpha-1} \tag{7.5}$$

其中，$p_{l,i}$，$p_{h,i}$ 分别是各自中间产品 i 的价格，$i \in [0,\ A_l]$ ($i \in [0,\ A_h]$)。

① Krugman P R. Increasing returns, monopolistic competition, and international trade[J]. Journal of International Economics, 1979, 9(4): 469-479.

假设每一种中间产品是通过单个垄断厂商使用规模报酬不变的技术生产，同时劳动力作为唯一投入要素：

$$x_{l,\ i} = l_i,\ x_{h,\ i} = zh_i \tag{7.6}$$

其中，l_i，h_i分别是各自非技能和技能劳动的投入，并且 z≥1。由于需求弹性固定为 $\sigma = 1/(1-\alpha)$，追求利润最大化的厂商定价方式为各自的边际利润乘以 $1/\alpha$，分别为 $p_{h,\ i} = (w_h/z)/\alpha$ 和 $p_{l,\ i} = w_l/\alpha$，其中 w_h为技能劳动的工资，w_L 为非技能劳动的工资。则利润是销售额固定比例，如下：

$$\pi_{l,\ i} = (1-\alpha)p_{l,\ i}x_{l,\ i},\ \pi_{h,\ i} = (1-\alpha)p_{h,\ i}x_{h,\ i} \tag{7.7}$$

7.1.2 均衡分析

根据 1979 年 Krugman 的研究，假设西方国家能够生产全部的中间产品，而东方国家仅能够生产其中的一部分，即 $k < \bar{k} = L_e/(L_e + L_w) < 1$。该限制条件可以保证东方国家的工资水平较西方低，西方国家企业转移一部分生产环节将有利可图。k 表示西方国家外包给东方国家生产的比例，简称外包率。外包是从企业的角度反映垂直专业化，是对产品各生产工序空间的选择，反映了东方国家嵌入全球生产网络的程度（Hummels et al., 1998）。① 当均衡时，东方国家有 $k \times A_l$ 家企业，而西方国家剩余 $(1-k) \times A_l$ 家企业。当市场出清时，因为相同类型的中间产品生产企业是对称的，因而可解出两个国家任一种中间产品的产出：

$$x_h = \frac{zH_w}{A_h},\ x_{l,\ w} = \frac{L_w}{(1-k)A_l},\ x_{l,\ e} = \frac{L_e}{kA_l} \tag{7.8}$$

命题 1：随着东方国家参与全球化生产的程度提升，东方国家非技能劳动的需求增加，相反，西方国家较少，同时两国非技能劳动的工资差距缩小。

证明：西方国家中间品的价格 $p_{l,\ i} = w_{l,\ w}/\alpha$，东方国家中间品的价格 $p_{l,\ i} = w_{l,\ e}/\alpha$，东西方低技能劳动的工资差距为：$\frac{w_{l,\ w}}{w_{1,\ e}} = \frac{p_{l,\ w}}{p_{l,\ e}}$。再结合式(7.5)、式(7.8)，可得：

$$\frac{w_{l,\ w}}{w_{1,\ e}} = \frac{p_{l,\ w}}{p_{l,\ e}} = \left(\frac{x_{l,\ w}}{x_{l,\ e}}\right)^{\alpha-1} = \left(\frac{L_e}{L_w}\frac{1-k}{k}\right)^{1-\alpha} \tag{7.9}$$

由前述的假定知 $k < \bar{k}$，那么有 $w_{1,\ w} > w_{l,\ e}$。很明显，随着参与程度 k 的提升，西方国家对非技能劳动的需求减少，然而东方国家对非技能劳动的需求增加。然后，对式(7.9)两边取对数，并求导数：

$$\frac{\mathrm{dln}(w_{l,\ w}/w_{l,\ p})}{\mathrm{d}k} = -(1-\alpha)\left[\frac{1}{k(1-k)}\right] \tag{7.10}$$

在(0，1)范围内，有式(7.10)导数小于 0，表明随着东方国家参与程度 k 的提升，东西方工资水平的差异不断递减。（证毕）

---

① Hummels D L, Rapoport D, Yi K M. Vertical Specialization and the Changing Nature of World Trade [J]. Federal Reserve Bank of New York Economic Policy Review, 1998(4): 79-99.

命题2：随着东方国家参与全球生产的程度提升，中间产品 Y_1 价格下降的同时其生产成本也在降低，能够提升劳动生产率。

证明：使用式（7.8）、式(7.5)，由不变替代弹性生产函数中的价格指数可得产品 Y_L 的价格：

$$P_1 = A_l^{-1}\left[kp_{l,e}^{1-\sigma} + (1-k)p_{l,w}^{1-\sigma}\right]^{1/(1-\sigma)} \tag{7.11}$$

因为 $p_{l,w} = w_{l,w}/\alpha$，$p_{l,e} = w_{l,e}/\alpha$，将其代入式(7.11)并两边同时乘以 $(1-\sigma)$，得：

$$P_l^{1-\sigma} = (A_l\alpha)^{\sigma-1}\left[kw_{l,e}^{1-\sigma} + (1-k)w_{l,w}^{1-\sigma}\right] \tag{7.12}$$

对式(7.12)中的 k 求导数，得：

$$\frac{\mathrm{d}P_l^{1-\sigma}}{\mathrm{d}k} = (A_l\alpha)^{\sigma-1}(w_{l,e}^{1-\sigma} - w_{l,w}^{1-\sigma}) \tag{7.13}$$

由前述的假定可知 $k < \bar{k}$，有 $w_{1,w} > w_{l,e}$；因为 $1-\sigma<0$，有 $\frac{\mathrm{d}P_l^{1-\sigma}}{\mathrm{d}k} > 0$，$\frac{\mathrm{d}P_l}{\mathrm{d}k} < 0$。因为垄断竞争时，价格等于边际成本乘以比例系数（$1/\alpha$），两者具有相同的变化趋势，所以当东方国家参与程度提升时，中间产品 Y_l 销售价格下降的同时，其生产成本也降低，最终提升东方国家低技术部门的劳动生产率。（证毕）

命题1和命题2反映了全球生产网络的福利效应，表明澜湄流域国家嵌入全球生产网络的过程中一方面可以提升本国劳动工人的工资水平，另一方面可以提升其生产效率；也反映了全球化生产是大势所趋，对澜湄流域甚至其他欠发达地区产业发展是有益的。

命题3：东方国家的生产效率同参与全球化生产的程度密切相关，具体而言，参与程度越高，其边际效率越低。

证明：将式(7.8)代入式(7.3)，再结合式(7.4)，就能够得到低技术劳动的中间产品 Y_L 的产量：

$$Y_l = A_1\left[k^{1-\alpha}L_e^{\alpha} + (1-k)^{1-\alpha}L_w^{\alpha}\right]^{1/\alpha} \tag{7.14}$$

Y_l 为东西两个国家非技能劳动生产中间产品的组合，其权重为东方国家参与全球化生产的程度 k。对式(7.14)求导数，得：

$$\frac{\mathrm{d}Y_1}{\mathrm{d}k} = \frac{1-\alpha}{\alpha}\hat{L}^{1-\alpha}\left[\left(\frac{L_e}{k}\right)^{\alpha} - \left(\frac{L_w}{1-k}\right)^{\alpha}\right] > 0 \tag{7.15}$$

其中，$\hat{L} = \left[k^{1-\alpha}L_e^{\alpha} + (1-k)^{1-\alpha}L_w^{\alpha}\right]^{1/\alpha}$。对式(7.15)求极限，如下：

$\lim\limits_{k\to0}\frac{\mathrm{d}Y_l}{\mathrm{d}k} = +\infty$，$\lim\limits_{k\to\bar{k}}\frac{\mathrm{d}Y_l}{\mathrm{d}k} = 0$，由此可知 $\frac{\mathrm{d}Y_l}{\mathrm{d}k}$ 在区间 $(0, \bar{k})$ 一定会下降。由此说明了东方国家参与全球化生产的程度并不是“越深越好”，西方国家生产工序的转移，东方国家如果只是单纯地生产加工，就会出现边际效率递减。东方国家只有在参与全球化生产的过程中不断学习西方国家的技术且不断创新，才能够实现长期发展。（证毕）

命题4：随着东方国家参与程度的提升，其非技能劳动的工资水平也相应地提升。

证明：使用式(7.2)、式(7.4)、式(7.5)、式(7.8)和式(7.14)可以得到东方国家非技能劳动的工资水平：

$$w_{l,e} = \alpha\left(\frac{Y_l}{A_l}\right)^{\frac{1}{\varepsilon}}A_l\hat{L}^{1-\alpha-1/\varepsilon}\left(\frac{k}{L_e}\right)^{1-\varepsilon} \tag{7.16}$$

两边同时取对数，并求导数，得：

$$\frac{\mathrm{d}\ln w_{l,e}}{\mathrm{d}k}=\frac{1}{\varepsilon A_l}\frac{\mathrm{d}Y_l}{\mathrm{d}k}+\left(1-\alpha-\frac{1}{\varepsilon}\right)\frac{1}{\hat{L}}\frac{\mathrm{d}\hat{L}}{\mathrm{d}k}+(1-\alpha)\frac{1}{k} \tag{7.17}$$

因为 $\frac{\mathrm{d}Y_l}{\mathrm{d}k}>0$，所以 $\frac{\mathrm{d}\ln w_{l,e}}{\mathrm{d}k}>0$，即东方国家非技能劳动的工资水平会随着参与全球化分工的程度而相应地提升。(证毕)

东方国家作为弱势群体，参与全球价值链的分工，一方面可以提升国内非技能劳动的工资，另一方面也能提升国内劳动生产率。所以从短期来看，融入全球生产网络的潮流可以在诸多方面受益，但是一味地参与生产加工，即使承接了发达国家所有的中间产品生产，也不可能带来长足的利益。命题3就对东方国家生产效率和参与程度进行了分析，佐证了生产效率边际递减的规律。为此，澜湄流域在嵌入全球生产网络的过程中只有成为“思考者”，才能使技能得到进步，从而获得长远的利益，即在参与的过程中不断学习和创新。

7.1.3 技术内生性的影响

在上一节中，笔者讨论了参与全球生产网络分工对东方国家的影响，参与可以带来收益，带来生产效率的提升，但是是非长远的。在本节中讨论技术内生性对东方国家的影响。首先，假设无论是技能劳动还是非技能劳动部门创新需要支付一个固定成本 μ；其次，一个企业如果想要将一部分生产工序转移至东方国家，需要支付一个启动成本 f。同时假定西方国家的企业只能获得一部分利润回流 $\bar{\lambda}<1$，出现这种情况主要是因为契约的不完备，可能会出现“敲竹杠”的现象，更重要的是发展中国家不重视知识产权保护等造成的。假定 V_h 为技能劳动的企业价值，该价值满足哈密尔顿-雅克比-贝尔曼方程(HJB)：

$$rV_h=\pi_h+\dot{V}_h \tag{7.18}$$

该方程的含义是来自所属企业的瞬时回报率等于利润率与资本收益或损失的总和。V_l^o 代表支付转移成本之后的企业价值，V_l 为西方国家非技能劳动企业的价值。因此有两种价值满足的方程：

$$rV_l^o=\max\{\pi_{l,w},\ \bar{\lambda}\pi_{l,e}\}+\dot{V}_l^o,\ rV_l=\max\{\pi_{l,w}+\dot{V}_l,\ r(V_l^o-f)\} \tag{7.19}$$

式(7.19)中第一个方程的含义为企业尽可能在获利最多的地方进行生产，当支付一定转移成本之后，发现东方国家能够带来较多的利益，因此有 $\bar{\lambda}\pi_{l,e}>\pi_{l,w}$ 成立。第二个方程的含义是没有进行生产工序转移的企业是否会考虑支付一定的启动成本，转移出去。自由进入行业表明了新引进的中间产品和已有中间产品外包出去生产的价值不超过各自的成本。在平衡增长路径(BGP)下有以下条件：

$$V_l=V_h=\mu,\ V_l^o-V_l=f \tag{7.20}$$

命题5：东方国家重视知识产权保护、降低转移成本和具有丰富的劳动力，以上都能够提升自身参与全球生产网络的程度。

证明：根据式(7.19)、式(7.20)可以推导出平衡增长路径下的利率水平：

$$r = \frac{\bar{\lambda}\pi_{l,\ e} - \pi_{l,\ w}}{f} = \frac{\pi_{l,\ w}}{u} = \frac{\pi_h}{u} \tag{7.21}$$

定义 $\lambda = \bar{\lambda}/(1 + f/\mu)$，将其代入(7.21)可以得到 $\lambda\pi_{l,\ e} = \pi_{l,\ w}$。同时有公式(7.7)、(7.8)、(7.14)，可以推导得到：

$$\pi_h = (1-\alpha)P_h ZH,\ \pi_{l,\ w} = (1-\alpha)P_l \hat{L}^{1-\alpha}\left(\frac{L_w}{1-k}\right)^{\alpha}, \tag{7.22}$$

$$\pi_{l,\ e} = (1-\alpha)P_l \hat{L}^{1-\alpha}\left(\frac{L_e}{k}\right)^{\alpha}$$

利用 $\lambda\pi_{l,\ e} = \pi_{l,\ w}$ 方程可以得到关于东方国家参与程度的函数：

$$k = (1 + \lambda^{-\frac{1}{\alpha}} L_w/L_e)^{-1} \tag{7.23}$$

通过式(7.23)可知，当东方国家知识产权保护程度 $\lambda\uparrow$ 时，$\lambda\uparrow$，$k\uparrow$；当 $f\downarrow$ 时，$\lambda\uparrow$，相应地东方国家参与程度为 $k\uparrow$；类似 $L_e\uparrow$，$k\uparrow$。（证毕）

命题 5 反映了澜湄流域可以通过知识产权保护政策以及对外开放过程中的优惠政策，加强本地区同其他地区之间的联系，从而提升其嵌入全球生产网络的程度。

命题 6：(1)非技能劳动技术水平的提升同中间产品替代弹性和两类劳动的替代弹性相关。

(2)对于西方国家而言，当 $\sigma > \varepsilon$ 时，价格效应较大并且主导互补的市场规模效应，参与全球价值链分工的程度提升时，存在价格效应(会提升技能劳动的技术水平)和直接市场效应(会提升非技能劳动的技术水平)的追逐；$\sigma < \varepsilon$，价格效应占主导作用，技能劳动的技术水平会相应提升。

(3)对于东方国家而言，无论中间产品替代弹性与两类劳动替代弹性的关系如何，东西方两国的技术差距在不断扩大。

证明：(1)首先构建技能与非技能劳动的技术转变方程，由式(7.18)、式(7.19)和式(7.20)可以得到：$V_h/V_l = \pi_h/\pi_l$。由于研究西方国家技能劳动和东方国家非技能劳动的技术变化，所以利用(7.22)式的第一个和第三个方程，可得：

$$\frac{V_h}{V_l} = \frac{P_h}{P_l} \times \frac{ZH}{\hat{L}^{1-\alpha}\left(\frac{L_e}{k}\right)^{\alpha}} = \left(\frac{A_l\hat{L}}{A_h H}\right)^{1/\varepsilon} \times \frac{ZH}{\hat{L}^{1-\alpha}\left(\frac{L_e}{k}\right)^{\alpha}} \tag{7.24}$$

其中，第二等式的第一项是根据式(7.2)、式(7.14)所得。由市场出清条件可知：$V_h = V_l$，代入式(7.24)，可以得到东西方两国技能与非技能劳动的技术水平比率：

$$\frac{A_h}{A_l} = (ZH)^{\varepsilon-1}\ \hat{L}^{(1-\varepsilon+\varepsilon\alpha)}\left(\frac{k}{L_e}\right)^{\varepsilon\alpha} \tag{7.25}$$

对式(7.25)取对数并对 λ 求导数，得：

$$\frac{\mathrm{d}\ln(A_h/A_l)}{\mathrm{d}\lambda} = \left[(1-\varepsilon+\varepsilon\alpha)\frac{\mathrm{d}\ln\hat{L}}{\mathrm{d}k} + \frac{\varepsilon\alpha}{k}\right]\frac{\mathrm{d}k}{\mathrm{d}\lambda} \tag{7.26}$$

同理可得，西方国家两种劳动的技术水平比率：

$$\frac{\mathrm{d}\ln(A_h/A_{l,\ w})}{\mathrm{d}\lambda}=\left[(1-\varepsilon+\varepsilon\alpha)\frac{\mathrm{d}\ln\hat{L}}{\mathrm{d}k}-\frac{\varepsilon\alpha}{1-k}\right]\frac{\mathrm{d}k}{\mathrm{d}\lambda} \tag{7.27}$$

由于 $\frac{\mathrm{d}k}{\mathrm{d}\lambda}>0$，所以式(7.26)和(7.27)的符号取决于中括号内的符号。以式(7.27)为例，当 $\sigma<\varepsilon$ 时，即 $1-\varepsilon+\varepsilon\alpha<0$，则 $\frac{\mathrm{d}\ln(A_h/A_{l,\ w})}{\mathrm{d}\lambda}<0$，技能劳动与非技能劳动的技术水平比率就下降，非技能劳动的技术水平相对于技能劳动在不断缩小。而当 $\sigma>\varepsilon$，$1-\varepsilon+\varepsilon\alpha>0$，令：

$$\hat{\lambda}=\varphi^{-1}\left(\frac{\varepsilon\alpha^2}{(1-\varepsilon+\varepsilon\alpha)(1-\alpha)}\right) \tag{7.28}$$

其中，$\varphi=[\hat{L}(\lambda)]^{-\alpha}\{[k(\lambda)]^{-\alpha}L_e^{\alpha}-[1-k(\lambda)]^{-\alpha}L_w^{\alpha}\}[1-k(\lambda)]$，当 $\lambda<\hat{\lambda}$ 时，导数就大于零，反之亦然，会出现两种情况。总之，非技能劳动的技术水平是两种替代弹性的函数，所以与两者相关(σ，ε)。(证毕)

(2)定义(7.24)第二个等式的第一项为价格效应，指通过价格的变动，企业产生一个更大的动力创造新的技术从而生产更昂贵的商品，公式中价格变动可以使东西方国家企业价值产生影响；第二项为市场规模效应，技术市场越大则能够带来更多的创新，因为技术市场通常由使用它的工人组成，市场规模效应鼓励创新，能够带来更丰富的要素，公式中的技能和非技能劳动的变化可以反映。这种效应同中间产品之间的互补程度密切相关。当 $\alpha\to l$ 时，中间产品之间就会完全替代，市场规模效应就独立于 $\hat{L}$；而当 α 变得非常小，市场规模效应就会变得很大，中间产品之间呈现较高的互补性，我们称这种效应为互补市场效应。

当 $\sigma>\varepsilon$ 时，对于一个非常小的 k，式(7.27)中的价格效应的强度大于市场规模效应，因为有 $k\to 0$，$\mathrm{d}\ln\hat{L}/\mathrm{d}k\to\infty$。当k值较大时，价格效应逐渐消失，市场规模效应占主导地位。由此说明式(7.27)是一个先递增后递减的函数，表明西方国家两种要素的技术水平是先变大后变小的过程。当 $\sigma<\varepsilon$ 时，$\mathrm{d}\ln(A_h/A_l)/\mathrm{d}\lambda<0$，说明两者的技术水平不断地缩小，非技能劳动的技术在不断提升。总之，对于西方国家而言，无论两种替代弹性的关系如何，存在价格效应与市场规模效应的追逐，只有当市场规模占据主导地位时，非技能劳动部门的技术水平才会不断提升。(证毕)

(3)东西方国家的技术差距又如何呢？当 $\sigma<\varepsilon$ 时，$1-\varepsilon+\varepsilon\alpha<0$，式(7.26)中 $\mathrm{d}\ln(A_h/A_l)/\mathrm{d}\lambda$ 的符号取决于 $(1-\varepsilon+\varepsilon\alpha)\mathrm{d}\ln\hat{L}/\mathrm{d}k$ 与 $\varepsilon\alpha/k$ 的大小，其中第一项带来的是价格效应，第二项带来的是市场规模效应。当 $k\to 0$ 时，极限 $(1-\varepsilon+\varepsilon\alpha)\mathrm{d}\ln\hat{L}/\mathrm{d}k+\varepsilon\alpha/k$ 是"$\infty-\infty$"的一个未定型，需具体分析。由于 $\mathrm{d}\ln\hat{L}/\mathrm{d}k=\frac{1-\alpha}{\alpha}\hat{L}^{-\alpha}\left[\left(\frac{L_e}{k}\right)^{\alpha}-\left(\frac{L_w}{1-k}\right)^{\alpha}\right]$，$0<\alpha<1$，当 $k\to 0$ 时，该项趋向无穷大的速度小于 $\varepsilon\alpha/k$，故 $\mathrm{d}\ln(A_h/A_l)/\mathrm{d}\lambda\to+\infty$，为增函数，所以当参与全球生产的程度较低时，两国之间的技术水平差距不断加大。当 $\sigma>\varepsilon$ 时，$\mathrm{d}\ln(A_h/A_l)/\mathrm{d}\lambda>0$ 显然成立，说明东西方国家的技术差距会不断拉大。

(证毕)

命题6说明了东方国家嵌入全球生产网络的过程中技术水平变化及影响因素，综合上述分析结论，利用Matlab软件绘制东西方国家技术水平的变化，如图7.1，其中$Y1$和$Y3$的Sigma=5，$Y2$和$Y4$的Sigma=3.3，$\varepsilon=1.6$。$Y1$和$Y2$模拟的是西方国家两种要素劳动的技术水平变化，$Y3$和$Y4$模拟的是东方国家的技术水平变化。图7.1所示的模拟结果与数理分析结果一致。首先，技术水平的变化与中间产品替代弹性和技能劳动与非技能劳动的替代弹性相关，如$Y1$和$Y2$所示；其次，西方国家非技能劳动的技术水平随着参与程度的提升不断进步，同技能劳动的差距在不断缩小；最后，东方国家技术水平随着参与程度的提升与西方国家的差距越来越大，如$Y3$和$Y4$所示。

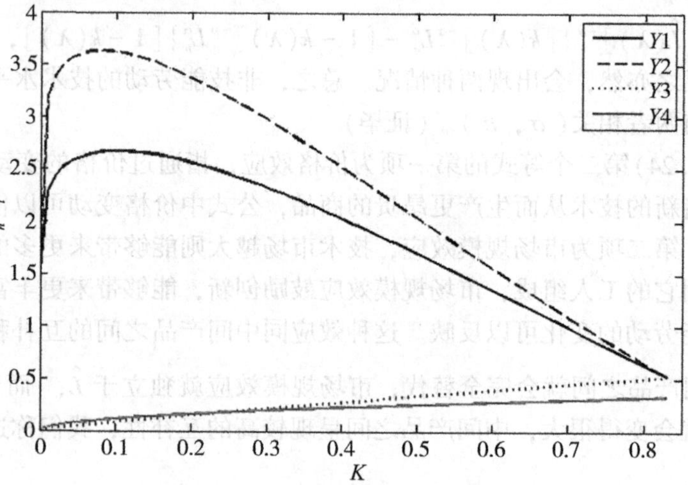

图7.1　东西方国家技术水平变化图

上述分析和模拟反映了一个问题，在全球生产网络的大背景下，发达国家的受益程度远大于发展中国家。Linden et al.（2011）研究发现，尽管iPod的绝大多数生产工序都转移至发展中国家加工生产，但是50%以上的价值增加值由美国创造，生产工序的外包不仅能够使西方国家技能劳动的工人受益，而且还能促进非技能劳动工人技术水平的提升。① 面对这种尴尬的局面，如果东方国家的企业仅仅是参与重复简单的劳动，那么将会被锁定在价值链分工的“低端”位置。因此，无论是澜湄流域国家还是其他欠发达国家在参与全球生产网络的过程中必须要有所“行动”，下面本书从模仿学习的角度进行分析技术变化。

7.2　学习效应对澜湄流域国家技术升级的影响

欠发达地区参与全球价值链分工，一方面是本土企业对部分生产工序的承接，生产中

① Linden G, Dedrick J, et al. Innovation and Job Creation in a Global Economy: The Ease of Apple's ipod [J]. Journal of International Commerce & Economics, 2011, 3(1): 223-239.

间产品贸易的过程；另一方面，由于中间产品技术要求高，对方无法独立完成，发达国家会通过对外直接投资的方式在欠发达地区投资生产。因此，全球生产网络的生产方式不仅带动了中间品的贸易，而且促进了FDI的全球流动。无论是商品贸易还是资本流动都促进了欠发达地区同发达国家之间的经济交流，在相互接触的过程中存在着技术溢出的可能性(MacDougall，1960)。① Gorg & Greenaway(2004)指出发达国家的溢出效应会引致欠发达地区企业的模仿、直接学习国外技术知识，具有正向作用。② 然而，无论是何种形式的技术溢出(直接与发达国家的接触或者与外资企业接触)都不是自主的，是非自愿的，具有外部性。因此，欠发达地区参与全球价值链分工的过程中并不是处于"被动"的地位，可以学习利用发达国家的技术(知识)溢出改变不利局面。同时，技术进步、生产效率提升也取决于欠发达地区自身的学习吸收能力。

7.2.1 理论分析

学习能力(Learning Capability)是企业在日常生产经营过程中创造力的体现，通过创造、获取、传输和整合知识的手段，修改原先行为反映新认知全过程，是一种组织活动能力的表现。在全球价值链分工的大浪潮下，欠发达地区在参与过程中可以学习、利用、整合发达国家的技术(知识)溢出，以此来提升自身技术水平，最终摆脱在全球生产网络中的尴尬地位。依然以"东—西"国家模型为例，基于技术内生性，本节对模仿学习能力进行简单的分析。首先，假设两点：一是存在外部性，发达国家的技术溢出也不例外，但不考虑知识产权保护(IPR)；二是欠发达地区学习能力是简单的线性作用，并且学习能力效用不及发达国家创新能力的效用。

假设欠发达地区企业的学习能力为 φ，则式(7.14)非技能劳动的产出可以改写为下式：

$$Y_l = A_1\{k^{1-\alpha}[(1+\varphi)L_e]^{\alpha} + (1-k)^{1-\alpha}L_w^{\alpha}\}^{1/\alpha} \tag{7.29}$$

根据式(7.24)、式(7.25)的原理，将式(7.29)代入可以得到带有学习能力的东西方国家技术水平差距的方程：

$$\frac{A_h}{A_l} = (ZH)^{\varepsilon-1}\hat{L}^{(1-\varepsilon+\varepsilon\alpha)}\left(\frac{k}{(1+\varphi)L_e}\right)^{\varepsilon\alpha} \tag{7.30}$$

其中，$\hat{L} = \{k^{1-\alpha}[(1+\varphi)L_e]^{\alpha} + (1-k)^{1-\alpha}L_w^{\alpha}\}^{1/\alpha}$。可以发现式(7.30)是一个关于企业学习能力的方程，对其两边同时取对数，并对 φ 求导数，可得：

$$\frac{\mathrm{d}\ln(A_h/A_l)}{\mathrm{d}\varphi} = (1-\varepsilon+\varepsilon\alpha)\frac{1}{\hat{L}}\frac{\mathrm{d}\hat{L}}{\mathrm{d}\varphi} - \frac{\varepsilon\alpha}{1+\varphi} \tag{7.31}$$

现只需对式(7.31)的数学性质进行分析，即可得到东方国家企业学习能力同技术进

① Macdougall G D A. The Benefits and Costs of Private Investment from Abord: a Theoretical Approach [J]. Economic Record, 1960, 36(73): 13-35.

② Gorg H, Hanley A. Does Outsourcing Increase Profitability? [J]. Iza Discussion Papers, 2004, 35 (3): 267-288.

步之间的关系。从形式上看，表达式较为简单，其大小主要取决于第一项，将 $d\hat{L}/d\varphi$ 具体形式代入，导数的第一项为：

$$g(\varphi)=(1-\varepsilon+\varepsilon\alpha)\{k^{1-\alpha}[(1+\varphi)L_e]^{\alpha}+(1-k)^{1-\alpha}L_w^{\alpha}\}^{-1}k^{1-\alpha}L_e^{\alpha}(1+\varphi)^{\alpha-1} \tag{7.32}$$

与 7.1.3 节的分析类似，当 $\sigma>\varepsilon$，$1-\varepsilon+\varepsilon\alpha>0$ 时，$\varphi\to 0$，导数(7.31)的第一项极限 $g(\varphi)\leqslant(1-\varepsilon+\varepsilon\alpha)$；又由于 $0<\alpha<1$，可知 $\varepsilon>1$，该条件反映了技能劳动生产的产品具有较强的替代弹性，与实际情况相符，因此导数小于 0。以上说明了当东方国家的企业拥有一点点学习能力时，就能缩小东方国家与西方国家之间的技术差距。当 $\varphi\to z$（由假设 2 所得），式(7.31)的极限有以下关系：

$$\lim_{\varphi\to z}(1-\varepsilon+\varepsilon\alpha)\frac{1}{\hat{L}}\frac{d\hat{L}}{d\varphi}-\frac{1}{1+\varphi}\leqslant\frac{1-\varepsilon+\varepsilon\alpha}{1+z}-\frac{\varepsilon\alpha}{1+z}<0$$

由上式可知，随着东方国家学习能力的提升，东西方国家之间的技术水平在不断地缩小。虽然两国之间的技术水平之比是一个递减函数，但是随着学习能力的提升，其收敛于 $(1-\varepsilon)/(1+z)$，表明两国之间会存在一定的技术差距。当 $\sigma<\varepsilon$，有 $1-\varepsilon+\varepsilon\alpha<0$，可以判断导数小于 0，由此说明了当中间产品之间的替代弹性小于可贸易商品 Y_l 和 Y_h 的替代弹性的情况下，两国之间的技术差距随着东方国家学习能力的提升而缩小。根据上述理论分析绘制东西方国家技术水平比同学习能力之间的关系，如图 7.2。

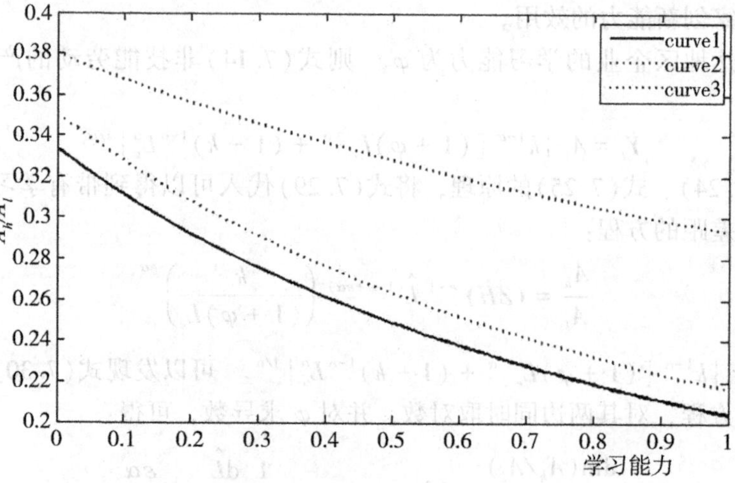

图 7.2　东方国家技术水平变化图

图 7.2 中曲线 curve1，curve2，curve3 的 σ 和 ε 参数分别为(0.8，1.6)、(0.7，1.6)和(0.2，1.6)。综合上述理论分析和数值模拟可知，首先，无论 σ 和 ε 的关系如何，当东方国家的企业拥有一定的模仿和学习能力时，东西两国之间的技术水平就会不断地缩小。其次，由式(7.30)和图 7.2 可知，随着学习能力的提升，两国的技术比收敛于一个大于零的常数。因此东方国家与西方国家之间的技术并未因学习能力的提升而消失，即模

仿学习能力可以缩小两国之间的技术差距，但是无法完全地消除。比较7.1.3节和7.2.1节可知，当西方国家拥有技术创新能力时，西方国家的非技能劳动也可以得到提升，并且领先于东方国家；当东方国家逐步加强学习能力，两国技术水平不断地缩小。由此说明，东方国家在参与全球生产分工的过程中并不是无所事事的被动者，可以通过模仿和学习不断地提升自身的技术水平。

7.2.2 对比分析

上一节从理论上讨论了东方国家学习能力可以提升其技术水平，缩小两国之间的差距。接下来做一些对比，分析东西方两国非技能劳动的技术水平变化，并探讨联合参数(k, φ)对两国非技能劳动的影响。首先，当东方国家的企业意识到并模仿学习西方国家技术时会对西方国家非技能劳动的技术水平产生怎样的影响？西方国家两种要素的技术比的导数如下：

$$\text{西方国家：}\quad \frac{\mathrm{d}\ln(A_h/A_{l,\ w})}{\mathrm{d}\varphi} = (1 - \varepsilon + \varepsilon\alpha)\frac{1}{\hat{L}}\frac{\mathrm{d}\hat{L}}{\mathrm{d}\varphi} = g(\varphi) \tag{7.33}$$

简化上式，得：$\dfrac{\mathrm{d}\ln(A_h/A_{l,\ w})}{\mathrm{d}\varphi} = \dfrac{1 - \varepsilon + \varepsilon\alpha}{1 + \varphi} \times \dfrac{A(\varphi)}{A(\varphi) + B}$。当$\sigma > \varepsilon$时，导数大于0，表明西方国家非技能劳动的技术会因为东方国家学习模仿能力的提升而产生差距；而$\sigma < \varepsilon$，导数小于0，表明当中间产品的替代弹性不及两种劳动的弹性时，西方国家非技能劳动的技术随着东方国家学习能力的提升而缩小。然而，西方国家两种要素的技术水平仍然存在一定差距，通过计算可知西方国家两种要素的技术差距关系，如下：

$$\lim_{\varphi \to 0}\frac{A_{\mathrm{h}}}{A_{l,\ w}} = a;\ \lim_{\varphi \to 1}\frac{A_{\mathrm{h}}}{A_{l,\ w}} = b;\ \frac{1}{2}a \leqslant b \leqslant a$$

在实际生活中，中间产品的替代性远远大于两种要素，因为两种要素对应的技术含量不一样，所以两者替代的可能性很小。无论怎样，当出现$\sigma < \varepsilon$时，东方国家企业的学习能力可以抵消一部分的技术差距，但是西方国家两种要素的技术差距并未因抵消效应发生实质性的改变，两者之间的差距依然存在。因而，当$\sigma > \varepsilon$时，东方国家企业的学习能力对西方国家非技能的影响具有负作用；当$\sigma < \varepsilon$时，东方国家企业的学习能力能够缩小一部分技术差距，具有外生促进作用。最后，研究学习能力与参与程度两个参数对东西方非技能劳动的技术影响，绘制空间图像，见图7.3和图7.4。

图7.3和图7.4考察的均是$\sigma > \varepsilon$的情形，σ和ε参数均为(1.6, 0.8)，通过图像可知两国非技能劳动的技术水平受两种力量的制约，西方国家可以通过一部分中间产品的生产工序促进非技能劳动的技术增长，是推力；另一方面，因东方国家模仿学习能力提升而拉大技术水平，是拉力。东方国家则相反，参与全球化生产的程度提升并不能够缩小技术差距，而自身的模仿学习能力提升能够促进技术进步。出现这种现象的原因，可以归结为以下两点：(1)地理临近的企业具有优势。西方国家转移部分生产工序，可以节约资本，又因地理临近，同处一个国家，成本费用较低，可以率先学习先进企业的工艺和技术。而东方国家一方面地理距离较远，学习成本较高；另一方面处于生产工序的初级阶段，并未

“意识”到技术问题，只是单纯地生产加工，所以两国技术水平差距会越来越大。(2)学习效应具有两面性。对于东方国家而言，模仿学习可以提升技术水平，提高生产效率，缩小两国技术差距；但是对西方国家具有反作用，因为东方国家的企业的学习能力是促进东方国家非技能劳动技术提升的关键力量，其对于西方国家的企业而言是阻滞力量，相当于东方国家企业的技术进步会削弱西方国家的企业，带来竞争效应。

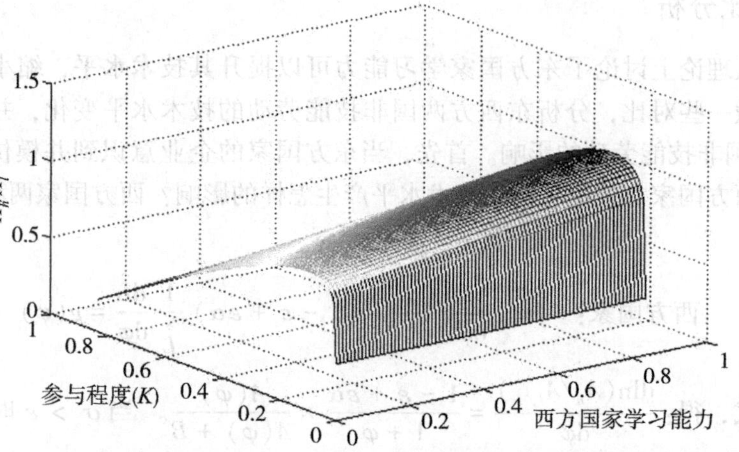

图 7.3　西方国家非技能劳动技术变化的空间可视图

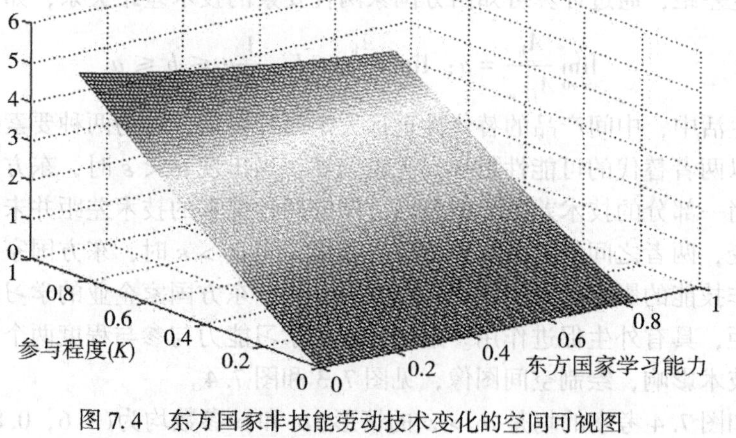

图 7.4　东方国家非技能劳动技术变化的空间可视图

全球生产网络体系下生产工序的转移主要是将部分中间产品外包至发展中国家进行生产，在转移之前中间产品均由西方国家完成，所以有必要分析同种要素不同国家的技术差异。技术差异方程 如下：

$$h(\varphi) = \ln(A_{l,w}) - \ln(A_{l,e}) = \ln(A_h) - \ln(A_{l,e}) - [\ln(A_h) - \ln(A_{l,w})]$$
$$= \ln\left(\frac{A_h}{A_{l,e}}\right) - \ln\left(\frac{A_h}{A_{l,w}}\right) \tag{7.34}$$

对式(7.34)求导数，得：$\frac{dh(\varphi)}{d\varphi}=-\frac{\varepsilon\alpha}{1+\varphi}<0$。可知东西方两国非技能劳动部门的技术差距会因为东方国家企业学习能力的提升而缩小。这表明东方国家在参与全球化分工的过程中可以在模仿学习过程中进步。

7.3 小结

全球化的生产环境、片段化的生产工序对欠发达地区既是机遇又是挑战。首先，参与全球价值链分工可以优化资源配置和实现规模经济带来的成本节约。其次，可以在参与过程中增强企业的学习能力，并通过与分工体系内先进国家接触，学习技术溢出来提升自身技术水平。因此，对于欠发达地区来说，参与全球生产分工可以获得一部分利益，促进产业发展，但是实现产业升级则是挑战。由“东西”方国家模型可以发现，欠发达地区参与全球价值链的分工一方面可以提升行业生产率，另一方面可以改善福利水平，增加员工工资。尽管东方国家能够在参与的过程中模仿和学习西方国家的生产工艺与技术，但是并未实现技术水平的真正提升，相反西方国家非技能劳动能够受益。

对澜湄流域产业升级的启示如下：第一，澜湄流域作为欠发达地区的代表，在嵌入全球生产网络的过程中可以发挥主观能动性，通过学习提升其部分技术。第二，欠发达地区制造业实现升级的微观基础、行为主体是企业，所以该地区可以从企业出发，通过培育核心能力，分离非核心业务，继而使企业能够保持持续的竞争发展优势。第三，澜湄流域各国的企业可以充分利用发达国家的资金并学习生产技术，降低生产风险，缩短流通时间，从而更深层次地增强企业核心能力。第四，当澜湄流域各国嵌入全球生产网络的程度不断提升时，也可以外包一些非核心业务，为创新等高附加值活动释放资源，增强企业的创造动力，促使其增加研发投入。根据外部性理论可知，发达国家通过 FDI 或商品流动带来的技术溢出具有外部性，欠发达地区仅靠模仿学习实现升级是非长远的，因此需要从熊彼特、罗默、卢卡斯等内生经济学家的创新理论出发寻求另一条新路径。

第 8 章　澜湄流域制造业嵌入全球生产网络的创新效应分析

尽管澜湄流域主要以第一产业为主，工业基础较为薄弱，越南、老挝等国家工业体系不健全，制造业发展落后，但该地区正积极地参与全球价值链的分工，逐渐成为全球生产网络中重要的一部分。经济全球化背景下，国际之间、区际之间交流与合作越来越频繁，资金、技术、物质跨国流动促进了跨国生产网络的发展。生产工序分割为澜湄流域国家本土企业发展提供了机遇，而外资企业利用欠发达地区廉价生产要素生产中间产品一定程度上抑制了澜湄流域国家本土企业的发展，两者存在竞争关系。由于外资企业的技术水平高于澜湄流域国家本土企业，面对自身的缺陷与不足，澜湄流域国家本土制造业的发展动力是什么呢？又该如何决策呢？

前一章，笔者通过东西方国家模型证明了澜湄流域国家参与全球生产网络分工，可以学习发达国家的技术溢出促进本土企业技术提升，并且技术溢出理论认为跨国公司通过对外直接投资使之内部化产生技术转移，具有正向的外在性。① 因此，技术外溢为该地区经济发展提供了一种解释，是初期知识积累的重要来源。邱斌等(2012)指出东道国制造业的进步不仅取决于自身的学习能力，而且与内部创新、研发能力的培养有关。② 本章立足于微观企业，结合企业的学习效应与创新效应进行研究设计，探讨溢出—学习效应及创新过程对澜湄流域国家本土企业的影响。

8.1　企业创新能力的研究进展

澜湄流域除了通过知识的外部性学习外资企业技术溢出外，也可以通过自主创新提升生产效率。熊彼特增长理论的核心认为研发和创新对推动技术进步及经济增长起关键性的作用，所以研发和创新是内生的，其作用机制是厂商为了获得垄断利润不断增加 R&D 投入，进而知识存量得以增加，技术创新得以进步，从而推动新方法和新产品的实现，最终

① Romer, P M. Increasing Returns and Long-run Growth[J]. The Journal of Political Economy, 1986, 94(5): 1002-1037.

② 邱斌，叶龙凤，孙少勤．参与全球生产网络对我国制造业价值链提升影响的实证研究——基于出口复杂度的分析[J]. 中国工业经济，2012(1)：57-67.

带动经济的增长(Grossman & Helpman)。① 内生经济增长理论说明了研发创新的重要性，索洛、罗默、卢卡斯、Jones 等对该领域的研究作出了巨大贡献。West & Iansiti(2007)和黄志勇(2013)指出，企业只有不断努力地获取新的知识、技术和能力，提高创新能力，才能保持竞争优势，应对多变的环境，通过内部研发积累知识和从外部学习知识两种途径提高企业发展水平。②③ 郝凤霞和张璘(2016)研究指出欠发达地区通过抓住核心要点，以自主研发、创新等手段攀向“微笑曲线”的高端，实现产业升级。④ 沙文兵和李桂香(2014)通过细分行业的面板数据分析了外资企业的知识溢出、R&D 投入同本土企业之间的关系，指出外资企业 R&D 活动能够对内资企业产生知识溢出，并在一定程度上提高内资企业的创新能力。⑤ 从生产效率角度研究欠发达地区制造业升级发展的文献指出，外资对于提升生产效率和出口两个方面具有显著的影响；而刘志彪和张杰(2009)研究发现当前技术创新没有成为中国本土制造业企业出口的决定因素，有可能中国本土企业被国际大买家“俘获”或“锁定”，处于全球价值链分工体系中的低端环节。这一方面造成本土企业丧失竞争优势，另一方面造成欠发达地区处于全球生产网络的低端位置，价值得不到增值。⑥ Lee(2010)指出 R&D 具有两种角色，知识更新和技术的巩固效应，通过实证模型研究指出高技术能力的企业具有较强的发展水平，不同学习能力的 R&D 投入水平及企业增长模式不一样。⑦ 陈羽和邝国良(2009)通过非线性动态模型指出不同技术水平内资企业的研发策略不同，外资企业进入后会促进技术相对领先的本土企业的创新投入，生产效率提升，但阻碍相对落后企业的创新研发。⑧ 通过上述文献可知，研究创新能够促进企业发展，但是同技术差距存在着密切关系，技术差距能够影响“外资—本土”的作用机制。

基于上述学者的研究，并结合第七章学习效应的分析，本章从动力系统的角度构建溢出—学习效应同创新能力之间的作用机制，分析澜湄流域国家本土企业知识的溢出学习部

① Grossman, G M, Helpman E. Quality Ladders in the Theory of Growth[J]. The Review of Economic Studies, 1991, 58(1): 43-61.

② West J, Iansiti M. Experience, Experimentation, and the Accumulation of Knowledge: the Evolution of R&D in the Semiconductor Industry[J]. Research Policy, 2003, 32(5): 809-825.

③ 黄志勇. 研发、FDI 和国际贸易对创新能力的影响——基于中国行业数据的实证分析[J]. 产业经济研究, 2013(3): 84-90.

④ 郝凤霞, 张璘. 低端锁定对全球价值链中本土产业升级的影响[J]. 科研管理, 2016 (S1): 131-141.

⑤ 沙文兵, 李桂香. FDI 知识溢出, 自主 R&D 投入与内资高技术企业创新能力——基于中国高技术产业分行业动态面板数据模型的检验[J]. 世界经济研究, 2011(5): 51-56.

⑥ 刘志彪, 张杰. 我国本土制造业企业出口决定因素的实证分析[J]. 经济研究, 2009, 8(4): 99-113.

⑦ Lee C Y. A Theory of Firm Growth: Learning Capability, Knowledge Threshold, and Patterns of Growth[J]. Research Policy, 2010, 39(2): 278-289.

⑧ 陈羽, 邝国良. FDI, 技术差距与本土企业的研发投入——理论及中国的经验研究[J]. 国际贸易问题, 2009, 7: 88-96.

分同创新部分之间的关系。

8.2　理论分析与模型设定

8.2.1　理论分析

开放经济能够带动生产要素的全球流动，尤其是资本和劳动力。澜湄流域通过引进外部资本(外资，包括跨国资本和跨区域资本)带动本地区经济发展，纵观外部资本投资的领域可知 80%集中于制造业，特别是钢铁、机械、电子设备及化学工业等。外资企业掌握着先进的技术和丰富的资本，而澜湄流域国家本土企业技术落后、资本匮乏，那么在一个区域内本土制造业同外资企业的关系是什么？是本土企业发展受到挤压，还是二者能够共同发展？同时该地区本土制造业持续发展的源泉是什么？Chen & Puttitanun(2005)从知识产权保护的视角分析了发展中国家模仿、创新同知识产权保护的关系，针对不同发展水平的企业产权保护对模仿及创新的影响是不同的。① 由于知识溢出具有外部性，受益学习方不会对溢出方给予经济补偿，所以知识产权保护是大多数溢出方的选择。基于 Chen 的研究，通过构建动力系统方程分析欠发达地区知识水平变化。

外资企业与澜湄流域国家本土企业在研发生产过程中会产生各式各样的交互关系，二者之间并不是独立的；其中知识溢出与学习就是联系的一个方面。所以从系统论的角度考虑系统内部企业知识水平变化关系，着重分析该地区本土企业知识流的变化，其他因素不考虑。知识水平是企业发展好坏的重要体现，内生经济增长理论告诉我们知识是经济发展的根本动力，书中涉及的知识、技术等均是同一概念。West & Iansiti(2003)、Escaith & Inomata(2013)指出 R&D 和员工培训是企业内部积累知识的两种基本途径和最好过程，企业通过内部的研究、开发、交流和学习能够增加整个企业知识存量。② 另外，人力资本积累是创新的重要渠道。基于此，构建澜湄流域本土企业知识变化的作用机理，如图 8.1 所示。

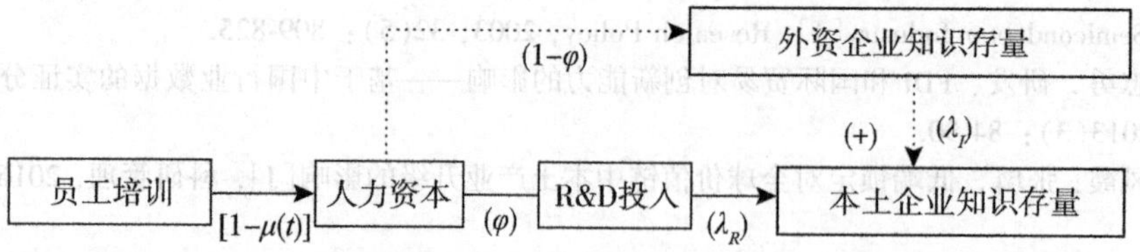

图 8.1　澜湄流域国家本土企业知识变化的作用机理图

① Chen Y, Puttitanun T. Intellectual Property Rights and Innovation in Developing Countries[J]. Journal of development economics, 2005, 78(2): 474-493.

② Escaith H, Inomata S. Geometry of Global Value Chains in East Asia: The Role of Industrial Networks and Trade Policies[C]//Elms D K, Low P. Global Value Chains in a Changing World. WTO Secretariat, Switzerland, 2013: 135-159.

图 8.1 反映了澜湄流域国家本土企业知识流有两种主要来源：第一种来自研发创新投入；第二种因内外资企业的知识差，本土企业模仿学习得到知识。图上虚线部分是溢出学习带来的知识增长，其作用不同于研发创新，因此用虚线区分。通过图 8.1 本土企业知识变化的作用机制，初步构建以下知识流动的动态方程探讨欠发达地区制造业企业发展：

$$\begin{cases} \dfrac{dA^F}{dt} = \lambda A^F\left(1 - \dfrac{A^F}{N}\right) \\ \dfrac{dA^L}{dt} = \begin{cases} \lambda_R \varphi HA^L\left(1 - \dfrac{A^L}{N_1}\right) + \lambda_I(1-\varphi)H(A^F - A^L),\ A^F \geqslant A^L \\ \lambda_R HA^L\left(1 - \dfrac{A^L}{N_2}\right),\ A^F < A^L \end{cases} \end{cases} \tag{8.1}$$

其中，$\dfrac{dH}{dt} = Hg[1-u(t)]$，为了简化分析，由于外资企业的技术较为成熟，所以假定其知识发展水平具有固定的模式，是逻辑斯特增长形式，如第一个方程所示。其中，A^F 为外资企业的知识水平；λ 为增长速度，也是外资企业的研发创新发展系数；N 为增长极限。第二个方程假定传统企业的知识由两部分组成。第一部分是自主创新，第二部分是模仿学习。其中自主创新部分也采用逻辑斯特形式，我们可以这样理解，当外资企业与本土企业相互独立时不考虑交互作用，各自的知识增长都是 Logistic 的发展模式。所以整个方程综合考虑了创新因素与溢出之后的模仿因素对整个企业的影响。其中 A^L 为本土企业的知识水平，λ_R、λ_I 分别是创新成功因素与企业吸收能力。其次，卢卡斯人力资本模型将劳动力视为资本，并非简单的数量关系。其中，H 为人力资本；$1-\mu(t)$ 为非闲暇比例，即劳动力培训时间；φ 为人力资本的分配比例。综上，本土企业知识水平由模仿和创新两个部分构成，人力资源在两个部分之间分配。当外资企业的知识水平高于本土企业时，本土企业可以通过溢出学习进行模仿和自主创新。而随着本土企业知识水平的增加，当本土企业超过外资企业时，将不存在知识溢出，创新因素起着决定性的作用。

本模型相对于王子龙(2004)①等学者的不同之处在于：考虑溢出方的知识变化，用固定的增长方程表现，溢出方的知识水平不再是一个常数；考虑知识外部性溢出效应、自身创新对本土企业的影响；通过设立联立微分方程组分析外资企业同本土企业知识流动问题，通过上述模型，从理论上分析模仿、创新的关系及传统企业的发展。

8.2.2 均衡结果分析

式(8.1)考虑了系统中外资企业溢出，澜湄流域国家本土企业学习和创新的关系，能够模拟分析开放经济下知识在外资企业和本土企业之间的流动及其变化。在均衡分析之前，需明确模型的相关研究假设。

① 王子龙，谭清美．区域创新网络知识溢出效应研究[J]．科学管理研究，2004，22(5)：87-90.

假设 1：当外资企业与澜湄流域国家本土企业相互独立时，两类企业均具有 Logistic 发展模式。

假设 1 考察了两类企业的发展模式，当外资企业与澜湄流域国家本土企业相互独立时，两类企业的知识增长不存在交互作用，互不影响。德内拉·梅多斯在《增长的极限》中指出社会资源是有限的，经济增长并不是无止境的，受到环境、人口等因素的制约。因此，在某一时间段内企业知识的增长也符合这种规律——螺旋式的增长轨迹。而 Logistic 发展模式是一种“S”形增长方式，拥有增长极限，表现了知识的增长水平并不是无限的，受到其他阻滞因素的影响，因而该模型符合实际。石峰、陈军昌等分别构建了区域创新系统演化的理论模型及经济系统演化模型，分析非线性 Logistic 的变化过程。①② 由此表明逻辑斯特模型具有较广的应用范围，能够为本模型提供技术支持。

假设 2：外资企业具有溢出效应，本土企业具有学习效应，系统内部只存在单向关系。

假设 2 考察了系统内部企业的行为，溢出与学习吸收是两种基本的形式。首先，溢出是从知识存量高的地方流向低处，只有当知识存量存在势差时，才有溢出的可能性，其中溢出量为(A^F-A^L)；其次，企业对新知识的吸收消化能力通常依托“速度”来测定，即接受企业的消化速度越强反映出该企业学习吸收能力越强。因此，单向溢出、知识势差是外资企业溢出的前提条件，接受知识溢出企业的模仿创新能力是溢出实现的必要条件。③ 同时 Zahra & George(2002)指出学习能力是企业评估、吸收外部新知识并实现商业化的一种能力，是构建企业动态能力的基础。④ 戴维奇等探讨了吸收能力、业务网络对集群企业升级的内在机制的影响，揭示了学习吸收能力在超本地网络与企业升级之间起着完全中介的作用。⑤

假设 3：外资企业知识发展水平具有固定的模式，不考虑其他因素的影响。

假设 4：在均衡分析过程中，澜湄流域国家本土企业知识创新的极限 N 为常数，不考虑该参数的内生化问题。

假设 5：均衡结果分析时不考虑人力资本因素。

假设 3 和假设 4 是对逻辑斯特模型参数的具体设定。首先，外资企业知识增长方程固定为 Logistic 形式，为了简化分析，不考虑其他影响外资企业知识变化的因素，着重分析

---

① 石峰．基于自组织理论的区域创新系统的演化研究[D]．武汉：武汉大学，2012.

② 陈昌军．非线性产业或经济系统的演化(创新)分析——内含政务专业化的分工形式化研究视角[D]．南昌：江西财经大学，2009.

③ Grossman, G M, Rossi-Hansberg E. Trading Tasks: A Simple Theory of Offshoring[J]. American Economic Review, 2008, 98(5): 1978-1997.

④ Zahra S A, Sapienza H J, Davidsson P. Entrepreneurship and Dynamic Capabilities: A Review, Model and Research Agenda[J]. Journal of Management Studies, 2006, 43(4): 917-955.

⑤ 戴维奇，林巧，魏江．本地和超本地业务网络、吸收能力与集群企业升级[J]．科研管理，2013，34(4)：79-89.

本土企业在与外资企业交互过程中的知识变化。其次，本土企业知识增长由两部分构成：自主创新与“溢出—学习”。最后，假设 5 支撑假设 4，当人力资本成为外生变量时，不会改变澜湄流域国家本土企业自主创新部分的增长极限，故该参数不存在内生性的问题。

假设 6：$N_1<N<N_2$，N 为外资企业的知识增长极限，N_1 和 N_2 分别是本土企业在两个阶段时自主创新发展的极限，N_1 为学习积累时期自主创新的增长极限，N_2 是在第一阶段的基础上进行自主创新的极限，故假设 $N_1<N_2$，N、N_1 的关系参考均衡分析。

通过以上假设求解均衡点，人力资本变量被消去，不受影响。所以均衡分析，式(8.1)转化为一个自治系统。令式(8.1)右端为零，可以解得以下均衡解：

$$\begin{cases} A^{F*}=N \\ A^{L*}=X^*,\ A^F \geqslant A^L \end{cases} \tag{8.2}$$

其中，X^* 由式(8.3)求解，

$$A^{L2}+\left[\frac{\lambda_I(1-\varphi)}{\lambda_R\varphi}-1\right]N_1A^L-\frac{\lambda_I(1-\varphi)}{\lambda_R\varphi}A^FN_1=0 \tag{8.3}$$

将 $A^F=N$ 代入式(8.3)，令 $C=\dfrac{\lambda_I(1-\varphi)}{\lambda_R\varphi}$，由于 $A^L>0$，负解舍去，得：

$$X^*=\frac{-(C-1)N_1+\sqrt{(C-1)^2N_1^2+4CNN_1}}{2}$$

当 $A^F>A^L$ 时，本土企业在知识溢出学习阶段才有均衡点，故 $X^*<N$，有以下满足情况：

$$\sqrt{(C-1)^2N_1+4CNN_1}<2N+(C-1)N_1$$

可得

$$N>N_1$$

通过上述均衡点的求解，本土企业知识积累方程只存在有一个固定点，第二个阶段不存在。由于系统是非线性的，采用 Jacobi 矩阵判断近似线性系统的稳定性，计算当 $A^F>A^L$ 时模型(5.1)的雅可比矩阵，如下：

$$J(E)=\begin{bmatrix} \lambda\left(1-\dfrac{A^F}{N}\right)-\dfrac{\lambda}{N}A^F & 0 \\ -\lambda_I(1-\varphi) & \lambda_R\varphi\left(1-\dfrac{A^L}{N_1}\right)-\dfrac{\lambda_R}{N_1}\varphi A^L+\lambda_I(1-\varphi) \end{bmatrix} \tag{8.4}$$

由于 X 形式比较复杂，故对参数进行赋值，再判断固定点的稳定性。令 $N_1=10$，$N=25$，$N_2=30$，$\lambda_I=0.8$，$\lambda_R=0.5$，$\lambda=0.9$，$\varphi=0.62$；模仿部门与创新部门的分配系数按照创新能力与学习能力等比例分配得到。将第一阶段均衡点(N，X^*)代入式(8.4)，得：

$J(E)=\begin{bmatrix} -0.9 & 0 \\ -0.24 & -0.936 \end{bmatrix}$，计算 $J(E)$ 矩阵的特征值得-0.9 和-0.936，均小于 0，故 E 为稳定点，雅可比稳定性是局部稳定。均衡的稳定点反映了系统在未来的发展趋势，只有当系统在均衡点下处于全局稳定时，系统不会因任何外力而改变，永远维持在该状态下，当前该均衡点是全局稳定的。式(8.1)的均衡结果表明了在同一个知识系统中，阶段 1 下澜湄流域国家本土企业知识积累的长期均衡为 18.67(不考虑人力资本要素)，因为本土创新能力具有极限且小于长期均衡值，所以该稳定点说明了本土企业在溢出学习过程中能够受益。但是澜湄流域国家本土企业受益程度如何？同企业学习能力又如何呢？通过改变澜湄流域国家本土企业的学习能力，分析其均衡结果的变化，如表 8.1。

表 8.1　　澜湄流域国家本土企业知识水平均衡值随学习能力变化的模拟值

λ_I	0.1	0.2	0.3	0.4	0.5	0.6	0.7	0.8	0.9
$\lambda_R=0.3$	11.34	13.68	15.81	17.55	18.92	20.00	20.85	21.52	22.05
$\lambda_R=0.5$	10.55	11.79	13.21	14.58	15.81	16.90	17.85	18.67	19.39
$\lambda_R=0.6$	10.39	11.34	12.50	13.68	14.79	15.81	16.73	17.55	18.28
$\lambda_R=0.8$	10.23	10.82	11.62	12.50	13.39	14.25	15.06	15.81	16.51

注：表中数据由 MATLAB 模拟，保留两位小数。

分析表 8.1，第一，从整体上来看，随着澜湄流域国家本土企业学习能力的提升，其知识水平的均衡点也呈现出增长趋势。当澜湄流域国家本土企业研发创新的成功系数为 0.5 时，学习吸收能力为 10%的状况下，其知识水平为 10.55；当吸收能力达到 60%时，本土企业知识水平的均衡点为 16.90。由此可以看出，澜湄流域国家本土企业在整个知识积累过程中，外资企业知识溢出是其构成的一部分，同时本土企业的学习能力起到了关键作用。

第二，欠发达地区本土企业知识水平因自主创新能力而异，即本土企业的创新能力不同，知识积累的发展水平不同。研发创新成功系数即企业创新能力，反映了一个地区本土企业创新能力之间的差异性，即企业的异质性，特别是制造业行业。由表 8.1 可知，当企业的研发创新系数为 0.3 时，即澜湄流域国家本土企业对新产品成功研发的概率为 30%时，其知识的积累水平远远高于其他系数。例如，$\lambda_R=0.3$，$\lambda_I=0.1$ 时，澜湄流域国家本土企业知识水平的均衡点为 11.34，高于 $\lambda_R=0.5$，0.6，0.8；同样，随着本土企业学习能力的提升，知识积累水平也在提升。以上反映了自主创新能力较低的澜湄流域国家本土企业，其学习能力的效果更加明显，空间更大；因而对于不同技术水平的本土企业会在自主研发与学习外资企业知识两个策略中选择。自主创新研发需要成本且成功的概率未知，而学习外资企业先进知识水平是一种“搭便车”的行为，没有成本，所以在知识积累的初期，澜湄流域国家本土企业会将更多的劳动力、资本等要素投入模仿创新领域。

第三，无论研发创新能力处于何种水平，随着澜湄流域国家本土企业学习能力的提升，其知识增加的效用都在递减。从图 8.2 可知，当 $\lambda_R=0.3$ 时，学习吸收能力在 0.5 之前的效用大于在 0.5 之后，表现为其斜率水平。由此反映了澜湄流域国家本土企业在知识积累过程中的决策问题，一方面自主研发水平较低时，企业知识积累较快；另一方面由于自身学习能力的提升，知识增加的边际效用在衰减。两者存在矛盾，所以对于不同技术水平的企业需要合理配置要素资源。自主研发创新与模仿创新之间的平衡实际是澜湄流域国家本土企业自身的博弈，该博弈过程同外资企业的技术水平、自身学习吸收能力及人力资本等因素相关。

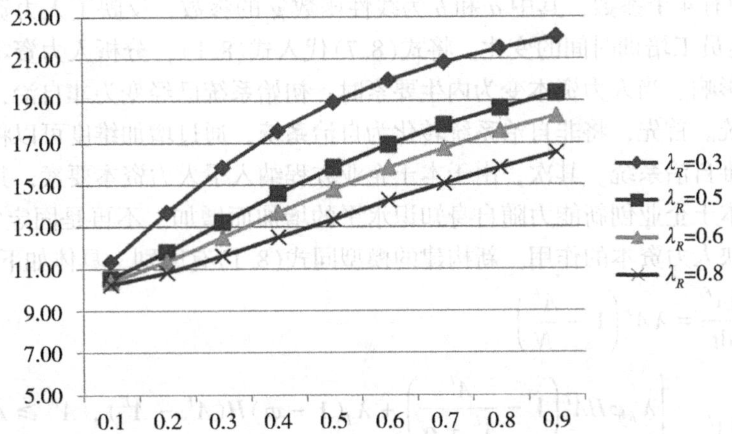

图 8.2 澜湄流域国家本土企业均衡点随学习能力变化的折线图(自主创新能力不同)

8.2.3 创新效应之人力资本要素分析

卢卡斯内生经济增长理论揭示了即使没有人口数量上的增长，经济也可以实现持续增长，原因是人力资本积累可以推动创新，即通过对员工培训可以增加人力资本积累，提高创新能力，进而促进经济增长。① 因此，人力资本是创新的重要来源，式(8.1)就考虑了人力资本要素的影响，只不过将其设定为外生变量。本部分考虑人力资本内生化，即本土企业与外资企业的知识变化除了个体之间的相互关系以外，还可以通过提升人力资本积累实现技术水平的增加。

假设员工培训时间是人力资本积累的重要因素，即人力资本同非闲暇时间呈线性关系，其人力资本的积累方程如下：

$$\frac{\mathrm{d}H}{\mathrm{d}t} = Hg[1 - u(t)] \tag{8.5}$$

根据舒尔茨、宇泽等学者对人力资本模型的研究，假设 g 为增函数，并且为线性函数，对式(8.5)作出如下变换，得：

$$\frac{\mathrm{d}H}{\mathrm{d}t} = H\{a + b[1 - \mu(t)]\} \tag{8.6}$$

其中，$1 - \mu(t)$ 为非闲暇时间比例，首先员工的培训时间不是无限放大，具有极限；其次遵循效用递减理论和初始状态不为 0，故而可以假设员工培训时间是 Logistic 的增长形式。该函数形式不仅能够反映员工培训时间的变化过程，同时在初始状态 $t=0$ 时员工

① Strulik H, Effectiveness versus Efficiency: Growth Accelerating Policies in a Model of Growth without Scale Effect[J]. German Economic Review, 2006, 7(3): 297-316.

的培训时间不等于0，满足条件，最后人力资本积累方程如下：

$$\frac{\mathrm{d}H}{\mathrm{d}t} = aH + bH\left(\frac{c}{1 + \mathrm{d}e^{-t}}\right) \tag{8.7}$$

式(8.7)中有4个参数，其中 a 和 b 为线性函数 g 的参数，反映了人力资本积累变化的过程；c 和 d 是员工培训时间的变化。将式(8.7)代入式(8.1)，分析人力资本要素对本土企业知识积累的影响。当人力资本变为内生要素时，初始系统已经变为非自治，在分析技术上不同于自治系统。首先，将非自治系统转化为自治系统，通过增加维度可以将初始二维自治系统转化为四维自治系统。其次，由于本土企业方程纳入了人力资本要素，其创新会发生变化，所以假设本土企业创新能力随自身知识水平的增加而增加，不再是固定常数，α 为调节参数，以此反映人力资本的作用。新构建的模型同式(8.1)有区别，具体如下：

$$\begin{cases} \dfrac{\mathrm{d}A^F}{\mathrm{d}t} = \lambda A^F\left(1 - \dfrac{A^F}{N}\right) \\ \dfrac{\mathrm{d}A^L}{\mathrm{d}t} = \begin{cases} \lambda_R \varphi H A^L\left(1 - \dfrac{A^L}{A^L + \alpha}\right) + \lambda_I(1 - \varphi)H(A^F - A^L), & A^F \geqslant A^L \\ \lambda_R H A^L\left(1 - \dfrac{A^L}{A^L + \alpha}\right), & A^F < A^L \end{cases} \\ \dfrac{\mathrm{d}H}{\mathrm{d}t} = H[a + b(1 - U)] \\ \dfrac{\mathrm{d}U}{\mathrm{d}t} = cU\left(1 - \dfrac{U}{d}\right) \end{cases} \tag{8.8}$$

式(8.8)是澜湄流域国家本土企业知识变化同外资企业、人力资本及员工培训关系的动力学方程，该方程考察加入人力资本要素后同未考虑该要素之间的差异。员工培训或学习的时间有上下限，所以假定员工学习最高时间占比 $d=2/3$，变化率 $c=2$，以此保证澜湄流域国家本土企业员工存在一个基本的学习水平。通过参数赋值，模拟仿真可知，充分考虑人力资本要素后本土企业知识水平的发展不同于没有人力资本作用的情况。

第一，人力资本要素内生化可以影响澜湄流域国家本土企业整体发展趋势，即创新的重要作用。从图8.3可以看出，当不考虑人力资本要素时，澜湄流域国家本土企业的知识技术发展处于有限的空间，从模拟结果上看，其发展指数的极限为18，同外资企业的发展水平还是存在一定的差距。从模型上看，澜湄流域国家本土企业知识水平的构成主要是自主创新部分与溢出学习部分构成，其中在模型设定时自主创新的极限为 $N=10$，所以没有人力资本时，“溢出—学习”效应能够促进本土企业知识水平或技术能力的增加。当考虑人力资本要素时，本土企业的知识水平远远高于没有人力资本要素的情况。从图8.3可以看出，人力资本要素使得澜湄流域国家本土企业的知识水平发生了本质上的变化，不仅高于无人力资本，而且也超越了外资企业的知识水平。

第二，人力资本要素内生化使得澜湄流域国家本土企业知识水平具有超越外资企业的可能性。从动力学方程上看，澜湄流域国家本土企业第二阶段是可以实现，其均衡点在该阶段区别于无人力资本要素的情况。通过仿真模型来看，澜湄流域国家本土企业实现超越的临界点在 P 点，也就是澜湄流域国家本土企业与外资企业知识水平相同的情况。但是

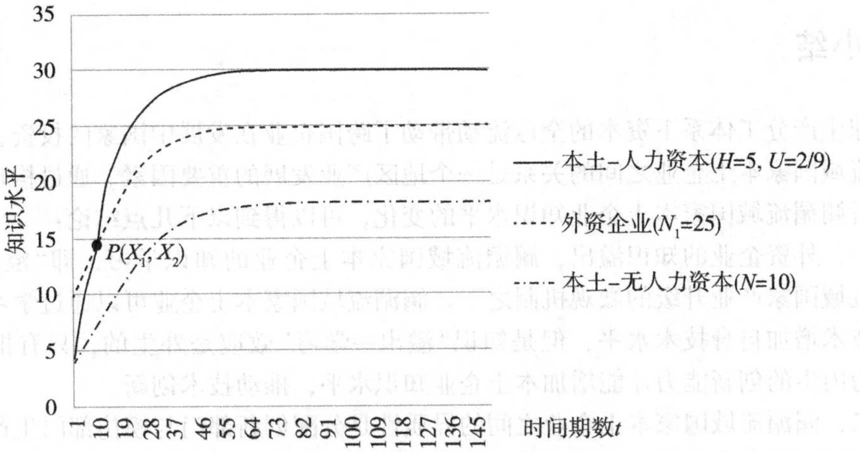

图 8.3　人力资本前后澜湄流域国家本土企业知识水平变化图

临界点的实现需要长期积累，从模拟的结果来看，本土企业需要 10 年的时间才能够实现质的飞跃。这需要中长期的积累，是一种理想的状态，也是澜湄流域国家本土企业奋斗的目标。由于外部环境的不断变化，本土企业面临的挑战也在变化。

第三，人力资本内生化效果非常明显，创新效应显著，从图 8.3 中 P 点之前的斜率可以反映。仍以数值模拟的参数为例，将人力资本前后的知识水平变化作对比，以反映人力资本内生化问题，如表 8.2。从表上可知，相同的初始值人力资本前后知识水平的变化截然不同。在 P 点之前，拥有人力资本的澜湄流域国家本土企业知识发展水平是没有的一倍以上，并且随着时间的推移，人力资本的效果越来越明显。例如，在第 3 期时，人力资本后是人力资本前的 1.54 倍，然后在第 8 期时发展到 1.96 倍，由此表明了人力资本是一种内生化因素，能够带动澜湄流域国家本土企业知识的发展，从变化率上依然可以发现上述结论。随着时间的推进，人力资本前后的变化也逐渐稳定，不再随外界环境的变化而变化，图 8.3 和表 8.2 依然可以反映。这种稳态情况的出现主要是模型假设的结果，在一个创造期内，企业技术的发展遵循逻辑斯特的变化，当技术饱和时企业会进行新一轮的技术创新。总之，理论模型放宽一些假设，使之理想化更易于分析。

表 8.2　**人力资本前后澜湄流域国家本土企业知识水平变化的模拟值（P 点之前）**

期数	1	2	3	4	5	6	7	8	9	10
人力资本前	4	4.36	4.72	5.10	5.48	5.88	6.27	6.68	7.09	7.50
人力资本后	4	5.70	7.26	8.68	9.96	11.11	12.14	13.08	13.94	14.73
差距	0	1.34	2.54	3.58	4.47	5.23	5.87	6.40	6.85	7.23
发展率(%)	—	1.31	1.54	1.70	1.82	1.89	1.94	1.96	1.97	1.96
变化率(%)	—	30.77	53.68	70.18	81.59	89.05	93.55	95.89	96.68	96.42

注：MATLAB 模拟，保留两位小数。

8.3 小结

全球生产分工体系下资本的全球流动带动了跨国企业在发展中国家的投资，外资企业与澜湄流域国家本土企业之间的关系是一个地区产业发展的重要因素。通过构建动力系统方程分析澜湄流域国家本土企业知识水平的变化，可以得到以下几点结论：

第一，外资企业的知识溢出，澜湄流域国家本土企业的知识学习，即“溢出—学习”是澜湄流域国家产业升级的微观机制之一。澜湄流域国家本土企业可以通过学习吸收一部分先进技术增加自身技术水平，但是知识“溢出—学习”效应是外生的，只有把学习的知识转化为内生的创新能力才能增加本土企业知识水平，推动技术创新。

第二，澜湄流域国家本土企业之间的异质性是分配创新部门与模仿部门生产资料的关键，拥有较高技术水平的企业会将更多的要素投入创新部门，发展内生动力，“溢出—学习”效应不及自主创新；低技术水平的企业反之。

第三，澜湄流域国家制造业发展的另一动力是知识创新能力。通过分析人力资本可知，澜湄流域国家本土企业的创新部分和人力资本的积累有着举足轻重的地位。知识创新是企业发展的内生动力，人力资本的积累是知识发展的源泉。

第四，“技术的赶超”是长期积累的结果，如图8.3所示，澜湄流域国家本土企业有可能实现超越，但是需要漫长的知识积累，需要“韬光养晦、厚积薄发”，只有当知识积累到一定程度后，本土企业才能实现临界值的跨越。

对澜湄流域国家产业升级的启示如下。首先应该根据自身的技术水平学习吸收外资企业的知识溢出，以此作为自主创新的技术积累。其次，除了实物资本以外，澜湄流域国家可以通过人力资本投入，加大人力资本的积累。最后，可以通过培育企业家精神、培训员工技能及相关实物研发资本的投入，促进澜湄流域各国企业的发展，最终实现产业升级。

第9章 基于系统动力学澜湄流域制造业升级演化研究

通过前两章的分析可知，澜湄流域国家参与全球价值链的分工可以带来福利水平的提升。在模仿学习过程中可以提升一部分技术水平，然而这种程度的提升并没有缩短其与发达国家在技术上的距离。第八章探讨了澜湄流域国家学习效应与创新效应的作用，分析了澜湄流域国家企业一方面可以在同外资企业相互交流的过程中学习先进的技术，甚至在参与全球生产分工、跨国贸易的交往中吸收国际技术；另一方面通过技术革新、研究开发(R&D)投入提升自身技术水平。澜湄流域国家产业的升级，归根到底是技术的进步，核心要素是企业，为此本章以上述两章为理论基础，通过实地调研，构建系统动力学模型，分析澜湄流域国家制造业升级发展的路径。

9.1 问题的描述

国际分工由"产业内"向"产品内"发展，国别、区域之间的比较优势越来越多地聚集在全球生产网络某些特定工序、环节和片段上，发展中国家和地区参与全球化分工的门槛降低。当前学术界越来越重视发展中国家或经济体嵌入全球生产网络的形式、价值链以及产业升级问题。Geriffe(2011)在交易成本和生产网络理论的基础上，提出了全球价值链治理的五种方式，即模块型、领导型、关系型、市场型及层级型，即嵌入全球生产网络的不同形式。① 张向阳和朱有为(2005)基于全球价值链的角度研究了落后地区及欠发达国家产业升级问题，指出解决发达国家购买者锁定问题，关键要推进其功能升级。② 张国胜(2009)指出企业领先的内生技术优势是传递全球价值链内产业升级的有效媒介，而且这种明显的路径依赖可促使技术能力转变，充分运用全球价值链下各种外部性资源，同时整合企业内部与外部优势，可以持续有效地推进相对落后地区的产业升级。③ 遵循以上学者的研究，尤其是张国胜老师的研究思路，本章着重从系统动力学的视角分析澜湄流域制造业嵌入全球生产网络升级演化路径。

尽管当前澜湄流域无论是外资的流入，还是制造业产品的输出，或者是工业制造业的发展，都表现出了增长趋势，成绩喜人。但是由现状分析和理论测度可知，澜湄流域国家

---

① Gereffi G. Global value chain and international competition[J]. The Antitrust Bulletin, 2011, 56(1): 37-56.

② 张向阳，朱有为．基于全球价值链视角的产业升级研究[J]．理论参考，2005，27(5)：21-27.

③ 张国胜．全球价值链驱动下的本土产业升级[J]．财经科学，2009(6)：79-86.

制造业处于全球价值链的末端，国内价值创造部分仍然很薄弱。增加值贸易剔除了贸易过程中的重复部分，主要分析国内增加值的部分，能够较好地反映一个国家制造业发展所处的现状。除此之外，从生产工序上依然可以判断澜湄流域国家制造业在全球价值链上的位置。表9.1列出了泰国、柬埔寨和老挝主要制造业在国际生产网络中的位置。由表9.1可知，泰国处于工业化发展水平较高的阶段，当前主要以汽车制造业、机械电子、化学工业等为主，从实地调研的结果来看，泰国企业主要以配件生产、集成为主，为发达国家汽车(丰田、奔驰等)提供零部件。泰国市场每年生产的日式汽车多达400万辆，泰国的汽车行业较为发达，处于汽车生产网络的中低端位置，其核心技术依然为日本企业掌握。老挝、柬埔寨为全球最不发达的国家，当前还处于工业化发展的初始阶段。从事的纺织服装仍然以发达国家代工为主，附加值低，处于GVC的末端。综合以上几点，澜湄流域国家，无论是较为发达的泰国，还是落后的老挝、柬埔寨，当前制造业仍处于全球生产网络中的不利位置。

表9.1　澜湄流域国家制造业生产工序表

国家	制造业行业	本土企业生产环节	外资企业生产环节
泰国	汽车制造、机械电子装配	汽车制造：配件、金属件、电子件、变速箱等直接供货给日本TOYOTA公司 机械电子：配件、硬盘、集成线路，直接供货给台资、日资企业	日本丰田企业在发动机上研发，然后对汽车产品进行组装、出口和当地销售 日本TOSHIBA、中国台湾ACER公司组装成成品、销售
老挝	建筑材料、纺织	建筑材料：以OEM形式为主，根据客户订单生产 纺织：劳动密集型，样衣、打板、贴牌	建筑材料行业外资企业直接投资的较多，如水泥、复合地板、钢材。阿迪达斯、POLO等企业贴牌后直接销售
柬埔寨	纺织	纺织：OEM，样衣、打板、贴牌	柬埔寨制衣业较为发达，为多个国际品牌生产，如哥伦比亚、香奈尔等

注：由调研资料整理得到。

面对如此尴尬的局面，澜湄流域国家该如何利用全球生产网络的大机遇实现制造业的升级发展呢？面对发达国家垄断核心技术，本地区企业又该以何种措施应对，实现技术升级呢？为此本章从系统动力学的角度分析该地区制造业升级演化的路径，即以当前该地区所处全球价值链的位置为初始值，基于"企业—地区—产业"三者之间的因果关系，分析该地区制造业的发展升级路径。运用动力学理论，创建澜湄流域制造业产业发展升级的系统动力学模型，借助软件Vensim PLE进行模拟仿真分析，找出全球生产网络、溢出—学习、创新互动等之间的机制。

9.2 系统动力学模型的构建

本章节采用 Vensim PLE(Ventana Simulation Environment Personal Learning Edition)软件对澜湄流域制造业升级演化建立系统动力学模型。首先 Vensim PLE 是由美国 Ventana Systems, Inc. 开发，是一种观念化、文件化、可视化分析工具，集模拟、仿真与最优化动态系统模型的图形接口于一身的软件。其次，Vensim PLE 软件不仅可以建立因果循环和流程图，而且还可以用来分析各变量之间的因果关系及其回路等。通过对所建立的模型进行仿真模拟，从而考察某个变量发生变化对整个系统的影响。基于此，本章主要考察企业学习能力、创新效应的变化对地区产业发展的影响。

本章的架构主要有以下几个部分：第一，系统仿真的目的；第二，系统因果关系的建立；第三，构建关于澜湄流域制造业嵌入升级系统的流图；第四，系统动力学方程的构建；第五，模拟结果分析。

9.2.1 系统仿真的目的

一般而言，运用系统动力学方法针对系统模拟仿真，其目的是认识、预测系统的结构以及对参数进行设计，从而为制定合理的政策提供参考依据。基于此，本书结合所要分析的问题，提出澜湄流域制造业嵌入升级系统的仿真目的，主要有以下几个部分：

(1)从微观企业的角度，构建该地区制造业升级的系统，将企业同产业结合起来，以企业的视角分析该地区制造业产业的升级。

(2)分析该地区制造业嵌入升级系统的行为变化，确定企业绩效、产业集聚、产业升级之间的因果关系，并确定相关参数。

(3)以全球生产网络为背景，分析企业学习能力、创新能力对地区产业升级的影响，为该地区制造业的发展升级设计出一套可行的方案提供参考依据。

基于以上三个目的，下面将从澜湄流域制造业嵌入升级系统的边界及其因果关系进行建模。

9.2.2 基于学习效应与创新效应构建制造业升级系统的因果关系

在梳理系统因果关系时，首先需要对制造业嵌入升级系统的边界进行界定。系统动力学是整体研究的方法，将其所要研究的问题视作一个系统，因此系统的边界是依据研究问题而决定的。根据 9.1 节问题的描述，把系统的边界限定在全球生产网络作用下制造业升级这一范围内，将全球生产网络对企业的影响视作一个系统。因此，澜湄流域国家制造业嵌入升级系统的边界由全球生产网络、企业和产业状态下发生变化的相关变量构成。其中，全球生产网络包括嵌入程度；与企业相关的变量有企业技术、企业绩效、企业成本、企业文化、企业家精神和企业集聚等；与产业相关的变量有产业发展、产业升级等。由于影响一个地区产业升级的外部因素有很多，如政策法律的稳定性，而系统动力学研究更侧重系统内部行为的研究。因此，本章不对外部环境作过多的讨论。

在进行仿真模拟前，有必要明晰系统内部各个变量之间的因果关系，以便为后续系统流图的构建提供依据。澜湄流域国家制造业嵌入升级系统中的因果关系根据实际调研归纳总结构建，如图 9.1。从图可以判断系统中有 7 个反馈环，其中两个为负反馈。

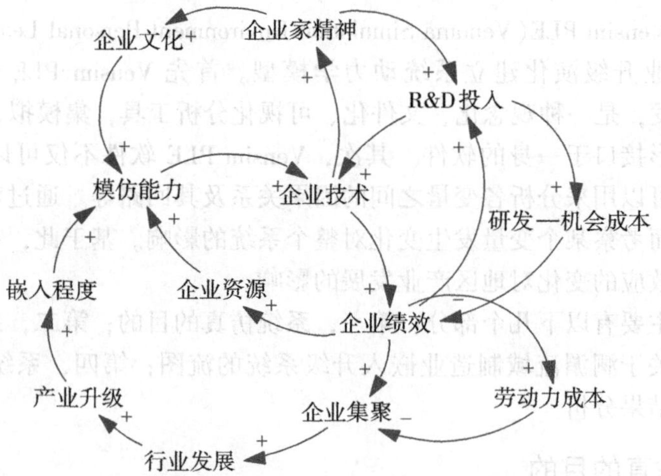

图 9.1　澜湄流域制造业嵌入升级系统的因果关系图

反馈环 1：嵌入程度→+模仿能力→+企业技术→+企业绩效→+企业集聚→+行业发展→+产业升级→+嵌入程度。此环为正反馈环，体现了企业学习效应，反映了澜湄流域国家参与全球化分工的过程中隐藏着企业技术溢出与学习的过程。澜湄流域国家的企业可以通过学习发达国家的先进技术，从而提升自身的技术，增加企业绩效，进而促进相关企业集聚，包括上下游、同类别的企业，从而推动行业的发展，最终促进澜湄流域产业的升级。

反馈环 2：R&D 投入→+企业技术→+企业绩效→+R&D 投入。此环为正反馈环，体现了企业创新效应，反映的是澜湄流域国家企业可以通过自身的 R&D 投入增强自主研发能力，继而实现技术进步，最终提升企业绩效。

反馈环 1 和反馈环 2 是澜湄流域制造业实现升级的两个关键机制。参与全球价值链分工的过程中必然蕴藏着企业学习的微观机制。吴波(2007)指出企业的吸收能力和集群企业之间的交互作用是推进发展中国家在全球生产网络下产业升级的关键。① 唐春晖(2013)在全球背景下分析了本土企业如何利用企业资源与国际领先企业建立多种形式的网络联结，并不断调整企业学习机制，通过领先企业的知识转移实现企业能力的升级。② 综合研究可知，全球生产网络的大背景为地区嵌入实现产业升级提供了可能性，同时也指出了澜湄流域国家嵌入全球生产网络内在动力机制为企业学习与交互作用。然而这种机制是被动行为，受外部环境的影响很大，不具有内生性。反馈环 2 是自己创造的主动行为，从历史的研究进程来看，科技经费的投入是技术进步的重要因素。通过对澜湄流域国家制造业企

① 吴波．基于匹配视角的集群企业网络化成长机制研究[D]．杭州：浙江大学，2007.

② 唐春晖．全球生产网络背景下本土制造企业升级机制及战略选择[J]．工业技术经济，2013(2)：33-37.

业进行调研可知，溢出—学习效应与创新效应均是存在的。以汽车制造业为例，大部分企业是 OEM 形式，如根据丰田企业的订单进行生产，而丰田企业会根据其技术水平寻求优秀的汽配企业，往往技术条件符合的企业很容易获得订单。各个企业为了获得订单会想方设法地改进自身技术，这就是外资企业技术溢出的一种形式。外资企业为了产品的质量，必须寻求高质量的供应商。此外，汽车配件的供应商每年会相应地投入一定的研发经费，他们这样做的目的非常明确。第一，打破 OEM 的形式，实现该生产工序的技术进步；第二，提升自身竞争力，形成品牌价值。总之，反馈环 1 和反馈环 2 为澜湄流域国家制造业升级发展的核心要素。

反馈环 3：R&D 投入→+研发—机会成本→-企业绩效→+R&D 投入。此环为负反馈环，首先，反映了研发投入具有两面性，R&D 投入带来的收益是长期性的，短期很难见效，具有时间上的延迟性，因而会带来机会成本，继而影响企业的绩效。在这需要强调一点，反馈环中的正号是指前后变量拥有相同的变化趋势，而负号为相反的趋势。其次正负反馈环的判断是依据闭环中拥有的负号个数而定，若为偶数，即为正反馈环；奇数则为负反馈环。

反馈环 4：企业家精神→+企业文化→+模仿能力→+企业技术→+企业家精神。

反馈环 5：企业家精神→+R&D 投入→+企业技术→+企业家精神。

反馈环 4 和反馈环 5 均为正反馈，反映了企业家精神及素质对整个系统的影响。企业家精神主要是通过企业内部高层及相关部门管理人员的决策水平反映的。一般而言，一方面，积极进取、开拓创新的企业领导人，会注重企业长期的发展，从而增加公司研发能力的投入，企业技术的进步反过来激励领导人。另一方面，企业模仿能力的加强可以通过企业内部环境的改善来增强，积极的企业领导人可以改善企业的文化，营造良好的企业环境，提升模仿能力，改善技术水平。

反馈环 6：企业绩效→+企业资源→+模仿能力→+企业技术→+企业绩效。此环为正反馈环，反映的是企业绩效同企业技术之间的反馈机制。具体表现为企业绩效的提升会拓宽资源，增加与同行业、高校及科研院所之间的交流与合作，从而提升其学习能力，促进技术的进步。

反馈环 7：企业绩效→+市场劳动力成本→-企业集聚→+行业发展……→+企业绩效。此环为负反馈环，反映了劳动力成本同产业升级之间的负向关系。企业在绩效提升的同时自然而然会拉动当地市场的人工成本，从而影响一部分企业在此集聚，进而影响到产业的发展与升级。

反馈环 4 和反馈环 5 凸显了企业家精神的作用。企业领导人的锐意革新不仅能带动企业的发展，更能够推动整个行业的进步。在实地调研中，首先，有魄力的领导人领导的企业，其生存状态往往要优于那些“不进取”的企业。

以上因果关系，主要以澜湄流域国家企业的发展、集聚，进而形成产业集群，实现产业升级为基本思路。首先，最重要的环节是通过企业的集群，形成集聚经济；其次，全球生产网络是背景，是条件，是澜湄流域国家可以利用的资源，是其同发达国家连接的纽带。因此产业升级的内在机制为：第一，由于集群内的企业和当地机构积累了多方面的市场、技术和其他专业知识，会产生技术的溢出，为该地区企业学习提供了可能性。第二，企业集群必然会导致产业集聚，产业集聚会加快信息交流，使得产业内的企业能够拥有持续的创新能力，有利于企业之间(本土与本土、本土与外资企业)相互学习，改进技术，提高机器设备的利用率，提升生产经营及管理水平，改善产品质量和优化服务水平。第三，从产业集聚到产业升级这个过程中的机制是溢出和学习效应，这个过程能够加快知识的更新和信息交流，实现技术互补、优化知识和专业技能，实现专业化分工，从而使澜湄流域国家达到持续嵌入全球生产网络的效果，实现国内增加值贸易的提升。

9.2.3 基于因果关系构建制造业嵌入升级系统流图

尽管因果关系图能够比较直观地描述系统中相关变量之间的因果关系，但是不能区分变量的性质，更不能分析变量之间的数量关系。因此，因果关系图是定性分析法，是构思整个模型的思路，要想定量分析系统的变化，需要借助系统流图。在正式建立系统流图分析澜湄流域制造业嵌入全球生产网络升级问题前，先简单介绍系统流图涉及的相关变量及其含义。

1. 变量含义

(1)状态变量，描述系统累积效应的变量，是刻画物质、能量、信息等在一段时间区间内的积累。它的取值是依据系统从初始状态到指定时刻的一段时间内物质或信息流动积累的结果。在数学上，一般用积分函数表示。

(2)速率变量，反映系统累积效应变化快慢的变量，与状态变量组合出现。反映了状态变量随时间的变化，决定了状态变量的大小。在数学上，一般用微分函数表示。

(3)辅助变量，是决策过程中使用的中间变量，反映的是决策过程中涉及的中间环节，用来分析反馈结构的有效手段，是系统模块化的重要内容。

(4)常量，顾名思义，指研究期内相对不变的量或者变化非常小的量，一般为系统中的局部目标或标准。

除了系统中需要涉及的变量外，还有一些概念包括守恒流、非守恒流、源点及汇点。这些概念不但在 Vensim PLE 软件中需要运用，更重要的是分析系统中相关变量时需要涉及。

在建立系统流图时，流入与流出的信息必定是守恒流；状态变量只能通过速率变量予以改变，在一个回路中状态变量和速率变量是相互连接的；状态变量反映能量流出，速率变量反映能量流入，表示随系统状态来实施决策，进而控制系统；系统流图中状态变量的个数应尽量减少，可以降低系统的阶数，减少运行的复杂程度。为了克服某种缺陷，系统流图中的辅助变量的数量会相应地增加。

系统流图中的一些变量和概念为我们建模提供了指导。系统流图是对具体变量之间的关系进行模拟。由于因果关系图中涉及了一些软变量，为我们建立流图设置了障碍，为此需要对软变量进行处理。这样一方面能够表征这些软变量，另一方面系统能够识别及运行。

2. 软变量处理

软变量是指无法用某一指标进行刻画的变量，是建立系统动力学模型的关键要素。澜湄流域制造业嵌入升级系统中涉及的软变量有嵌入程度、企业集群、产业集群、企业家精神、企业资源及研发机会成本。下面将结合文献与实地调研的经验对上述变量进行量化处理。

(1)嵌入程度。此处专指全球生产网络的嵌入。嵌入与关系是相伴相生的，对于外部植入的网络关系而言，建立了本地企业同网络之间的信任关系是持续竞争优势的重要内容，而嵌入的深化与加强需要双方之间的交流与接触。在国际上衡量嵌入程度的指标主要有参与程度指标与 GVC 指数两种，刘海云和毛海欧(2015)①、王厚双等(2015)②、刘琳(2015)③等学者均采用了 GVC 指数衡量中国制造业或服务业在新一轮全球产业分工中的地位。为此，本书亦采用 GVC 指数刻画澜湄流域嵌入全球生产网络的程度。

(2)企业集群。企业集群是指同一类型的企业或上下游企业通过某种经济形式在地理空间上的集聚，一般表现为工业园区。其机理是技术领先的一些企业通过人员、资本及文化形式溢出后，吸引一群自主独立且相互联系的企业通过专业化分工和协作组合起来，形成相应的企业集群。通常，企业集群可作为单个企业的外部延伸与拓展。王荣(2008)从企业的数量上刻画和定义了企业集群，反映的是个体企业之间的各种相互关系。④ 有学者对欧洲工业园区进行实地调研后指出企业集聚数量大约每平方千米 50 家企业。然而马建会(2004)⑤、于众(2016)⑥等基于集聚经济效应，从生产效率的角度衡量了企业集群，认为集群不仅可以提高市场占有率，提升企业生产能力与效率，而且能够促进产业的集聚。为此，本书以集群企业的生产效率刻画该地区企业的集群。

(3)产业集聚。产业集聚是一种整合企业间要素资源的有效形式，通过规模经济的协同发展、技术与知识的外溢效应可以推动创新，再通过产品生产的专业化与产业价值链带动经济效益的提升，降低交易成本，共同带动地区或国家层面的竞争力。对于产业集聚的测度有很多方法，例如，行业集中度、赫芬达尔-赫希曼指数、区位熵指数、空间基尼系数等。根据以上指标的优缺点及适用范围，本书选取行业集中度指标衡量澜湄流域制造业的行业集中程度。赵玉林和魏芳⑦于 2008 年运用行业集中度对中国高新技术总体水平及

① 刘海云，毛海欧．国家国际分工地位及其影响因素——基于“GVC 地位指数”的实证分析[J]．国际经贸探索，2015(8)：44-53.

② 王厚双，李艳秀，朱奕绮．我国服务业在全球价值链分工中的地位研究[J]．世界经济研究，2015(8)：11-18.

③ 刘琳．中国参与全球价值链的测度与分析——基于附加值贸易的考察[J]．世界经济研究，2015(6)：71-83.

④ 王荣．中小企业集群与区域经济发展的互动研究[D]．南京：南京航空航天大学，2008.

⑤ 马建会．产业集群成长机理研究[D]．广州：暨南大学，2007.

⑥ 于众．美国中小企业集群发展问题研究[D]．长春：吉林大学，2016.

⑦ 赵玉林，魏芳．基于熵指数和行业集中度的我国高技术产业集聚度研究[J]．科学学与科学技术管理，2008，29(11)：122-126.

各行业集聚程度作了精确测度。杨全兴和尹兴强(2015)①等均采用该指标分析产品市场竞争对公司发展的微观作用机制。

在这需要明确企业集群同产业集聚之间的区别。第一，这两个概念在本书的制造业嵌入升级系统中具有非常重要的作用，从微观到中观的转变中，企业集群起到了中间桥梁的作用。第二，从地理空间上来看，产业集群与企业集群对地理空间的要求有所不同，产业集群比较多地注重产业链的完整性，注重企业间产业的相互衔接，地理空间更多的是要服从产业联系；而企业集群突破了简单的产业联系，不仅注重产业链的打造，还注重同一产业不同企业间的竞争与合作，更多地关注企业间的关联，因此会对地理空间有比较严格的界定。可以看出，产业集群可能突破地域的限制，但企业集群则是在一个较为狭小的区域上分布并有一定的企业数量的相近产业的企业聚集体。第三，产业集聚与企业集群尽管都具有企业间产业联系的含义，但是产业集聚的跨度有时较企业集群宽广。企业集群更多的是同类型企业之间的竞争关系，而产业集聚反映的是不同企业之间的专业化生产分工和协作，侧重于产业链。

(4)企业家精神。企业家精神是一个较为抽象的概念，反映的是企业领导者的能力，能够影响企业的生产运作。企业家精神通常能对企业的学习活动产生影响。Ravenscraft & Scherer(1982)指出了企业家精神同创新和研发投入之间存在正向关系。② Dess et al.(2003)提出了一个企业家精神、组织学习及知识周期性的模型，认为企业家精神同组织学习之间存在正向的相关关系。③ 对于企业家精神变量的量化，尚未找到一个合适的指标。一般而言，通过量表的形式设定相关题项表征企业家精神，如陈卫东和卫维平(2010)④、王海绒和苏中锋(2015)⑤等。为此，本书采用表函数的方法刻画企业家精神同学习能力、创新能力之间的关系。

(5)企业资源。企业资源主要是企业生产经营过程中积累的各种资源，主要是关系资源和社会资本，包括企业和顾客、政府、金融机构、供应商等之间构建的可以加以利用的并存在于企业自身外部的各种资源。企业伙伴之间稳定且丰富的信息交换关系可以形成企业的社会资本(Gulati，1998)。⑥ 同时，社会资本能够带来收益，企业之间的联盟网络会渐渐地形成更多伙伴价值、剩余、竞争力以及可靠性的信息库。更重要的是，企业资源能

---

① 杨兴全，尹兴强．行业集中度、企业竞争地位与现金持有竞争效应[J]．经济科学，2015(6)：78-91.

② Ravenscraft D，Scherer F. M. The lag structure of returns to research and development[J]. Applied Economics，1982，14(6)：603-623.

③ Dess G G，Ireland R D，Zahra S A，et al. Emerging Issues in Corporate Entrepreneurship[J]. Journal of Management，2003，29(3)：351-378.

④ 陈卫东，卫维平．企业家精神与企业绩效关系的结构方程建模[J]．系统工程学报，2010，25(2)：171-176.

⑤ 王海绒，苏中锋．探索导向与企业绩效研究——基于战略企业家精神视角[J]．科学学与科学技术管理，2015(3)：123-131.

⑥ Gulati R. Alliances and networks[J]. Strategic Management Journal，1998，19(19)：293-317.

够实现知识与信息跨外部的交流。尽管企业资源很难通过一个指标加以刻画，但是本书采用企业的交流频次进行衡量。通过实地调研，发展较好的企业大多拥有丰富的社会资源，无论是与同行业企业之间的交流合作，还是与上下游企业之间的联盟，都反映了它的优势。因此，企业资源对于澜湄流域国家制造业嵌入升级系统的研究有着重要意义。

(6)研发机会成本。机会成本是一个经济学概念，指为了得到某样东西而不得不放弃另一些东西的最大价值。R&D 研发经费投入与否是一个选择问题，若企业选择适当的投入，必然会失去一部分价值。为此，采用损失函数衡量机会成本，将研发经费作为主要变量。具体量化结果见表 9.2。

表 9.2　　**关键软变量量化结果表**

软变量	量化后的指标	变量单位
嵌入程度	GVC 指数	无
企业集群	集群企业产值	万美元
产业集聚	行业集中度	无
企业家精神	企业家评价指数	无
企业资源	企业交流频次	次
研发机会成本	机会损失	万美元

澜湄流域制造业嵌入升级系统中涉及的软变量很多，由于篇幅有限，本书仅列举上述 6 个关键的变量。根据 9.2.2 节中的因果关系图及本节中相关变量之间的关系，构建该地区制造业升级的流图，如图 9.2、图 9.3 所示。由于模型涉及的状态变量稍多一些，为此将制造业嵌入升级系统分割为两个子系统——企业集群子系统与产业集聚子系统。企业发展子系统着重强调澜湄流域国家制造业企业学习嵌入全球生产网络过程中的知识溢出，然后发挥自主创新能力提升企业技术的过程。而制造业升级子系统强调的是通过企业的集群实现产业集聚的过程，从而实现制造业行业全要素生产率的提升。因此，整个系统即制造业嵌入升级系统是基于企业发展子系统，推动产业集聚子系统的发展，最终实现澜湄流域国家制造业的升级。构建子系统流图依然遵循上述因果关系，变量与变量之间的数学方程依然基于第七章与第八章的理论分析。软变量同样按照上述的量化形式在系统流图中予以表示。

图 9.2、图 9.3 反映的是澜湄流域国家制造业升级的两个子系统，系统流图中涉及五个状态变量，其中企业子系统涉及两个状态变量，分别是企业技术与资本存量；而制造业升级子系统涉及三个状态变量，分别是企业数量、行业总利润与行业全要素生产率。最后，模型中也涉及其他辅助变量、常量与水平变量。关于动力学方程的设计与表函数的梳理在下一节中论述。

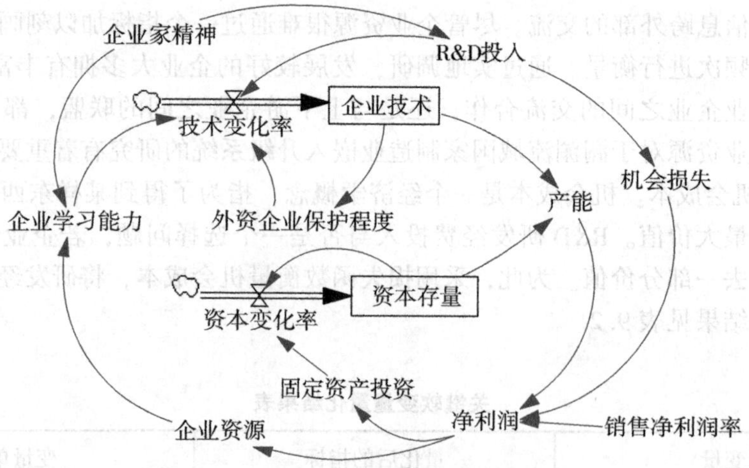

图 9.2 澜湄流域国家企业发展子系统流图

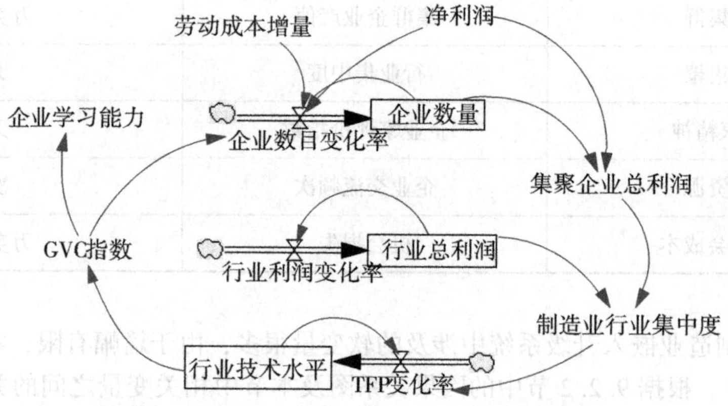

图 9.3 澜湄流域国家制造业升级子系统流图

9.2.4 系统动力学方程设计

系统动力学方程是用一组可以描述系统流图中各种变量之间定量关系的数学方程式，即从一个已知的初始状态开始，推导出下一个状态的关系式。根据变量的性质，大致可以将方程分为五种：水平方程、辅助方程、速率方程、常量方程和初始方程，不同的方程对应着不同的规则与形态。虽然系统动力学方程所包含的种类很多，但是其本质是一阶微分方程组，通过改变系统模型中的初始值、参数和函数等不同条件，进而分析方程组特解的变化情况。

在系统动力学模型中，系统动力学方程主要是描述定量变量与定量变量、定量变量与定性变量、定性变量与定性变量之间的关系。定量变量与定量变量之间关系通常由数学表达式确定，模型中涉及的数学方程式在附录 A5 中予以明确。在处理定性变量与定性变量之间的关系时，采用的是表函数的方法，即先将两个变量归一化或者先规整化，然后根据经验给出两个变量之间的大致关系图。本模型主要引入三个表函数，分别是外资企业保护程度、企业资源网络联结程度、企业数量影响因子。其中，外资企业保护程度通过企业技术来确定，本土企业技术同外资企业保护程度呈正相关关系，并且保护效率会递减；企业资源联结程度与企业的净利润相关，企业的效率提升会加强同周边企业或商会、机构之间的交流；同理，企业数量影响因子也同企业净利润相关，发展良好的企业具有“吸引力”，能够产生集群效应，带动产业发展。此外，企业技术是由第八章设计的动态方程建立的，通过一个条件函数确定学习效应、自主创新能力之间的关系。最后，模型假定自主创新能力转化为技术需要一定的时间，即运用滞后函数来表达。

系统动力学模型初值的设定是一个较为关键的因素，对澜湄流域制造业升级发展具有重要的作用。模型中涉及的初始值均通过调研数据获取，其中状态方程初值有两种情况：其一，简单地获取，无须加工，如行业总利润；其二，需通过计量方法计算，如企业技术，综合调研的样本运用 LP 法估计出企业的技术水平，然后计算出企业的平均定基增长速度。关于表函数关系的确定也有两种形式：其一由样本数据提供，如企业数量影响因子；其二根据经验数据，如外资企业保护程度，由于知识的溢出具有外部性，尽管本土企业可以学习到一部分技术，但是外资企业却很少受益，为此外资企业会采用专利保护的形式抑制知识的外溢。本书结合张杰和芦哲(2012)①理论与经验研究，同澜湄流域国家调研的实际情况相结合，构造外资 IPP 的表函数。

9.3 模拟结果分析

构建澜湄流域制造业产业升级的动力系统模型的目的是将系统动力学理论和仿真方法运用到经济管理学科的相关问题研究中。对本问题仿真模拟的目的，一方面是为了说明系统动力学仿真方法在产业升级系统中研究的可行性；另一方面是寻找澜湄流域国家制造业升级同企业发展之间的关系，以期能够得到以往实证方法难以得到的结论，从而为澜湄流域国家制造业升级发展给出一些建议。

本部分主要从企业技术、行业技术、企业集群、企业家精神等方面分析澜湄流域国家制造业的升级演化发展，系统模拟的区间是[2015，2045]，仿真步长为 1。模型中所涉及的其他变量及方程见附录 A5。

9.3.1 企业技术变化分析

为了证实外资企业溢出、本土企业学习和本土企业创新能力对企业技术的影响，笔者分别模拟出外资企业与本土企业的技术变化趋势图，其中设定外资企业技术的初始值为 1%，本土企业技术的初始值为 0.012%，模拟结果如图 9.4 所示。

通过反复尝试，取得满足条件的参数 $[\alpha, \gamma, \beta] = [1/3, 0.05, 1.25]$。从图 9.4 可以看出，外资企业与本土企业技术的变化趋势和第八章模型模拟的结果一模一样。首先，在短期内本土企业的技术发展水平远落后于外资企业，但是于 2030 年前后，本土企业实

① 张杰，芦哲．知识产权保护、研发投入与企业利润[J]．中国人民大学学报，2012，26(5)：88-98.

现了技术的“赶超”。其次，在 2030 年之前可以发现本土企业技术发展仍然是递增的态势，说明溢出学习效应发挥着重要作用，能够促进本土企业技术进步。最后，本土企业技术的赶超是建立在溢出学习和初始创新长期积累的基础上。

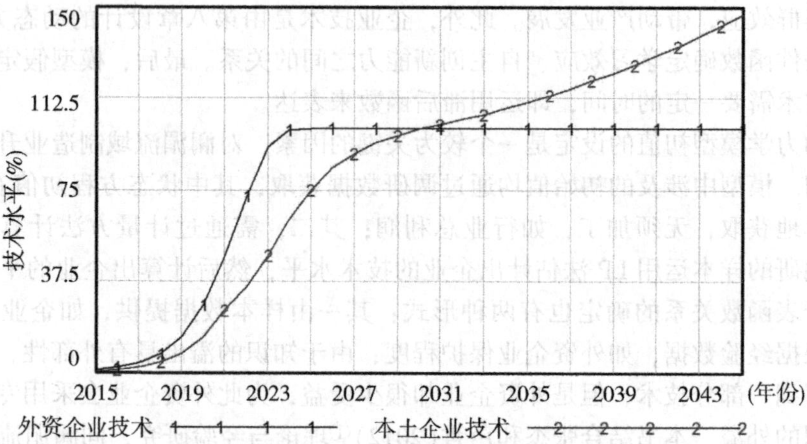

图 9.4　外资—本土企业技术变化的预测值

为了更清晰地分析初始创新对企业技术提升的重要性，本书模拟了本土企业技术的变化率只有溢出学习的情况，具体结果如图 9.5 所示。从图上可知，本土企业技术同外资企业技术在 2035 年之前存在差距，但随着时间的推移，两者之间的差距越来越小，并逐步收敛。由此说明澜湄流域国家本土企业可以通过溢出效应逐步学习提升自身技术，也说明了“溢出—学习”效应对该地区企业的发展具有重要作用。然而，外资企业的技术水平并不是恒定不变的，为了简化模型分析，假定外资企业技术是收敛的；而现实情况却相反，因而两者之间的技术水平依然会存在差距。

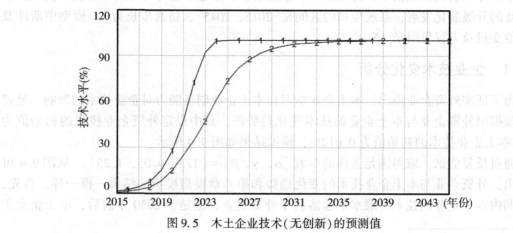

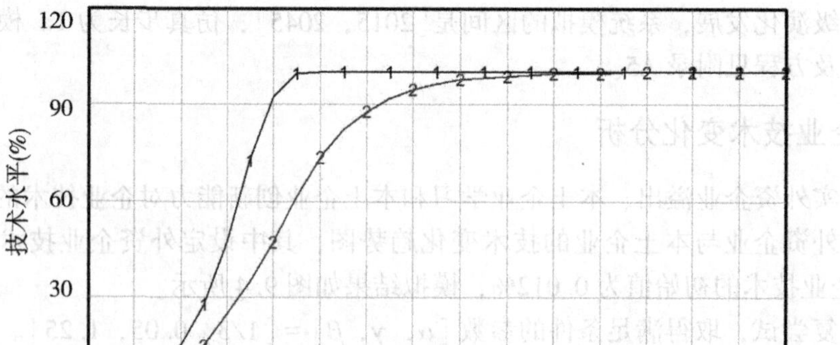

图 9.5　木土企业技术(无创新)的预测值

注：为对比分析，列出外资企业曲线，其中线条 1 为外资企业，线条 2 为本土企业。

将图 9.5 与图 9.4 对比，可知首先初始创新对澜湄流域企业的发展具有质的变化，初始创新效应可以实现本土企业技术的超越。当不存在原始创新时，本土企业技术水平收敛至 100%附近，但是加入创新元素，其技术水平增长率可以达到 150%以上。尽管两者看起来是简单的差距，但是其“质”的变化是建立在溢出学习效应的基础上。其次，原始创新是不可或缺的元素，不仅对企业发展有利，而且能够推动行业技术进步。

9.3.2 行业技术变化分析

1. 制造业行业技术变化分析

前一小节中笔者分析了澜湄流域国家企业的发展变化，本节将分析产业升级问题。产业升级是经济学领域的一个专业术语，一般用技术水平来衡量。本书同样采用技术水平来量化该指标，即行业 TFP，同样用增长率来刻画。该变量的初始值主要通过商会介绍并加以计算核实，澜湄流域制造业行业全要素生产率变化过程如图 9.6。

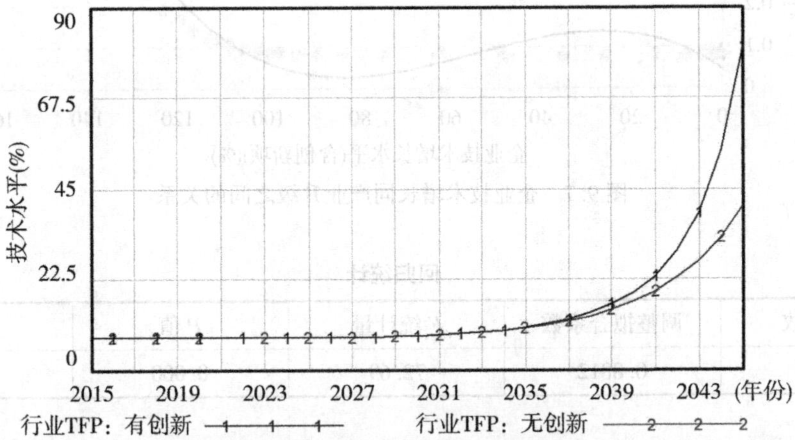

图 9.6 行业技术变化的模拟图

产业升级衡量与评判的依据仍然是技术水平。从图 9.6 可知，澜湄流域制造业初期的技术水平非常低，维持在 8%～10%，并且此种现状维持的时间比较长，达近十八年。但是 2033 年之后，制造业行业的技术水平就将呈现出指数发展的趋势，增长速度较快。比较有创新要素与无创新要素两种情形，可以发现初期两者没有显著的差距，但是越往后两者的差距逐渐拉大。由此说明初始创新对于该地区制造业产业升级具有因果关系，创新要素能够推动该地区实现产业升级与技术进步。

尽管通过系统动力学的模拟得到了企业可以通过学习跨国企业技术溢出与自主创新两个方面提升企业技术，同时制造业行业的技术也能够得到提升，但是两者之间的因果关系又如何？企业发展子系统的提升是否一定能够促进行业发展子系统的进步？下面将根据模拟得到的数据进行两者因果关系分析。

2. 企业发展与行业技术进步关系分析

为了判定澜湄流域国家企业发展同产业升级之间的关系，也为了分析从微观视角推进该地区制造业升级的"正确性"，采用模拟数据进行二者关系的拟合，绘制企业技术与行业技术之间的散点图，如图9.7；并且以行业TFP为因变量、企业技术为自变量进行三次函数的回归，其回归分析结果如表9.3、表9.4与图9.5所示。

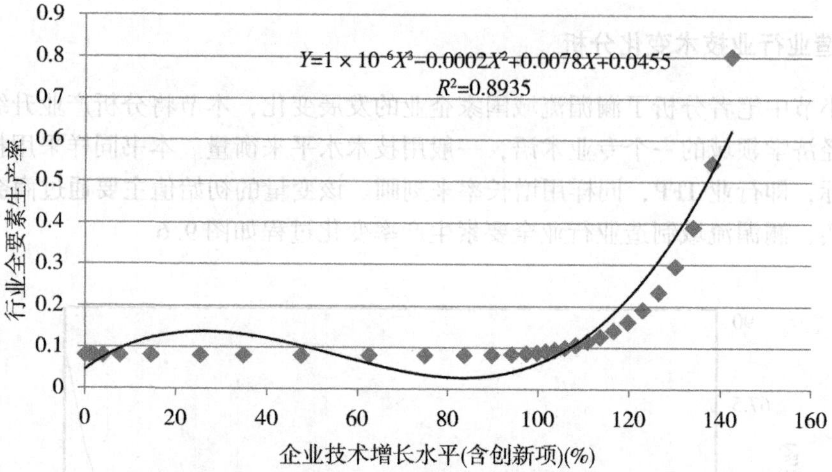

图9.7　企业技术增长同产业升级之间的关系

表9.3　**回归统计**

拟合系数	调整拟合系数	*F*统计量	*P*值	观测值
0.8935	0.8812	72.69	0.000	30

表9.4　**回归系数与*t*统计量结果**

变量	参数	标准误	*t*统计量	*P*值
企业技术三次方	1.18×10^{-6}	1.71×10^{-7}	6.92	0.0000
企业技术平方	−0.000195	0.000038	−5.17	0.0000
企业技术	0.007792	0.002240	3.46	0.0002
常数项	0.045465	0.027575	1.65	0.1110

由图9.7可知企业技术增长水平同制造业行业全要素生产率之间表现出非线性的关系，尽管企业技术增长水平在100%之前拟合的效果欠佳，但是之后效果显著，反映了该地区制造业升级过程并不是线性的过程，更不是简单的输入与输出的过程。从回归结果来看，首先，三次模型的整体效果比较显著，$R^2=0.8935$，$F=72.69$。其次，模型参数的t统计量也通过检验，较为显著，再次说明了三次多项式模型可以解释二者之间的关系。最

后，因三次项的系数为负，进一步说明了行业技术进步与企业技术之间的关系呈现显著的"U"形非线性相关关系，特别是在2035年之后。

本章在设计澜湄流域国家制造业升级发展的机理时，以微观企业为基础，通过企业的发展来促进制造业行业的技术进步，两者是联动的关系。因此，该模型设计时存在一个假设，即微观企业技术进步能够促进行业发展。综合以上分析，再由回归的显著性及参数的方向均能够判断该假设是成立的。

9.3.3 企业集群与产业集聚分析

澜湄流域制造业嵌入全球生产网络是一个不断参与的过程，其升级机理是在嵌入的过程中不断学习、不断创新从而提升技术。由前述的分析可知溢出、学习与创新对产业升级的作用。通过因果关系与系统流图，知道"企业发展—企业集群—产业集聚—产业升级"的逻辑思路，为此本节着重分析企业集群与产业集聚，具体结果如图9.8和图9.9。

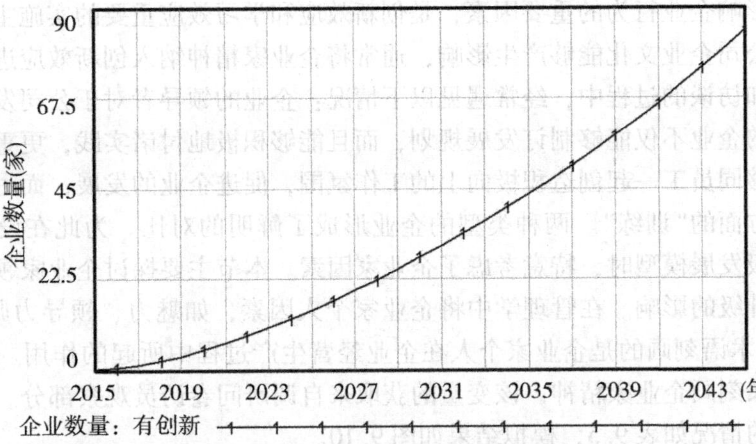

图9.8 企业集群结果预测图

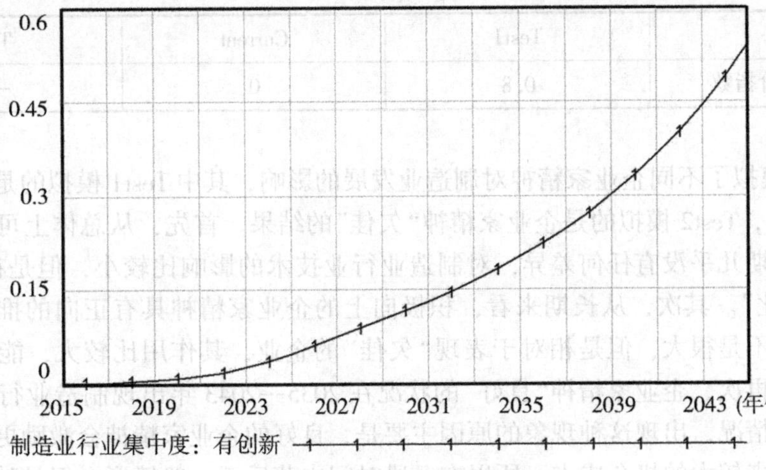

图9.9 产业集聚结果预测图

企业集群采用的指标是企业数量，假设一个发展良好的企业具有“吸引力”，能够吸引更多的企业在周边投资建厂，在一定程度上可以促进企业的集群。图 9.8 可以看出企业的数量缓慢增加的过程，从基础的平均 0.05 家发展到 90 多家，反映了企业的发展确实能够促进企业集群。图 9.9 为产业集聚预测图，采用的是行业集中度指标刻画，从图可知，随着时间的推移，澜湄流域制造业行业的集中程度不断提升，2045 年达到 0.5 左右。然而在初期，尤其是 2015 年至 2023 年，产业的集聚程度发展较慢，而后期增长程度比较快，反映了自主创新的推力。

将模拟的数值进行拟合，分析二者之间的关系，得到一条线性趋势曲线和线性方程：$Y=0.006X-0.034$，$R^2=0.977$。其中 Y 为产业集中度，X 为集聚企业数量。方程的参数均显著，通过 t 统计量，并且整体估计效果良好。由此表明企业集群能够促进产业的集聚，两者之间具有因果关系；佐证了在初期建模时的假设条件与逻辑比较符合实际情况。

9.3.4　企业家精神效应分析

企业家是影响企业行为的重要因素，是创新效应和学习效应重要的实施主体。企业家对人力资本及公司企业文化能够产生影响，通常将企业家精神纳入创新效应进行分析。同时在实地调研和访谈的过程中，经常遇见以下情况：企业的领导者对于公司发展的理念是不一样的，有的企业不仅能够制订发展规划，而且能够积极地付诸实践，更重要的是该公司的企业家能够同员工一起创造积极向上的工作氛围，促进企业的发展；而另一些企业则缺乏企业文化方面的“训练”。两种类型的企业形成了鲜明的对比。为此在设计澜湄流域国家制造业升级发展模型时，特意考虑了企业家因素。本节主要探讨企业家领导能力对企业发展与产业升级的影响。在管理学中将企业家个人因素，如魅力、领导力归结为“企业家精神”，这个术语刻画的是企业家个人在企业经营生产过程中所起的作用。本书通过企业家评价指数来刻画企业家精神，该变量的获取来自调研问卷访员观察部分。选取三种企业家评价指数的情况如表 9.5，模拟结果如图 9.10。

表 9.5　**企业家评价指数参数取值表**

模拟	Test1	Current	Test2
企业家评价指数	0.8	0	-0.8

图 9.10 模拟了不同企业家精神对制造业发展的影响，其中 Test1 模拟的是企业家精神“良好”的结果，Test2 模拟的是企业家精神“欠佳”的结果。首先，从总体上可以判断三种情况在发展初期几乎没有任何差异，对制造业行业技术的影响比较小，但是在 2035 年以后将出现“分化”。其次，从长期来看，积极向上的企业家精神具有正向的推动作用，尽管推动的幅度不是很大，但是相对于表现“欠佳”的企业，其作用比较大，能够进一步带动产业升级。再次，企业家精神“良好”的状况在 2035—2043 年出现制造业行业技术明显落后于一般的情况，出现这种现象的原因主要是，良好的企业家精神会激励更多的研发投入，因而会带来较大的机会成本，所以在一段时间内落后于一般情形；但是随着研发投入

技术的成功转换，其优势越来越明显并逐渐超越一般情形。最后，企业家对于推动公司文化建设、员工培训方面具有重要意义。

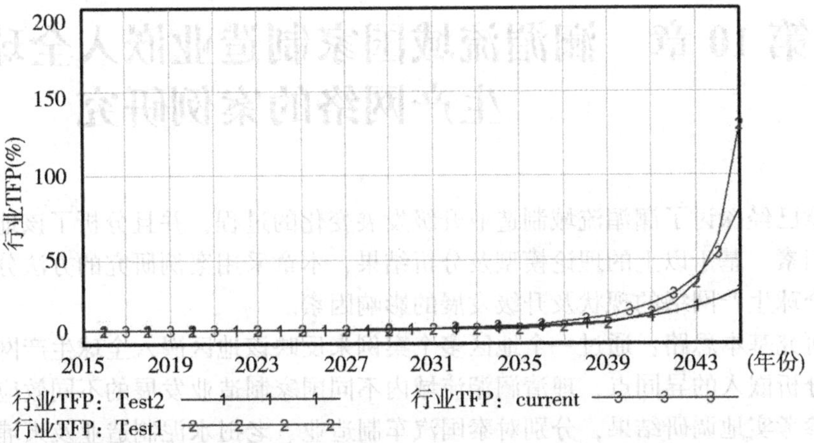

图 9.10　不同企业家评价指数下的制造业行业技术的模拟结果

9.4 小结

本章对澜湄流域国家制造业嵌入全球生产网络的升级机理作了一些相关探讨，基于"企业发展—企业集群—产业集聚—产业升级"的逻辑思路和因果关系，构建澜湄流域国家制造业升级的动力系统模型。通过仿真模拟分析了企业技术变化、行业技术变化、企业集群与产业集聚和企业家精神四个问题。首先，从模拟的结果来看，以企业的角度推动产业升级是可行的路径，企业技术进步能够带动行业技术进步，二者之间有因果关系，即从微观到中观的分析方法是可行的。其次，外资企业的技术溢出能够为澜湄流域国家本土企业提供学习机会，依然可以促进该地区制造业的技术进步。再次，初始创新具有加速度的效应，能够进一步推动产业升级。最后，企业家精神是一个不容忽视的变量，积极向上的企业家能够创造优秀的企业文化，能够带动企业技术进步，从而推动整个行业的产业升级。

以上结论表明：首先，澜湄流域国家制造业升级，不仅需要在嵌入全球生产网络的过程中、参与全球化分工的过程中学习技术溢出，也需要通过原始创新积累自身技术水平。其次，制造业企业需要加强企业文化建设，培育企业家精神，加强领导层与员工之间的交流、员工与员工之间的交流以及人力资本的积累。最后，产业升级并不是一蹴而就的，需要长期的技术积累，需要不断的要素投入，才能达到预期的结果。

第10章　澜湄流域国家制造业嵌入全球生产网络的案例研究

第九章已经探讨了澜湄流域制造业升级发展变化的过程，并且分析了该地区制造业发展的影响因素。基于以上的理论模型及分析结果，本章采用案例研究的方法分析该地区制造业嵌入全球生产网络的现状及升级发展的影响因素。

本章研究基本思路：通过一个地区多个案例来反映该地区嵌入全球生产网络的不同层次，继而分析嵌入的异同点，理清澜湄流域内不同国家制造业发展的不同效应。而样本案例的选择参考实地调研结果，分别对泰国汽车制造业、老挝水泥制造业及柬埔寨制衣业进行案例研究。首先，基于整体的角度剖析澜湄流域国家制造业嵌入全球生产网络的特点。其次，通过个体案例分析澜湄流域国家参与全球化分工的效应问题。最后，案例分析的角度依然从企业到行业，并着重分析澜湄流域国家嵌入全球生产网络过程中的学习效应与创新效应问题。

10.1　泰国汽车制造业案例分析

10.1.1　背景介绍

泰国汽车制造业在东南亚国家中是较为发达的，泰国每年生产的汽车达百万辆以上，2015年汽车总产量超400万辆，增幅为6.5%左右。从出口量来看，每年均在汽车总产量的70%以上，出口世界各地，主要有中国、东南亚、美洲和欧洲等国家或地区。20世纪60年代初，泰国与国际汽车厂商联合成立汽车装配厂，引进汽车生产线开始汽车制造，从汽车装配起步，并由装配向自产过渡，逐渐摆脱国内汽车对进口的依赖。在政府的大力支持下，泰国汽车制造业历经40余年的发展，制造规模增长迅速，研发技术遥遥领先于东南亚各国，国内汽车制造业发展迅速。如今泰国不仅是东南亚的汽车制造中心，也是东盟最大的汽车市场，近几年汽车市场需求增长迅速，带动泰国汽车产量连年增长，泰国已成长为东盟汽车制造业的标杆，技术与规模更是领先第二位的印尼5~10年。从发展历程来看，泰国汽车制造业起步早，发展快，内外资相结合，逐渐实现汽车产业的发展进步。

在实际调研中，汽车制造业涉及的企业有汽车配件、轮胎模具、橡胶制造及汽车生产企业。其中汽配企业调研了华美(泰国)有限公司，简称华美，成立于2003年，是一家生产、销售的配件公司，从事除汽车引擎、轮胎以外的汽车配件。华美80%的原材料进口自日本，10%进口自美国，其他部分则来自中国；其生产的产品供应泰国市场，包括丰田、奔驰以及泰日合资企业。华美在泰国市场上是二级供应商，业务订单是上游企业根据技术、质量等方面考核通过获得。同时根据订单的要求，自行设计、加工贴上对方品牌，不是简单的OEM形式，而是ODM。因而，当一部分的零部件一级供应商提供不了，则由华美企业生产提供。公司的生产理念是开放、创新与引领潮流，同时公司注重人才培养，不仅每月对员工生产技能进行培训，而且将员工送至企业外培训，不仅针对一线操作工人，管理人员也不例外。对员工进行培训，可以提高生产效率，开阔视野，了解汽车行业的变化。公司平均每年的创新产品(大类)有20项左右，新产品的销售额在50%以上，2015年销售收入达1.86亿泰铢。

轮胎模具调研了豪迈轮胎模具(泰国)有限公司，简称豪迈，是中国山东豪迈集团(上市公司)在泰国的子公司，是拥有高档轮胎模具、高端机械制造、压力容器三大产业体系的国际化集团公司。泰国的子公司主要从事高端轮胎模具的生产(包含铸钢、锻钢及机械加工工序)。原材料90%进口自中国，主要是母公司自己生产，剩余10%来自德国、日本等国，轮胎模具供应全球各地，如为日本丰田、美国福特以及德国奔驰生产轮胎，在泰国市场上主要供应给普利司通、菲利克斯及中国的中策集团等，轮胎模具出口占全国相同产品的62%。豪迈(泰国)公司2015年新产品的销售收入达到6亿元人民币，占全部产品的10%左右。豪迈集团的生产技术均是通过自主创新研发，在轮胎模具行业深受好评，如米其林、普利司通、固特异及德国大陆等。“诚信、创新、合伙、合作”为企业文化，“努力把豪迈建设成员工实现自我价值奉献社会的理想平台”为企业宗旨，并且加强企业领导人同员工之间的交流，建设一流的企业文化。

橡胶制造调研了中策(泰国)集团，简称中策，是中策橡胶集团有限公司(母公司)的第一家海外实业工厂，于2014年9月注册，2015年投产运营，主要生产汽车轮胎，属本土化经营的企业。原材料——橡胶采购于泰国本地，其他辅料来自美国；80%的轮胎供应泰国本地市场，其余出口到日本、美国和德国，其中本地市场包括丰田、米其林(泰国)企业等。公司注重轮胎的质量与产品创新，首先对轮胎的设计结构与配方进行严格把控，其次对制造过程进行严格控制，对检验过程及时反馈，严格遵循研发要求与评价体系，保证产品质量，达到产品创新要求。2015年中策(泰国)公司的销售总额为2.5亿元人民币，利润总额在1.2亿元人民币以上，中策在全球橡胶企业中排名前5名以内。

汽车生产企业调研了建兴集团，简称SATP，是一家泰国本土企业，集配件、汽车生产于一体。该企业成立于1962年，早期从事简单的配件生产，如刹车，20世纪70年代逐渐转型从事延展性配件生产，如车门；90年代以后公司开始与Gohsyu和Ibara Seiki企业进行技术合作，生产工序，并且加强质量监管；2000年之后，不仅学习外资企业的生产技术，而且增加资本投入加强技术研发，提高产品品质。SATP集团是占据泰国市场较大的企业，当前生产发动机引擎，核心技术依然来自日本丰田；其他配件80%由国内市场提供。SATP集团年平均利润率在15%左右，位列泰国市场前列。

10.1.2 案例分析

结合案例背景与研究内容，将从企业与产业两个角度分析泰国汽车产业发展升级的路径，首先绘制泰国汽车产业链，如图10.1所示。

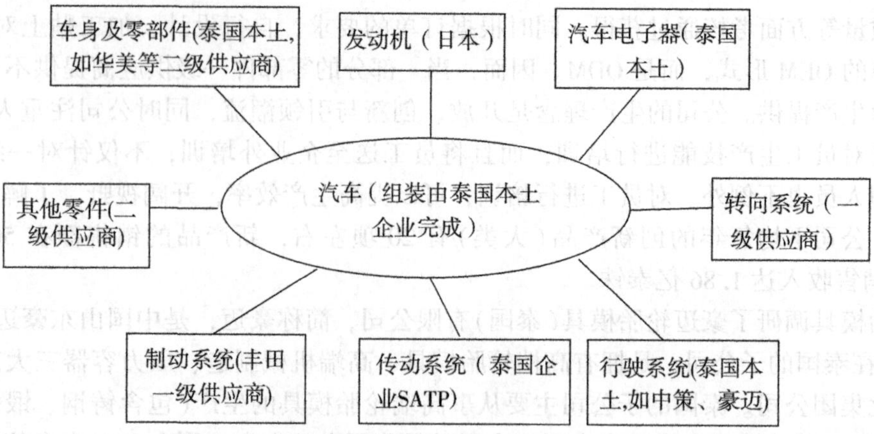

图10.1　泰国汽车制造业的产业链——以丰田为例

(1)企业层面

学习效应分析。图10.1绘制了泰国汽车制造业的产业链及各个生产工序的参与者。首先泰国本土企业大多是丰田汽车的一级供应商，从事相关工序的生产。华美、豪迈、中策及SATP企业的发展，反映了泰国汽车制造业的产业链，各个企业都从事着汽车制造业价值链的一部分，参与全球生产网络分工。其次，从上述企业的发展历程来看，尤其是SATP企业，早期的学习效应表现得非常明显，通过学习外资企业的技术，加强自身竞争能力，然后加强与外资企业合作，逐渐吸收对方先进的技术，扩大业务范围，从汽车配件生产提升到技术含量更高的生产工序。SATP企业发展同泰国汽车制造业发展的历程极为相似，早期通过与欧美日等企业合资，学习机器设备的运作和生产技术含量较低的零部件；随着合作的深入及新车型的引进，泰国汽车制造业学习的程度不断提升。而华美则是通过学习丰田旗下代理的汽配企业逐渐成长的，以技术的进步提升企业竞争力，逐渐成为二级供应商，从而获得更多的订单。

创新效应分析。在泰国汽车制造业市场上，日资企业占80%以上，日本汽车(泰国)行业将生产工序一步一步地分解到其他日本零部件生产企业；引擎由引擎企业负责(核心技术保护程度高)，电子装配由电子企业负责等。日本的产业保护政策十分严格，当一级供应商无法完成订单或者更简易的工序会寻求二级供应商，他们对二级供应商的考核十分严格，具体考核产品品质、公司信誉等指标，寻求合格的供应厂商。华美企业在与外资企业的交流过程中逐步学习其技术，并一步一步通过评估考核成为日本汽车行业的二级供应商。面对外资企业对核心技术的封锁，泰国本土企业通过增加研发投入，提升自主创新能力，加速对外国技术的消化和革新，逐步破解大国的技术保护。如今，泰国能够通过自己的技术提供从轮胎到制动圆筒，从传动部件到车内装饰的任何一种汽车零配件，并组装生产线和生产汽车。

人力资本积累。当前泰国汽车企业在生产过程中也较为重视企业文化建设，加强企业领导阶层同一线员工之间的技术交流，加强员工技能的培训。2015年，在泰国的推动下，东盟委托日本为泰国培训2000多名专业技术人员，加强国外技术人员与泰国技术人员的经验交流，派送技术人员去外资企业参观学习，更甚者从事联合研发活动，在很大程度上提高了泰国技术人员的专业水平和研发水平，以及相应的管理经验。

(2)产业层面

从产业层面来看，首先，泰国的汽车制造业正在逐渐形成一个完整的产业链，尽管缺乏核心引擎技术，但其生产、组装相比其他国家，如印度尼西亚、老挝等已非常成熟。其次，汽车制造业在泰国已有产业集聚的表现，在曼谷和罗永工业园都集中了相当数量的汽车生产和配件加工的企业。不仅有日本丰田、东芝，德国奔驰，美国福特，韩国现代，也有泰国本土组装企业SATP，以及中国的一些汽配企业。这些企业不仅表现为上下游产业链，而且许多存在彼此竞争关系。因此，企业集群带来的是产业集聚效应，而产业集聚会产生规模效应，每年在泰国生产的汽车就达到450万辆，并且呈现递增趋势。

通过商会介绍，当前泰国已经掌握韩国汽车技术的98%以上，日本汽车技术的80%左右，下一阶段政府将通过产业政策逐步使日本放开汽车技术的保护。从泰国汽车制造业的发展历程来看，其嵌入全球生产网络以及升级过程可以归结为“学习，强化自身；集聚，升级发展”。首先，泰国通过与外资企业的合资、交流等方式，学习外资企业生产过程中的技术；然后，加强企业文化建设，增加研发投入，提升某一生产工序的产品质量。最后，通过产业集聚发挥规模效应，增强本土汽车企业的竞争效应，促进汽车制造业的升级转型，进而更深层次地嵌入全球生产网络，实现良性循环，达到攀升价值链的目的。

图10.2是泰国汽车制造业升级发展的路径，分析学习效应与创新效应对升级的重要性，以及微观企业个体在产业升级发展进程中的重要性。

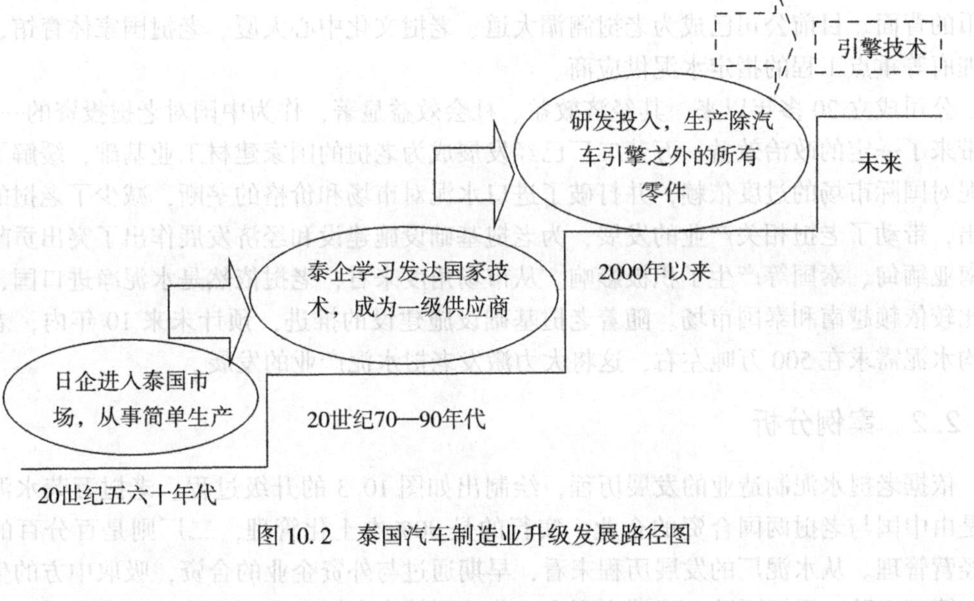

图10.2　泰国汽车制造业升级发展路径图

全球生产网络式的分工有利于系统内部知识的传递、转移和扩散，对泰国企业的发展具有明显的提升作用。不同级别厂商之间能够形成良好沟通和互动机制，有利于泰国本土企业学习能力的提升。企业的竞争，无论是泰国企业之间还是同外资企业之间，促使了创新的存在，不断激励企业进行技术改进。因而，竞争激励成为企业研发创新的重要来源。如图10.2所示，泰国汽车制造业的升级发展是通过企业技术进步一步一步实现的，当前通过学习效应和创新已实现部分功能的升级，未来的发展目标是掌握汽车引擎技术。

需要说明的是，由“微笑曲线”的原理可知，设计研发及品牌销售位于价值链的高端位置。就汽车产业链来看，汽车生产工序的分解涉及多个部门，每一个部门又有各自的价值片段，子部门的价值片段同样符合微笑曲线的原理。由上述的4家企业也可以发现，无论是汽车配件还是轮胎生产，各个部门都存在着研发投入，都在生产高质量的产品，该生产阶段依然可以获得高附加值。所以部门产品质量的提升也可以带动整个产业的升级，即“1+1>2”。当然，每个价值片段在理论上是从属于整个行业的价值链。

10.2　老挝水泥制造业案例分析

10.2.1　背景介绍

老挝水泥有限公司万荣厂位于老挝北部万象省万荣县，是中国云南国际经济技术合作公司与老挝农业工业发展进出口有限公司合资成立的老中合资老挝水泥有限公司(LCC)的生产企业。该厂建于1998年，2000年正式投产，投资规模2.7亿元人民币，年产量20万吨。老挝首条新型干法生产线便是老中合资成立运营的，由它生产的“金牛”牌水泥，拥有较高的质量，极具竞争力，以至于迅速占领万象市场，产品覆盖老挝全国7个省19个市。公司连年被评为中老两国经济合作示范企业，其下属的水泥厂全景被印在5000吉普老币的背面。目前公司已成为老挝澜湄大道、老挝文化中心大厦、老挝国家体育馆、老挝总理府等重点工程的指定水泥供应商。

公司成立20多年以来，其经济效益、社会效益显著，作为中国对老挝投资的一部分，也带来了一定的政治效益。万荣二厂已经发展成为老挝的国家建材工业基础，缓解了老挝水泥对国际市场的过度依赖，并打破了进口水泥对市场和价格的垄断，减少了老挝的外汇支出，带动了老挝相关产业的发展，为老挝基础设施建设和经济发展作出了突出贡献，在东南亚缅甸、泰国等产生了积极影响。从市场角度来看，老挝依然是水泥净进口国，尤其是比较依赖越南和泰国市场。随着老挝基础设施建设的推进，预计未来10年内，老挝年平均水泥需求在500万吨左右，这将大力激发老挝水泥产业的发展。

10.2.2　案例分析

依据老挝水泥制造业的发展历程，绘制出如图10.3的升级过程。老挝万荣水泥厂一厂是由中国与老挝两国合资的企业，实行的是80%本土化管理，二厂则是百分百的本土化经营管理。从水泥厂的发展历程来看，早期通过与外资企业的合资，吸取中方的生产技术与管理经验，后期再独立经营实现本土化。再结合老挝水泥制造业的需求来看，起先完全依赖进口，以泰国和越南为主；而当前通过外资企业的合作，已经能够解决国内水泥需求的50%以上，逐步实现进口替代，并且也逐渐开始形成自己的水泥制造业。

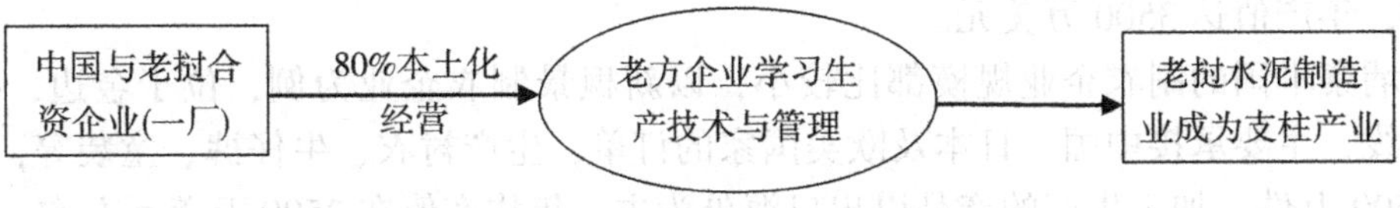

图 10.3 老挝水泥制造业发展变化图

FDI 技术溢出效应。老挝水泥制造业的发展反映了全球化生产背景下外资企业的技术溢出，老方企业在学习的过程中实现了技术进步。中国 FDI 的进入在很大程度上促进了老挝水泥制造业技术的进步和发展，并为其提供了模仿和学习的对象。因而，外资为老挝水泥制造业的发展提供了动力，通过合资办厂，老挝学习对方的生产技术和管理方法，促进本国水泥制造业的发展。

由于水泥制造业的价值链条相对汽车行业比较短，涉及的生产工序比较少，所以比较容易分析。首先，通过进口部分原材料和生产线加工生产符合建筑材料的水泥，不断地融入全球生产网络。尽管水泥制造业的工序比较短，但老挝通过引进外资的手段参与全球化生产过程。其次，老挝是在利用外资的过程中不断学习逐渐形成自己的本土化企业。图 10.3 刻画了老挝水泥制造业的发展过程。最后，老挝的水泥制造业目前尚处于初级发展阶段，即逐渐利用外资发展阶段，还没有进入创新发展阶段。尽管如此，也说明了全球生产网络为老挝经济的发展带来了新的机遇，为加强国内经济繁荣提供了支持。

10.3 柬埔寨制衣业案例分析

10.3.1 背景介绍

柬埔寨制衣业在整个东南亚比较发达。柬埔寨从事着国际服装品牌的生产加工，属于典型的贴牌生产、代工企业。下面将列举调研过程中三类制衣企业，分别是美资、中资和本土。

美国富利田(柬埔寨)制衣有限公司，已更名为柏利，成立于 1998 年，在 2005 年开办新厂，在柬埔寨是集生产、加工、贸易于一体的现代化独资服装企业。公司主要生产外贸类服装，以针织服装、童装、休闲服装、睡衣、运动服装等为主，公司有近 20 年的服装生产、加工、出口经验，秉承专业化与多元化的发展思路，技术力量在同类型企业中较为雄厚，在国际服务贸易市场上有一批较为稳定的客户。现有员工 1400 余人，缝纫机车 1100 余台，每个月平均生产达 60 万件以上，以出口到欧美国家主，现已逐渐成长为一家有规模、高品质的服装加工工厂。柏利凭借多年出口订单管理的经验和专业精神，为客户提供相应的款式和规格，并根据客户需求打版起样。公司每年的产值在 5000 万美金以上，发展良好。

中资企业为柬埔寨峰亿轻纺有限公司，简称峰亿，位于 Kandal 省，是中国福建峰亿有限公司投资的全资子公司。峰亿公司成立于 2011 年，投资规模为 800 万美元，占地面积 3 公顷。该公司主要生产经营成衣制造，负责承接中国母公司中低档的产品订单，进而再出口欧美。截至 2015 年，峰亿公司拥有 35 条现代化的生产线，年产成衣规模在 1000

多万件，年产值达3500万美元。

柬埔寨本国的制衣企业规模都比较小，以新枫景制衣企业为例，位于金边，拥有18条生产线，主要承接中国、日本及欧美国家的订单，生产衬衣、牛仔裤、童装等，年生产量为1500万件，加工生产的产品以出口海外为主，年均产值在2500万美元左右。

10.3.2　案例分析

柬埔寨制衣业和制鞋业的原材料来自中国、日本、韩国等亚洲国家。作为柬埔寨的主导产业之一，服装产业产值在柬埔寨GDP中占重要比重。在柬埔寨的全部出口产品中，服装占80%，但柬埔寨的制衣业依旧停留在初级阶段，大部分工厂只是简单的粗加工，而且大部分制衣厂均控制在日本、韩国、中国的投资者手中。从产业链来看，柬埔寨制衣行业与全球生产网络的分工形式是吻合的，原材料从海外进口，代工生产客户的产品，体现了柬埔寨是服装加工的集散地。

从价值链的角度来看，柬埔寨制衣业当前仍处于全球价值链的低端位置。目前，柬埔寨服装厂已经能够使用水洗、钉珠、扎染、绣花等工艺，但当前还不具备染整能力。通过简单的代工生产并没有提升其生产工序，设计、研发与品牌销售依然掌握在发达国家手中。国际知名品牌POLO、阿迪达斯等均在柬埔寨制衣企业代工生产。由于当前欧洲、北美等地市场对东南亚部分国家劳动密集型产品如服装、鞋帽等实施零关税政策，为此吸引了不少中国企业在此投资建厂，峰亿企业便是基于此种背景而设立。柏利进军柬埔寨的时间比较早，其研发设计部门也设在柬埔寨，承担着产品研发的功能。

在由跨国大买家构建并主导的GVC体系中，柬埔寨制衣业的代工企业在全球价值链中处于微利化、被俘获的境地，没有拥有核心的技术和自主品牌，只能获得少部分利益。受到来自位于GVC高端的跨国大买家的压制与盘剥，柬埔寨制衣代工企业最多只能实现较为低级的工艺升级和产品升级。虽然柬埔寨制衣业参与全球生产网络，但是由于整体规模小，能力弱，对跨国公司依赖性较强，代工企业处于被动地位，与网络成员之间的关系不甚紧密。尽管柬埔寨本土企业规模小，利润低，不具备探索学习的能力，但是全球价值链下的知识溢出可以为代工企业提供学习技术的机会，可以将企业的人力、物力资源放在利用性学习上。因此，参与全球生产分工能够为柬埔寨制衣业提供不同的学习资源，针对这些独特资源，代工企业可以采取不同的学习方式进行吸收和开发，提高相应的技术能力。

从表面上看，柬埔寨制衣行业比较繁荣，全国拥有大规模以上的制衣企业达500家以上，但是80%以上是外商直接投资的企业，本土企业发展比较薄弱，升级发展速度比较慢。从柬埔寨制衣业的发展历程来看，当前仍位于“微笑曲线”的底端，依赖廉价的劳动力从事简单的国际代工生产。为此，未来柬埔寨制衣企业可以学习外资企业的技术溢出来提高本国制衣生产工序水平，通过探索式与利用式学习提高自身的吸收能力，从而增加产品附加值，逐步实现价值链的攀升。

10.4　小结

本章通过案例分析了泰国汽车制造业、老挝水泥制造业和柬埔寨制衣业，基本可以得到以下几点共识，如表 10.1 所示。

表 10.1 **澜湄流域三国制造业嵌入全球生产网络特征分析**

澜湄流域国家制造业	学习效应	创新效应	产业	对策
泰国汽车制造业	√	√	升级	借助产业政策、突破关键技术
老挝水泥制造业	√	×	部分升级	培育创新能力
柬埔寨制衣业	×	×	代工生产	加强学习意识

首先，三个案例反映了澜湄流域国家制造业嵌入全球生产网络的特点，从整体上刻画了澜湄流域制造业发展的特征。其次，澜湄流域国家之间存在着地区的异质性，各国的制造业发展程度不一样。再次，选择的三种类型制造业具有代表性，其中汽车制造业是技术密集型，水泥制造业是资本密集型，制衣业是劳动密集型。最后，三种制造业均参与了全球生产网络的分工，只是三种制造业参与的程度存在差异，升级发展的过程不一样。

泰国汽车制造业不仅学习了日本、韩国及德国的生产技术，而且也有初始研发投入，嵌入全球生产网络的程度比较深，未来，政府可以通过一列产业政策促使发达国家放开技术保护。老挝水泥制造业已经通过学习外资企业的技术，实现了产品的升级，未来可以通过研发投入进一步提升产品生产效率。尽管柬埔寨制衣业参与了全球化分工，但是仍处于全球价值链的低端位置，生产创造的附加值非常低。然而，该国拥有大量的外资企业，为此本土企业可以学习外资企业的技术溢出，以提升制衣业的生产工序，从而提升其技术水平。

综上，以上案例较为明显地分析了澜湄三国当前制造业所处的现状及其嵌入全球生产网络的特点、升级发展的趋势。同时也佐证了第九章系统动力学建立的因果关系，企业的发展带动产业集聚、溢出—学习效应、创新效应、企业家精神和企业文化都能够促进产业的升级。

第 11 章　中国视角下澜湄流域国家制造业嵌入全球生产网络的升级路径分析

澜湄流域因自身存在产业链条短和产业链条不完整等问题，嵌入全球生产网络的水平和质量都不尽如人意。在前面章节，通过增加值贸易及贸易网络刻画了澜湄流域参与全球分工的特征及贸易利得，尽管参与分工的水平在提升，但是仍存在被边缘化的风险。通过全球价值链理论测算的生产阶段数、平均传递步长及出口技术含量，反映了澜湄流域嵌入全球生产网络的程度较低，仍从事较为低端的生产环节。继而，根据技术溢出理论与创新理论，从微观视角架构该地区制造业升级发展的机制并进行了模拟仿真。因此，基于对澜湄流域嵌入全球生产网络的现状分析、理论测度和升级机理研究，需要明确升级发展的相关路径。

随着产业链条不断深化，发展中国家迫切需要加强合作。通过顶层设计与战略谋划，促进政策对接。通过沟通与交流机制，增强政治互信，加强部门对话，从而形成区域间战略协同效应。因此战略融合是根本路径，是产业合作的前提，产业合作通过利用彼此间生产要素禀赋的不同来促进贸易和投资。通过发挥各方比较优势，弥补不足，减少竞争，促进互补，实现产业综合竞争力的提高，共同提升全球价值链地位。传统融入路径，加强贸易投资合作；创新联动路径，切实保障要素流动；而园区融合路径，则通过搭建平台的方式，通过生产要素聚集性转移，有效支撑产业发展。本章首先梳理中国与澜湄流域其他国家产业合作的传统路径，然后结合调研与实证分析重点探讨创新路径和平台联动路径。

11.1　依托中国的澜湄流域传统发展路径

11.1.1　基于资源禀赋优势的贸易投资路径

老挝、柬埔寨和缅甸三国矿产资源、能源资源、林业资源和土地资源较为优越，主要依靠出口资源密集型初级加工产品参与全球生产分工，处于价值链的低端。基于此，中国充分发挥区位优势，逐步加大对周边国家能源和金属资源的进口力度，减少国内对原材料和初级加工产品的生产和开发，加快产业结构转型。同时，在能源领域发挥中资企业的前端优势，将合作范围拓展到能源产业上游，如资源勘探开发与合作。在农业领域，发挥农业生产、种植、管理比较优势和云南省区位优势，加强在农业研发、技术、人才、设备等领域的合作，打造集农业生产、加工、销售、物流、金融服务、科技创新和品牌研发于一体的农业综合体，延长农业价值链。未来在传统的贸易与投资合作基础上，中国和澜湄流域其他国家立足彼此优势和资源禀赋，打造农业全产业链，提质增效，战略升级，组建一批国际食品加工基地、国际农产品物流配送中心、农作物技术研发基地等，提升农产品加工业的附加值，从而实现战略升级。

11.1.2 基于成本优势和市场导向的产业投资路径

由前述分析可知，泰国、越南的资本或技术密集型产业接近次中心子群，具有比较优势，柬埔寨、缅甸和老挝则处于外围子群。故而，目前中国劳动密集型产业优先向老柬缅三国转移。具体而言，随着老柬缅三国基础设施投资力度的持续加大，以及中国海外经贸合作区基础设施的不断完善，中国与老柬缅三国在农产品深加工、服装纺织、轻工制造、电子信息等劳动密集型领域已经开展大量的产能合作。

泰国和越南因具备一定的技术发展优势，可以和中国进行更高层级的产业合作。对此，中国东部企业和具有地理临近优势的云南企业可将自身高技术产业与泰国、越南两国合作，对具有高附加值的产业链中上游环节进行共同设计与研发，实现对高附加值产品生产工序的布局与扩张。具体而言，中国云南省具有发展化工制造的优势，可以加强与泰国和越南两国在该领域的产能合作。对于中国云南不具有优势且需要大力发展的产业，对内应加快承接东部装备制造产业转移，培育自身装备制造产能，壮大高端装备制造发展；对外联合中国东部地区加强与泰国和越南两国在高端装备制造领域的人才交流合作，建立技术密集型产品集中生产区，共同提升全球价值链分工地位。另外，越南在劳动力和资源等领域具有禀赋优势，可以建立以纺织业为主的优质产业链，建立矿产资源和化工产品精深加工基地，以及在具有较大市场需求的行业领域内加强产能合作。通过多领域、多层次合作，从而持续嵌入全球生产网络，实现产业升级发展。

11.1.3 基于中国产业竞争力培育的园区路径

中国是澜湄流域重要的组成部分，产业发展面临的一大困境是传统优势产能转型升级缓慢，新优势产能培育进程缓慢，发展外向型优势产能受阻。因此，通过吸引承接东部地区优势新产能，打造配套完善的专业性园区，实现专业性园区“从无到有”并发展壮大。当前，众多园区正在致力于提升中国辐射周边国家的能力，打造制造业辐射中心。具体来看：

针对信息产业，重点依托云南省滇中新区、昆明空港经济区、蒙自经济技术开发区、红河综合保税区、河口进出口加工园区、瑞丽开发开放试验区、砚山产业转移承接示范基地等作为信息产业的承接基地，积极承接国内外电子信息制造业转移。同时，重点发展信息技术、计算机、通信设备、智能终端、智能家电及可穿戴设备等新兴产业，实现对内输出智能终端、智能家电等，对外输出澜湄国家急需的通信设备等。

针对新材料产业，主动承接东部沿海新材料产业转移，形成以昆明为核心的稀贵金属、锗和光电子产业集群，以滇中产业新区为中心的铜铝钛产业集群，以红河个旧为中心的锡产业集群，以滇西片区为重点的硅产业集群，以曲靖为核心的液态金属产业承接。重点打造以昆明安宁工业园和楚雄禄丰工业园为主的云南省新材料产业承接园。通过专业性园区建设，培育自身完整的新材料产业链。

针对装备制造业，充分利用云南省航空、电子等行业的人才储备，以能源汽车及零部件、摩托汽配、农业机械、矿产设备为重点，引进优质资本和先进技术，加快企业兼并重组，发展壮大装备制造业。同时，依托通用航空以及航天产业基地建设，承接航空重点装备制造业转移，着力发展汽车装备制造业，承接机械及零部件、精密数控装备及功能部件、电子元器件和电子信息产品等为重点的产业转移。通过承接产业转移，完善装备制造业产业链。

针对农产品，柬缅老三国较多地区的农业生产仍然沿袭原生态种植，农业现代科技与设备使用普及率低，农产品附加值较低。在澜湄流域合作新机制下，中国应发挥农业生产、种植、管理及深加工方面的比较优势，加强研发、技术、人才和设备领域合作。目前，中国和澜湄流域其他国家各类农业合作示范园建设正蓬勃开展，鼓励和引导国内农产品加工企业参与合作，提升澜湄流域国家的农产品加工、储存、运输能力，实现农产品加工高附加值攀升。

综上来看，以上三个主要路径均是基于比较优势及比较优势动态化的区域产业合作路径，在今后较长时期内仍将发挥作用。但是，基于资源禀赋、寻求低成本、扩大市场规模的产业合作，更多作用在融合发展方面，在联动升级方面的作用相对有限。以下，将从联动发展和升级的角度，深入讨论如何创新产业融合联动发展路径，促进澜湄流域国家制造业升级发展。

11.2　依托中国的澜湄流域创新联动发展路径

11.2.1　能源电力领域：多国利益共享、合作联动路径

缅甸蕴藏着丰富的能源资源和水利资源，这两大领域都与中国需求直接相关，同时也是缅方亟需大力发展的领域。长期以来，中国在缅开展能源投资和水电投资具有项目规模巨大、投资风险高两大突出特点，且投资模式多以国有企业对外投资为主，容易让缅方以为中国实施海外扩张，掠夺其资源。因此，中资企业对缅开展能源和水电投资，必须要变革、创新商业模式，整合西方国家资源，采取以中国投资为主的多国合作投资模式，切实让缅甸人民共享中国高速发展的成果、搭乘中国高速发展的快车，实现中缅互利共赢，联动发展。以下将具体分析能源电力领域两类路径创新。

11.2.2　中方在缅已有项目的成功投资模式——以中缅油气管道为例

(1)中缅油气管道项目概况

中缅油气管道项目包括中缅天然气管道干线建设和中缅原油管道建设。天然气管道和原油管道均起于缅甸西海岸的皎漂市，从中国云南瑞丽 58 号界碑进入我国境内。项目总投资 40 亿美元，输气 40 亿方，输油 1300 万吨。其中，天然气管道干线全长 2520 千米，缅甸段 793 千米，中国国内段 1727 千米，年输天然气 120 亿立方米；原油管道设计年输量 2200 万吨；油气管道是我国西南方的能源进口战略通道，全长 7676 千米。

从项目运作模式来看，中缅原油管道所属的东南亚原油管道有限公司，中国石油股比为 50.9%，缅甸油气公司股比为 49.1%。中缅天然气管道所属的东南亚天然气管道有限

公司，中国石油股比为50.9%，大宇国际集团股比为25.041%，印度石油海外公司股比为8.347%，缅甸油气公司股比为7.365%，韩国燃气公司股比为4.1735%，印度燃气公司股比为4.1735%。项目由多个国家共同控股，规避政治风险，同时利益惠及各国。观察西方国家国际石油公司的股权构成，可以发现大多成功的国际石油公司也是实行多国控股，寻求国际多国利益共享。

此外，中缅油气管道项目还注重公益项目援助，履行在缅社会责任，赢得缅甸民心。2011—2012年度共进行27个援助项目，包括援建缅甸卫生部的19所医疗分站项目，援建缅甸教育部的8所学校。截至2012年9月，8所学校和19所医疗分站全部完工，并完成验收与付款工作，会同能源部与当地政府进行了交接，投入使用。截至2015年底，中缅油气管道已完成在缅公益援助项目118项，零星捐赠41项，投资总计近2300万美元。同时，实施公开透明的社会公益项目运行机制，并成立相应的社会公益项目工作委员会。公益项目的选定、招投标，最终确定中标人到竣工验收，最后交付地方政府，均由该委员会共同参与，共同决定。从社会公益项目的运作流程上确保了每一个公益项目。

(2)中缅管道项目创新路径总结

多国合作投资开发模式。一是采取多国股权结构以规避政治风险，多国控股寻求国际利益共享，避免中方主导投资一家独大，风险大，争议多，又可实现少量投资换取巨额工程承包合同。如中缅天然气管道所属方东南亚天然气管道有限公司，由中、韩、印、缅四国六家公司共同控股，有效避免天然气管道涉及国家发生争议，同时利益惠及各国。二是要施行公开透明的公益项目以赢得民心，如援建医疗站、学校、校舍等切实惠及民生的公益项目，用小资金撬动大公益，使投资项目更得民心。同时，成品油进口到中国云南后，延续发展“两种资源、两个市场”有机融合联动。2018年4月，云南石化成品油(进口原油加工产品)首次出口缅甸，即云南石化通过进口原油，实现加工原油、成品油出口，其中高标号企业占汽油销售总量的30%，且成功开拓周边国家市场。截至2018年底，累计出口缅甸成品油超过1万吨，出口老挝64吨成品油，实现中国成品油首次出口老挝，实现两种资源、两个市场的联动发展。这种两头在外的原油发展模式能切实促进能源领域的产业融合，促进能源多边市场的联动发展，并表现出强劲的发展态势。

11.2.3 中方在缅未来可采取的项目投资模式——以西方在缅耶德纳项目为例

(1)耶德纳项目概况

耶德纳项目包括上游勘探开发和下游管道建设两大主体工作，卖方为道达尔缅甸勘探开发公司和缅甸油气公司，买方为泰国石油公司。

首先，整个项目的商务运作模式为上游勘探开发采取联合体，下游管道建设采取合资公司。买卖双方签订《框架协议(MOU)》，约定好卖方为道达尔缅甸勘探开发公司和缅甸油气公司；买方为泰国石油公司；合作方为泰国石油公司(并约定泰国石油公司可以拥有最多30%的权益)和其他外国公司；税和折扣按相关规定执行，前三年免所得税，后20年按照当地税率的30%征收，折旧按照25%计；项目期限为20年加15年。

其次，上游勘探开发阶段，联合体内部签订一系列协议，包括《产品分成合同

(PSC)》《生产运行协议(POA)》《出口气销售协议(EGSA)》《国内气销售协议(DGSA)》；下游管道建设阶段各实体公司签订如下协议：《管道参与及运行协议(GPPOA)》《出口气运输协议(EGTA)》《国内气运输协议(DGTA)》。政府方签订《权利与义务协议(PRA)》，通过提供设备、供给和人员，包括但不限于提供或以其他方式帮助获得签证、工作许可、运输、安全保卫和承包商所要求的通行权以及地役权，提供业主控制的资源供承包商利用等方式协助和加快承包商实施工作计划。具体约定如下：实体公司的注册与运作；银行安排包括境外账户、境内账户、外汇兑换、承包商的境外支付；报酬、协助和生产定金；税赋和折旧：3 年免税，其后所得税率为 30%，资产折旧率为 12.5%，股东红利免税；特许权利：赁权、便利、执照或通行权；法律稳定性：法律变更股东利益不受损；项目期限：30 年。此外，道达尔公司也开展社会经济援助项目，1999—2017 年，该项目投入逐年增加，助力投资项目获得民众支持(见图 11.1)。

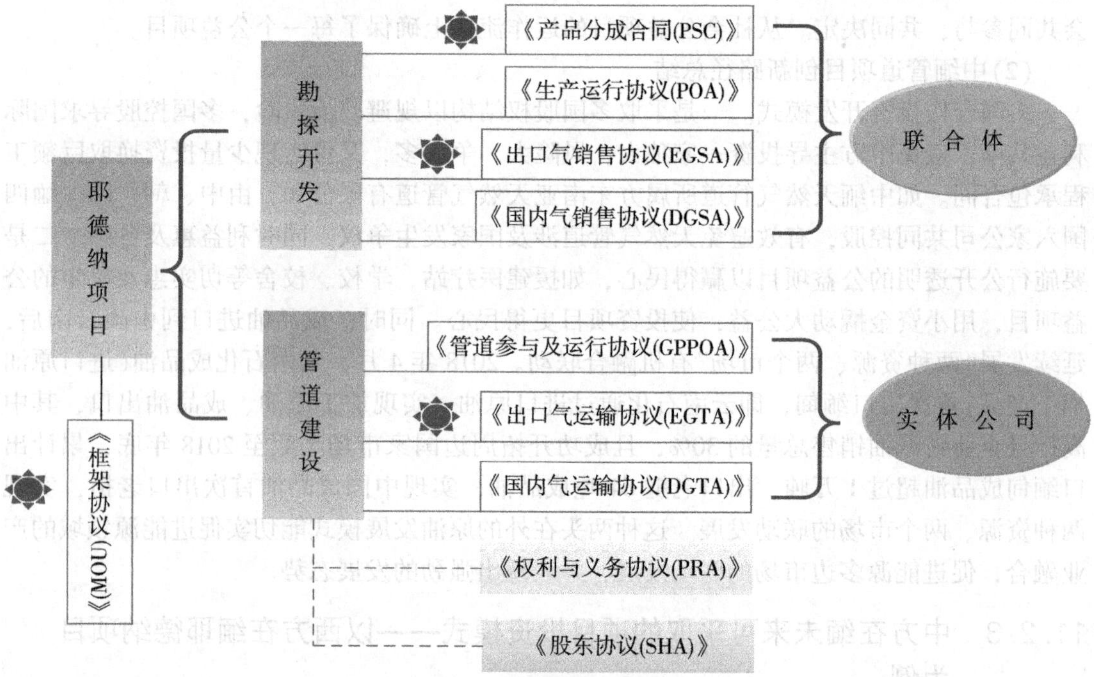

图 11.1　耶德纳项目运作

(2)耶德纳项目创新联动开发路径总结

多主体联动开发风险共担模式，即上游勘探开发以联合体方式进行，下游管道建设按照合资公司进行。在此模式下，合约是基础保证，将当地政府、股东、运营商等多主体捆绑，联动开发。其中，承包商、供货商、服务商(道达尔)依据《国内气运输协议》《出口气运输协议》《生产运行协议》、EPC 合同、订货合同、运行承包合同等相关约定作为；股东(道达尔、泰国石油)行为受《股东协议》《产品分成合同》《管道参与建设及运行协议》《出口气销售协议》《国内气运输协议》约束；政府行为受《权利与义务协议(PRA)》约束；最为重要的是卖方(道达尔)和买方(泰国石油)要签订《框架协议(MOU)》。

综上，电力和能源是创新联动路径最具效果的领域。多国合作投资开发和多主体联动开发，不仅避免政治风险，实现国际多国利益共享，而且可用少量投资换取巨额工程承包合同。同时，项目周期中渗透公益项目，通过小资金撬动大公益。公益事业透明，让当地民众切实享受到公益项目带来的好处，使投资项目更易获得民众的支持。最后，利用商业项目运作思路投资开发，各流程环节签订相应的协议，依协议行事，有合约做保证，有合约做约束，有利于促进项目的顺利开展。通过规范化的外资企业与本地企业合作，推动了缅甸在能源电力方面的发展，为其他制造业深入参与国际分工提供了可供借鉴的模式。

11.3 依托产业平台及园区融合的澜湄流域发展路径

11.3.1 境外经贸合作区

境外经贸合作区的投资主体通过建设合作区，吸引更多的企业到东道国投资建厂，增加东道国就业和税收，扩大出口创汇，提升技术水平，促进经济共同发展。首先，现有境外经贸合作区的产业融合多是通过高新技术的渗透融合，以宽松管制和优惠贸易协定为保障进行经济技术合作开发。其次，依据东道国丰富的资源和劳动力，基于当地的市场需求发展资源融合和市场融合的相关产业。如高新技术及其相关产业向其他产业渗透、融合，形成新的产业；信息技术产业以及生物和信息技术对传统工业的改造；电子网络技术向传统商业、运输业渗透而产生的电子商务与物流业等。下文以典型境外经贸合作区为案例具体分析园区产业融合路径。

1. 老挝万象赛色塔综合开发区背景介绍

老挝万象赛色塔综合开发区是国家级项目，位于老挝首都万象市主城区东北方赛色塔县和赛塔尼县，占地11.5平方千米，2010年启用，土地使用期为50年，总投资额12800万美元。开发区是中老两国政府共同确定的合作项目，是中国在老挝唯一的国家级境外经贸合作区，已列入中国“一带一路”倡议中的优先推进项目，列入国家发改委《国际产能和装备制造合作重点国别规划》目录中老挝国别重点项目。

园区总体功能定位为“一城四区”，即万象产业生态新城、国际优势富余产能承载区、中老合作开发示范区、万象新城核心区和和谐人居环境宜居区。通过工业园区加新城的开发模式，产城融合，以城市为基础，承载产业空间和发展产业经济，以产业为保障，驱动城市更新和完善服务配套，以达到产业、城市和人之间持续向上发展。园区一期主要发展工业产业，重点是农产品加工、五金建材、机械制造、清洁能源生产、物流商贸以及支持科技创新和中小企业创业。园区二期和三期重点发展商贸和努力建成万象新城。

开发区的发展得到中老两国政府的大力支持。中老两国政府签署的《关于万象赛色塔综合开发区的协定》约定：开发区享受中国政府给予境外经贸合作区在建设、招商和运营方面的相关支持，中国政府将鼓励有关金融机构在符合贷款条件和贷款用途的前提下，对参与开发区建设的企业提供融资支持；开发区享受老挝政府给予的特殊优惠政策。

开发区区位优势明显。老挝同时接壤中国、越南、泰国、缅甸、柬埔寨五国，位于东盟自由贸易区、大湄公河次区域、泛北部湾经济合作区、中国“一带一路”倡议核心区域范围内。开发区毗邻老挝 450 周年大道、13 号国道、扩萨阿路以及泛亚铁路中线段，距离老泰第一友谊大桥仅 10 分钟车程，距瓦岱国际机场 19 千米。

同时，老挝作为联合国认定的最不发达国家成员，享受联合国给予的优惠市场准入和商品贸易优惠等特许权，全球 38 个国家和地区将老挝列为其普惠制的受惠国。中国、韩国给予老挝不同层次的贸易优惠政策。中国给予老挝特殊优惠关税待遇，对 459 种老挝商品免除其进口关税。随着东盟—中国等自贸区的全面建成，老挝作为东盟成员国将享受其他亚太国家给予的优惠关税待遇和贸易优惠政策。老挝作为 WTO 成员方享受其他成员国给予的最惠国待遇和国民待遇，有利于企业更好地融入国际市场。

在平台方面，提供全过程“一站式”服务平台，为投资者从项目前期考察到项目落地、建设、运营全过程提供全方位的服务。金融帮扶平台为入园企业的融资、保险提供帮扶。中小企业创业扶持平台为中小企业特别是高新技术和科技型企业创业提供一揽子的扶持政策。专业外贸物流平台为入园企业提供物资的进出口物流和通关服务。人才培养平台引入中外高校，打造人才培养基地，为入驻企业定向进行各类人才的培养。

2. 老挝万象赛色塔综合开发产业发展模式分析

老挝万象赛色塔综合开发区产业融合的主要驱动力包括优越的区位、国际经贸优势、低廉的工业生产成本和劳动力成本、投资优惠政策，双边政策的大力支持更是为开发区的发展保驾护航。赛色塔综合开发区不仅地理位置优越，还具有强劲的国际经贸优势，享受了一系列“最惠国待遇”，包括联合国市场准入和商品贸易等特许权、免关税和无配额限制进入欧盟市场、亚太国家给予优惠关税待遇和贸易优惠政策等，以开发区作为中转站，帮助企业更好地融入国际市场。便宜的生产要素成本也是驱动企业入园的因素之一。进入赛色塔园区的企业，工业用水价格约为 0.22 美元/立方米，工业用电价格约为 0.09 美元/度。劳动力成本低廉，一般公司员工工资约 200 美元/月，政府规定的最低工资标准约为 80 美元/月。

在土地政策方面，开发区拥有老挝政府和中国政府对项目开发要求的全部法定手续，土地使用权限为 70 年，到期后可延长至 99 年，土地使用权可转让或者租赁。在生产税政策方面，生产类企业享受免缴利润税 5～10 年，免税期满后按 5%缴纳；商贸类企业享受免缴利润税 2～5 年，免税期满后按 5%缴纳；服务类企业享受免缴利润税 2～10 年，免税期满后按 5%缴纳。在关税政策方面，用于开发区内基础设施建设、厂房和房屋建设等所需机械设备、建筑材料、零配件等免缴进口关税；入园企业用于生产、经营、办公等所需的机械及配套装备、办公用品等免缴进口关税；进口原材料或半成品用于加工制造出口的免缴进口关税；进口老挝没有的原材料或半成品进行加工生产，并获准在老挝境内出售的免缴进口关税；从开发区出口的一切商品，免缴出口税。另外，中老两国政府签署的《关于万象赛色塔综合开发区的协定》为开发区的建设发展提供了极为便利的政策支持。

园区发展定位方面，赛色塔综合开发区的定位为“一城四区”，以工业园区加新城的开发模式实现产城融合。伴随老挝经济发展和老中铁路老挝段的开通，赛色塔园区将老中铁路公司引入，形成完整的产业链，向综合服务商转型。已经有来自中国、泰国、奥地利、日本、意大利等国家或地区49家企业入驻。由于同中国深圳招商局合作，该园区逐步向综合服务区迈进，与中国一起推进更高层级的合作。

11.3.2 跨境经济合作区

中国的独特地理位置决定了在经济发展中跨境经济合作区的关键位置。当前中国已经和缅甸、越南、老挝发展友好的跨境经济合作区，加之中国—东盟自贸区全面建成，澜湄流域经济发展带建设不断深入，为中缅、中越、中老边境地区合作提供了难得的历史机遇。中越河口老街跨境合作区、中缅瑞丽木姐跨境合作区的产业融合主要以产业重组为主，更多地表现为以信息技术为纽带、产业链的上下游重组融合。融合后的产业组织表现出数字化和网络化的发展趋势，信息类电子产品出口大增。这类融合通过赋予原有产业新的附加功能和更强的竞争力，形成融合型的产业新体系，从而更深入地融入全球生产分工体系。

1. 中越河口—老街跨境经济合作区产业发展分析

(1)中越河口—老街跨境经济合作区背景介绍

中越河口—老街跨境经济合作区是中国云南省最先启动建设的跨境经济合作区，是当前云南省配套设施最完善、条件最成熟的跨境经济合作区。园区实行"两国一区、境内关外、自由贸易、市场运作、协调管理"的管理模式，并根据发展需要有序推进、逐步拓展实施范围。中越双方将充分利用两个市场、两种资源，优化投资环境，积极承接产业转移，构建以商贸物流和生物资源加工、橡胶加工、机电装配、建材、轻纺等进出口加工产业为主导，跨境旅游、商务会展、金融保险等产业共同发展的特色鲜明、竞争力强的外向型产业体系。

2010年6月8日，中国云南省政府与越南老街省人民委员会正式签署《关于进一步推进中国河口—越南老街跨境经济合作区建设的框架协议》。协定跨境经济合作区第一阶段核心区域将大力发展现代物流、国际会展、进出口保税加工、金融保险服务、宾馆餐饮等产业。第二阶段以我国河口口岸北山片区和红河工业园区、越南老街口岸经济区、腾龙工业区、贵沙矿区作为跨境经济合作区的扩展区域，重点发展能源合作和矿产资源合作、技术资源合作、农林产品加工合作和加工贸易合作，使扩展区发展成为出口加工基地，为边境贸易的发展提供产业基础。

(2)中越河口—老街跨境经济合作区产业发展分析

中越河口—老街跨境经济合作区是以知识扩散为主线形成的双向产业联动及横向产业联动发展路径。由澜湄流域国家技术密集型制造业在全球生产网络中的嵌入程度分析可知，越南和中国的云南省均嵌入接近次中心子群，说明越南和中国云南省具备一定的技术发展优势，可以对高附加值产业链中上游环节进行共同设计与研发，实现对高附加值产品生产工序的布局与扩张。

合作区加入各类产业园之后，不仅为园区的各类产业带来了大量资金支持，而且更多的科学人员投入和技术支持为经济合作区产业融合联动、深入发展提供了智力支持。先前单纯的电子产品生产，价值水平不高，产业链条较短，发展空间有限，而在河口跨境经合区中，各种电子设备技术的交融渗透，最终促生新的价值活动，创造新的科学技术。2018 年 12 月，云南惠科(河口)电子信息产业园区开园，重点打造电子感应器、线材、液晶显示屏等电子产品，应对澜湄国家市场需求。越来越多电子信息产业园的加入，使得中越河口—老街跨境经合区在研发创新电子产品方面不断取得更大的突破。

2. 中缅瑞丽—木姐跨境经济合作区产业发展分析

(1)中缅瑞丽—木姐跨境经济合作区背景介绍

德宏州地处中国西南边陲，与缅甸接壤，是中国通向东南亚、南亚的重要门户，在促进区域性国际合作中具有特殊的地位和作用。中缅瑞丽—木姐跨境经济合作区是集出口加工装配、进口资源加工、仓储物流、金融服务创新、服务贸易和边境事务合作功能为一体的综合型跨境经济合作区。

2012 年 7 月，国务院批准《云南瑞丽重点开发开放试验区建设实施方案》，标志着瑞丽试验区的建设正式上升为国家战略。从“一带一路”倡议中的地位和作用出发，德宏州提出建设中缅边合区的思路和定位。主动服务和融入“一带一路”倡议，围绕云南发展“三个新定位”，紧扣开发、开放两大主题，突出通道枢纽、产业基地、交流平台三大功能，努力把中缅边合区建设成为“一带一路”倡议的重要一环、面向南亚东南亚辐射中心的关键节点、孟中印缅经济走廊建设的先行区。

(2)中缅瑞丽—木姐跨境经济合作区产业发展模式分析

在中缅瑞丽—木姐跨境经济合作区的产业融合联动中，德宏州具有无可替代的区位优势。合作区结合两国矿产资源、土地资源优越条件以及成熟的边境口岸，加之瑞丽的技术引领为合作区产业融合联动发展起到助力作用。另外，瑞丽在活性生物酶、物联网技术、物流业方面都起到了很好的技术引领功能。依托云南的区位优势，一种新型物流方式——“宏星好运”跨境物流平台也在瑞丽落地，这个信息平台将供应商、卖家、消费者聚合在一起，提供一站式供应链管理和相关配套服务。

对于在瑞丽—木姐跨境经济合作区的出口加工装配、进口资源加工、装备制造业和智能制造业等具有高附加值的产业链中上游环节，可以进行共同设计与研发，实现对高附加值产品生产工序的布局与扩张，满足新的市场需求。

3. 中老磨憨—磨丁跨境经济合作区产业发展分析

(1)中老磨憨—磨丁跨境经济合作区背景介绍

磨憨位于中国云南省最南端，在西双版纳的东南部，与老挝磨丁口岸接壤，是中国通向老挝唯一的国家级口岸和通往东南亚最便捷的陆路通道。2010 年 9 月 6 日，中国西双版纳磨憨经济开发区管理委员会与老挝磨丁经济特区管理委员会在老挝磨丁正式签订了《中国磨憨—老挝磨丁跨境经济合作区框架性协议》。根据协议，中老磨憨—磨丁跨境经济合作区的范围被确定为核心区和支撑区两个部分。中方核心区为国家已批准的磨憨边境经济贸易区，周边支撑区为西双版纳地域范围；老方以磨丁黄金城经济特区为核心区，周边支撑区为南塔省。合作区由口岸旅游贸易区、仓储物流区、保税区、替代产业加工区和综合服务区五个部分组成。

(2)中老磨憨—磨丁跨境经济合作区产业发展模式分析

中老磨憨—磨丁跨境经济合作区在产业融合联动的发展方式上采取“点、线、带”的经济发展方式，重点发展产业合作，利用产业发展存在的层次梯度和互补性有利条件，选择双方优势产业互补合作。通过“点”，发展到“线”，然后从“线”扩展到交界的整个“带”，通过产业辐射效应全面推动边缘交界地带的经济发展，从而成为双边经贸合作的先驱。同时，通过这一合作平台，吸引人流、物流、资金流、技术流、信息流等各种生产要素在此聚集，进而带动边境地区经济发展，再通过辐射效应带动周边区域发展。产业布局为贸易、物流、食品加工、机电装配、汽摩装配、现代服务业等。

11.4 小结

澜湄流域参与全球生产分工，推进产业升级发展已成为当前较为紧迫的现实问题。基于中国视角分析中国与澜湄流域其他国家的项目合作，不仅从宏观国家、中观产业，而且从微观企业层面探讨了澜湄流域国家产业发展的路径。其一，传统融入路径和创新联动路径，可以切实保障要素流动。其二，园区融合可以促进生产要素聚集性转移，能够有效支撑产业发展。具体来看，鼓励澜湄流域各国发挥各自的比较优势，与外资企业一起加强基础设施、工程机械、电力、建材、通信等领域的合作，尤其是水利设施建设等产能合作。中国拥有性价比高的水利电力装备和工程建设力量，适合湄公河国家的需求。充分落实澜湄流域“领导人引领、全方位覆盖、各部门参与”的方针，形成指导区域产业高质量发展的合作机制，推动区域内生产要素快速、高效流动，确保贸易和投资制度化进程，以园区融合等形式为区域经济可持续增长注入强劲动力。澜湄流域国家实现产业升级，可以通过以下抓手：

缅甸以《中缅原油管道运输协议》《“一带一路”交通运输领域合作谅解备忘录》《中缅经济走廊建设谅解备忘录》等政策性文件为指导，加快推进中缅两国基础设施互联互通建设，尤其是推进中缅“人字形”经济走廊建设。《缅甸新经济战略》旨在实现农业与工业均衡发展、发展基础设施与建设数字政府、强化市场导向与扩大外商投资、提升对东盟及国际发展经验的借鉴等内容。

老挝以抓住中老两国工业化错位发展机遇，以两国战略合作为指导，推进双方依托工业化发展阶段的资金、技术和人才的更深层次合作，实现中国对老挝中高端价值链产品的集中输出，达成双方工业化发展共赢目标。

柬埔寨以“四角战略”与中国“一带一路”倡议对接为契机，进一步扩大落实中柬合作。一方面狠抓项目落实，在细节之处严把关，将项目做成柬国内相关行业的标准和示范；另一方面，抓住柬各行业发展的时机，引进中国技术、经验，为参与全球生产打下坚实基础。

越南在投资合作和开放合作下推进越南—中国跨境经济合作区建设，在澜湄流域合作机制下加强中越多领域合作交流。中越双方在双边贸易、农业、工业、旅游业、资源开发与加工、电力合作、基础设施建设、贸易自由化和流通便利化建设、环境保护和生态建设等领域重点合作。通过中越多领域、全方位合作，从而进一步参与全球分工。

泰国应在国家战略、国家发展规划和政府政策等方面沟通交流，进一步发挥区位、投资环境和投资政策等方面优势，推动泰国东部经济走廊建设与中国"一带一路"倡议深层次对接。利用"泰国 4.0"经济战略加快泰国经济转型升级，推进泰国与中国在高科技产业领域的务实合作、泰国与世界的互联互通，进而推动泰国高质量发展与全球价值链跃升。

第12章 结论与政策建议

相较于产业间和产业内的分工，全球产品内的分工形式使得参与国家或企业只需要具备生产某一产品某一工序的技术、资本或劳动比较优势，这一特征扩大了全球生产网络的参与规模，增加了全球国家尤其是发展中国家的获利机会。本书通过计算出口国内增加值、生产阶段数和出口技术含量等指标分析澜湄流域国家制造业嵌入全球生产网络的现状，继而提出升级发展问题。然后，在企业发展、溢出—学习效应、创新效应等理论的基础上，采用系统动力学的方法对该地区制造业升级发展的相关问题进行研究，得出一些结论，从而为该地区甚至是其他落后地区产业发展提供一些可供借鉴的参考依据。

12.1 研究结论

本书的研究结论主要包括以下几点：

(1)通过 TiVA 数据分别从整体和行业类别的角度分析越南、泰国和柬埔寨三国制造业的贸易增加值情况，发现澜湄流域这三个国家制造业的贸易附加值呈现先递增后下降的趋势，表明该地区这三个国家早期参与全球化分工的程度较低，之后逐渐参与，但是国内增加值(自主创造的价值)低于国外增加值，制造业出口贸易利得的水平较低。通过与亚洲其他国家或地区比较，包括日本、马来西亚、韩国等，发现澜湄流域国家制造业贸易附加值处于最后一个阶梯，出口国内增加值较低。

(2)由于云南和广西是中国的一部分，尚没有单独统计 TiVA 的数据，为此以垂直专业化理论为基础，分别计算云桂两省区的 GVC 指数。通过投入产出表计算的 GVC 指数与通过海关进口数据计算的 GVC 指数均表明云南和广西当前嵌入全球生产网络的程度较低，2007 年制造业整体 GVC 指数分别是 5.548%和 6.192%，同全国的平均水平 15%存在相当大的差距。从行业门类来看，云南省在纺织服装、通信设备等方面的 GVC 指数较高；广西在石油加工及金属冶炼等方面的 GVC 指数较高。尽管如此，从制造业整体上看云南和广西两省区制造业嵌入全球生产网络的程度依旧不理想。

(3)基于贸易网络的视角发现澜湄流域国家基本融入了区域性生产网络，制造业快速发展。通过细化商品门类，构建以中间产品进口、最终产品出口的四组进出口网络，发现早期“三角贸易”比较明显，尤其是陆上交通工具，并且中日韩三国依然占据着整个东亚生产网络的核心。但是，2014 年以来澜湄流域国家参与了部分生产过程，缅甸、老挝和柬埔寨以劳动密集型制造业为主，泰国和越南以资本或技术型为主。然而，从整体网络来看，澜湄流域国家依然处于东亚的边缘位置，从事简单的生产加工与贸易。

(4)基于世界投入产出表，从理论上测算澜湄流域国家的生产阶段、平均传递步长和出口技术含量，发现澜湄流域国家制造业生产阶段和平均传递步长数呈上升趋势，生产结构复杂度明显增加，其中国际生产分割长度增长幅度较大，国内生产分割长度增长幅度较少，国际和国内外包呈互补关系。说明澜湄流域国家凭借自身资源丰富、劳动力丰富且低廉的优势，承接国际外包，参与国际分工。但是，与中国、日本和韩国相比较，无论是生产阶段数、平均传递步长还是出口技术含量，澜湄流域其他五国制造业嵌入全球生产网络的程度较低，尽管劳动密集型产业表现良好，但是总体水平较低，距离升级发展尚有较长距离。

(5)基于澜湄流域国家制造业嵌入全球生产网络较低的事实，以东西方国家模型为基础揭示欠发达地区企业学习效应的重要性。通过理论模型分析，得到简单地参与全球化分工确实可以提升东方国家的行业生产率，提高国家的福利水平，但是其技术水平并未得到真正的提升，同西方国家之间差距不断拉大。如果东方国家在参与全球化生产的过程中学习西方国家的技术溢出，两国之间技术差距逐渐缩小。总之，欠发达地区只有参与全球生产网络过程，通过发挥学习机制，才能提升一部分技术。

基于动力系统的分析方法，构建澜湄流域知识增长的方程以揭示企业创新效应的重要性。研究发现，自主创新能力与人力资本是企业知识积累与技术进步的关键因素，其效用远大于模仿学习的过程。通过自主创新能力的投入与人力资本的积累，欠发达地区本土企业知识水平有超过外资企业的可能。因此，企业知识技术增长是澜湄流域制造业发展的关键动力。

以上两点为澜湄流域国家制造业嵌入全球生产网络的升级发展提供了理论支持，可以从企业的学习效应和创新效应出发，通过夯实企业自身实力来促进产业的升级发展。

(6)从系统动力学的角度，以溢出学习效应和创新效应为理论基础，根据实地调研的成果，梳理澜湄流域制造业升级发展的因果关系，构建该地区制造业嵌入全球生产网络升级的系统动力学模型，并利用 Vensim PLE 软件对该模型进行模拟仿真和分析。

研究发现，第一，“企业发展—企业集群—产业集聚—产业升级”的路径是合理的，即从微观企业的角度探索澜湄流域国家制造业的升级是可行的。同时该研究的逻辑思路也是可行的。第二，企业发展与产业升级之间存在因果关系，但是二者之间是非线性的数学关系。第三，企业家精神对于员工培训、创造优良的企业文化具有积极的作用，能够带动制造业产业的升级。

(7)通过对泰国汽车制造业、老挝水泥制造业及柬埔寨制衣业进行案例研究，梳理澜湄三国制造业嵌入全球生产网络升级演进的路径。柬埔寨制衣业尽管参与了全球化分工，但是仍处于全球价值链的低端位置，该国本土企业可以学习外资企业的技术溢出以提升技术水平。老挝水泥制造业已经通过学习外资企业的技术实现了产品的升级，可以通过研发投入提升产品生产效率。泰国汽车制造业不仅学习了日本、韩国及德国的生产技术，而且也存在初始研发投入，嵌入全球生产网络的程度比较深。

12.2　政策建议

针对澜湄流域国家制造业当前参与全球化分工的程度较低、处于全球生产网络的低端位置，结合理论和模拟仿真及具体路径，主要从企业、区域和政府三个角度提出相关的政策建议。

1. 企业层面

发挥主观能动性。当前处于国际经济大发展、大变革时期，全球生产网络的分工形式已经成为主流，对于欠发达地区制造业升级发展是一个新机遇。一方面，企业需利用参与全球价值链分工的机遇，学习西方发达国家的技术溢出，相应地提升一部分技术；另一方面，需增强企业创新意识和创新能力，澜湄流域国家制造业的企业创新意识较为薄弱，首先要加强创新意识的"灌输"，其次在其基础上转向自主创新能力的培育，变简单的成本优势为成本和技术优势。

深入推进自主创新，增强国际竞争力。完善企业为主体的产业技术创新机制，促进企业真正成为技术创新决策、研发投入、科研组织和成果转化的主体。鼓励构建以企业为主导、产学研合作的产业技术创新战略联盟，支持企业自主决策、先行投入，开展重大产业关键共性技术、装备和标准的研发攻关。要在自主创新和抢占产业前沿制高点上下功夫，摆脱在传统国际产业分工体系中处于低端环节、低附加值的被动地位。通过掌握相关先进技术并拥有自主知识产权，尽快形成企业的技术和品牌，提高核心竞争力，并以此参与国际、国内市场竞争，开展投资活动。充分发挥自身先进技术和管理优势，争取国际标准制定权，实现技术、市场与产业的有序发展。同时要坚持走规模经济的发展道路，通过兼并重组，形成一批国际、国内市场上的大型企业集团。对于中国云南和广西两省目前优势不突出、技术一时难以突破的高端产业，积极从沿海地区引进承接，从而弥补云南和广西省区的不足，同时更好地促进中国西部省份与澜湄流域其他国家产业融合联动发展。

建立优良的企业文化。澜湄流域国家制造业嵌入全球生产网络升级的基础是企业的发展，从仿真模拟的结果来看，企业家精神在加快该地区升级的过程中起着重要的作用。为此，在企业层面需构建国家良好的企业文化，积极发挥企业领导人的作用，加强领导阶层同员工之间的交流，建立良好的企业精神与企业价值观，从而持续推动企业的发展。另外，创造澜湄流域国家良好的精神环境，构建健康的情感交流机制，引领员工文化消费需求。在员工对精神福利的需求与追求呈现多样化、动态化的新形势下，应不断满足员工多样化的精神需求，积极拓展员工的精神福利，使员工获得持久而满意的心理报酬，得到持续而愉悦的精神慰藉，从而不断优化企业的精神文化要素，激发企业活力。

2. 区域层面

发挥要素集聚。澜湄流域国家制造业嵌入全球生产网络的升级，除了企业自身的努力之外，还可以通过区域层面的要素集聚来推动。首先，利用已有的资本、劳动力等资源，推动要素的区域内流动，发挥聚集效应，鼓励创新。其次，加强区域内企业同科研机构之间的交流与合作，增强制造业发展的动力。最后，通过区域规划吸引更多高端要素集聚，从而带动企业集群，发挥集聚作用，最终实现产业发展。

加强要素流动，促进中国与澜湄流域其他国家更深层次的合作。发挥中国在澜湄流域融合联动发展中的功能作用，充分调动各方资源，保障资本、劳动力等要素在区域内的畅通流动，因此需要加大金融扶持力度，对企业进行融资引导，建立人才培养方案，满足区域发展、企业投资对于资金和专业化人才的需求。以此带动澜湄流域国家制造业发展，持续嵌入全球生产网络，提升全球分工地位。利用好海外融资成本低、效率高的优势，建立和完善海外融资相关政策，加强政策协调、平台搭建，加大中国对澜湄流域各国企业的融资指导。提高人员出入境便利化程度，简化出入境手续。

推动市场深度一体化，加强澜湄流域国家之间的深度合作。结合电力能源与基础设施建设领域的重大项目推进，例如老挝磨丁—万象高速公路、瑞丽—缅甸八莫公路、缅甸南坎—曼德勒高速公路、中老铁路、柬埔寨暹粒机场、柬埔寨洞里萨河内河航运升级改造等一批重点基础设施项目建设，中缅 500 千伏联网项目、仰光省城电网规划建设项目，在澜湄流域国家开展水电、光伏发电、输变电、电网建设改造等重大电力项目合作，支持房建、路桥、市政、安装等工程企业走出去，积极采用 BOT、PPP 等国际通用方式，在推动电力成套设备、工程机械、建材设备等成套企业开拓国际装备市场的同时，将中国的设计咨询、施工建设、运行维护等方面的技术与标准与相应的人才、管理、经营模式进行全方位输出，获得澜湄流域其他国家更多的认同，切实推进相关要素市场的深度一体化，以此改善要素流动割据、成本居高的困境。为此，充分发挥中国市场经济发展与各类要素市场改革经验，推动中国的技术、标准、人才、信息等要素输出，为产业合作奠定发展基础，为澜湄流域其他国家的产业发展以及整个澜湄流域参与全球分工奠定基础。

3. 政府层面

创造环境和鼓励创新。政府要创造有利于集群形成和发展的经济社会环境，间接地参与集群的创建过程，要制定发展规划与政策，提供公共产品，促进市场发展和要素形成，维护竞争秩序，协调投资活动，进行文化建设，鼓励创业创新，等等。更重要的是，要树立开放的想法，抛弃狭隘的地方保护观念，鼓励竞争吸引外资，促进集群的健康发展。

但是，产业集群集聚效应的体现与发挥需要政府的扶持和政策的保证，在有为政府和有效市场双引擎作用下，政府应该以科学发展的理念发挥引领作用，有所为，有所不为，营造产业良好的发展环境，充分发挥政府“看得见的手”的重要作用，通过企业的集聚与市场资源的有效配置，实现产业集群和产业链的延伸，政府要有开放的发展胸怀，通过培植龙头企业，引导区域产业升级，在新型工业化的带领下，发挥产业集群的集聚和示范引领作用，实现“从微观管理企业到宏观管理产业、从微观经营企业到宏观经营城市”的政府职能转变。

创建协同机制。澜湄流域国家制造业的发展，一方面可以利用全球生产网络的机遇发挥学习机制，另一方面通过自主创新能力发挥创造机制，从而达到并实现持续嵌入的目的。因而，政府层面除了创造环境之外，还需要建立协同机制，以政府为核心、企业为纽带，加强政府与企业之间的相互协作，从而发挥协同发展的目的。协同机制更重要的是实现分工协作、功能互补、产业互撑、基础设施共享、统筹规划、利益补偿。通过协同机制进一步促进该地区制造业的升级发展，推动其在全球价值链分工中地位的提升，从而实现价值链的攀升。

附　录

附录 A1

国内增加值计算方法

Koopman(2014)国内增加值出口的方法如下：首先，假设有 G 个国家和 N 个部门，所有产品不但可以用作中间品，也可以用作最终产品被本国和外国消耗。当产品市场出清时，一国生产满足以下条件：

$$x_s = a_{ss}x_s + \sum_{r \neq s}^{G} a_{sr}x_r + y_{ss} + \sum_{r \neq s}^{G} y_{sr},\quad s = 1,\ 2,\ \cdots,\ G \tag{A1\_1}$$

其中，x_s 和 x_r 分别为 s 国和 r 国的总产出，a_{ss} 表示 s 国产品生产过程中所需消耗本国产品；a_{sr} 为 r 国产品生产过程中所需消耗的 s 国产品，也表示 r 国产品对 s 国中间产品的直接消耗系数。y_{ss} 表示 s 国对本国产品的最终需求，y_{sr} 表示 r 国对 s 国产品的最终需求。因此，式(A1_1)的含义为 s 国产出中以中间品形式满足本国和外国生产的部分与 s 国产出中用于满足本国和外国最终需求的部分之和。将(A1_1)式移项，写成矩阵形式如下：

$$\begin{bmatrix} X_1 \\ X_2 \\ \vdots \\ X_G \end{bmatrix} = \begin{bmatrix} I - A_{11} & -A_{12} & \cdots & -A_{1G} \\ -A_{21} & I - A_{22} & \cdots & -A_{2G} \\ \vdots & \vdots & \ddots & \vdots \\ -A_{G1} & -A_{G2} & \cdots & I - A_{GG} \end{bmatrix}^{-1} \begin{bmatrix} \sum_r^G Y_{1r} \\ \sum_r^G Y_{2r} \\ \vdots \\ \sum_r^G Y_{Gr} \end{bmatrix} = \begin{bmatrix} B_{11} & B_{12} & \cdots & B_{1G} \\ B_{21} & B_{22} & \cdots & B_{2G} \\ \cdots & \cdots & \ddots & \cdots \\ B_{G1} & B_{G2} & \cdots & B_{GG} \end{bmatrix} \begin{bmatrix} Y_1 \\ Y_2 \\ \vdots \\ Y_G \end{bmatrix} \tag{A1\_2}$$

将式(A1_2)分解，如下：

$$\begin{bmatrix} X_{11} & X_{12} & \cdots & X_{1G} \\ X_{21} & X_{22} & \cdots & X_{2G} \\ \vdots & \vdots & \ddots & \vdots \\ X_{G1} & X_{G2} & \cdots & X_{GG} \end{bmatrix} = \begin{bmatrix} B_{11} & B_{12} & \cdots & B_{1G} \\ B_{21} & B_{22} & \cdots & B_{2G} \\ \cdots & \cdots & \ddots & \cdots \\ B_{G1} & B_{G2} & \cdots & B_{GG} \end{bmatrix} \begin{bmatrix} Y_{11} & Y_{12} & \cdots & Y_{1G} \\ Y_{21} & Y_{22} & \cdots & Y_{2G} \\ \vdots & \vdots & \ddots & \vdots \\ Y_{G1} & Y_{G2} & \cdots & Y_{GG} \end{bmatrix} \tag{A1\_3}$$

其中，$B = (I - A)^{-1}$，即里昂惕夫逆矩阵或称完全消耗矩阵，其中的系数 B_{sr} 被称为“完全消耗系数”，表示 r 国最终需求多增加 1 单位所需投入的 s 国产出。

定义增加值份额为如下矩阵：

$$\boldsymbol{VB}=\begin{bmatrix} V_1B_{11} & V_1B_{12} & \cdots & V_1B_{1G} \\ V_2B_{21} & V_2B_{22} & \cdots & V_2B_{2G} \\ \cdots & \cdots & \ddots & \vdots \\ V_GB_{G1} & V_GB_{G2} & \cdots & V_GB_{GG} \end{bmatrix} \tag{A1\_4}$$

令 $\hat{\boldsymbol{V}}_s$ 为 $N\times N$ 的增加值系数对角矩阵，则 $GN\times GN$ 的增加值系数矩阵为：

$$\hat{\boldsymbol{V}}=\begin{bmatrix} \hat{V}_1 & 0 & \cdots & 0 \\ 0 & \hat{V}_2 & \cdots & 0 \\ \cdots & \cdots & \ddots & 0 \\ 0 & 0 & \cdots & \hat{V}_G \end{bmatrix} \tag{A1\_5}$$

式(5)乘式(3)，得：

$$\begin{bmatrix} \hat{V}_1 & 0 & \cdots & 0 \\ 0 & \hat{V}_2 & \cdots & 0 \\ \cdots & \cdots & \ddots & 0 \\ 0 & 0 & \cdots & \hat{V}_G \end{bmatrix}\begin{bmatrix} X_{11} & X_{12} & \cdots & X_{1G} \\ X_{21} & X_{22} & \cdots & X_{2G} \\ \vdots & \vdots & \ddots & \vdots \\ X_{G1} & X_{G2} & \cdots & X_{GG} \end{bmatrix}=\begin{bmatrix} \hat{V}_1\sum_r^G B_{1r}Y_{r1} & \hat{V}_1\sum_r^G B_{1r}Y_{r2} & \cdots & \hat{V}_1\sum_r^G B_{1r}Y_{rG} \\ \hat{V}_2\sum_r^G B_{2r}Y_{r1} & \hat{V}_2\sum_r^G B_{2r}Y_{r2} & \cdots & \hat{V}_2\sum_r^G B_{2r}Y_{rG} \\ \vdots & \vdots & \ddots & \vdots \\ \hat{V}_G\sum_r^G B_{Gr}Y_{r1} & \hat{V}_G\sum_r^G B_{Gr}Y_{r2} & \cdots & \hat{V}_G\sum_r^G B_{Gr}Y_{rG} \end{bmatrix} \tag{A1\_6}$$

对角位置上的元素表示在本国吸收的国内增加值；非对角位置表示在其他国家吸收的国内增加值，$GN\times G$ 矩阵如下：

$$VT_{sr}=\hat{V}_sX_{sr}=\hat{V}_s\sum_g^G B_{sg}Y_{gr} \tag{A1\_7}$$

很明显，上式排除了在国外加工后又返回国内的增加值，一个国家对于世界的总出口增加值用式(A1_8)表示：

$$VT_{s*}=\sum_{r\neq s}^G VX_{sr}=V_s\sum_{r\neq s}^G\sum_{g=1}^G B_{sg}Y_{gr} \tag{A1\_8}$$

根据出口增加值的来源，重新改写式(A1_8)，得到两个国家贸易的分解式如下：

$$VT_{s*}=V_s\sum_{r\neq g}^G B_{ss}Y_s+V_s\sum_{r\neq s}^G B_{sr}Y_{rr}+V_s\sum_{r\neq s}^G\sum_{t\neq s,\,r}^G B_{sr}Y_{rt} \tag{A1\_9}$$

其中，第一个项目表示该国以最终产品形式出口的增加值；第二个项目表示以中间产品形式被进口投入生产，并在直接进口国吸收的增加值；第三个项目表示以中间产品形式被进口投入生产，嵌入在制成品中出口到第三国并在第三国吸收的增加值。以上出口增加值的核算是以双边贸易水平为基础的，与 Johnson & Nogurera(2012)有所区别。式(A1_9)分解式体现了中间产品、最终产品之间的关系，对于出口增加值国内部分的计算具有很好的借鉴意义。定义一个国家总出口(N 个国家)的形式：

$$E_{s*} = \sum_{r \neq s}^{G} E_{sr} = \sum_{r \neq s}^{G} (A_{sr}X_r + Y_{sr}) \tag{A1\_10}$$

使用同样的方法对式(A1_10)，最终分解如下：

$$\begin{aligned} uE_{s*} = & \left\{ V_s \sum_{r \neq s}^{G} B_{ss}Y_{sr} + V_s \sum_{r \neq s}^{G} B_{sr}Y_{rr} + V_s \sum_{r \neq s}^{G} \sum_{t \neq s,\ r}^{G} B_{sr}Y_{st} \right\} \\ & + \left\{ V_s \sum_{r \neq s}^{G} B_{sr}Y_{rs} + V_s \sum_{r \neq s}^{G} B_{sr}A_{rs}(I - A_{ss})^{-1}Y_{ss} \right\} \\ & + V_s \sum_{r \neq s}^{G} B_{sr}A_{rs}(I - A_{ss})^{-1}E_{s*} + \left\{ \sum_{t \neq s}^{G} \sum_{r \neq s}^{G} V_t B_{ts} Y_{sr} + \sum_{t \neq s}^{G} \sum_{r \neq s}^{G} V_t B_{ts} A_{sr} (I - A_{rr})^{-1} Y_{rr} \right\} \\ & + \sum_{t \neq s}^{G} V_t B_{ts} A_{sr} \sum_{r \neq s}^{G} (I - A_{rr})^{-1} E_{r*} \end{aligned} \tag{A1\_11}$$

式(A1_11)中第六项与第九项为中间产品重复统计部分，TiVA 实际统计中国内增加值出口 $EXGRDVA=(1)+(2)+(3)+(4)+(5)$；国外增加值出口 $EXGRFVA=(7)+(8)$。

对于行业 i 对世界的增加值出口，可以通过下式计算：

$$EXGRDVA(i) = \sum_{r \neq s} \left\{ \left[1 - \sum_{s=1}^{N} \sum_{t=1}^{K} A_s(t,\ i) \right) Y_{sr}(s) \right\} \tag{A1\_12}$$

其中 $\sum_{t=1}^{K} A_s(t,\ i)$ 为一国行业 i 单位产出使用来自国家 t 的 K 个行业中间投入之和，$\sum_{s=1}^{N} \sum_{t=1}^{K} A_s(t,\ i)$ 为一国行业 i 单位产出来自 N 个国家包含自身 K 个行业的中间投入之和，Y 为总产出。

附录 A2

当前全球价值链分工是对某一生产工序的加工，包括中间产品的投入，在价值链中扮演了重要的角色。中间产品的“命运”在一个国家中有如下关系(见图 A2_1)：

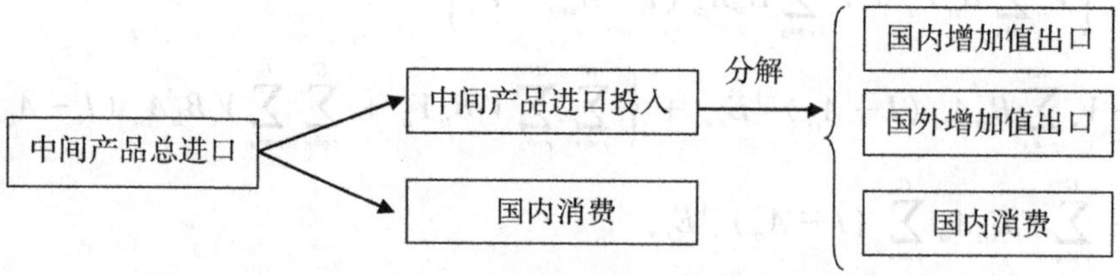

图 A2_1　进口中间产品生产消费“流入—流出”图

一国进口的中间产品一般有两种消耗渠道，首先作为中间投入生产其他中间品或最终品，其次可以作为一国的国内消费。对于流入的中间产品投入有两条归宿。其一国内消费；其二是出口，包括国内增加值出口与国外增加值出口。假定国内增加值出口含有一国生产要素，是价值创造；而国外增加值出口是简单中间产品流动，不含价值。一般而言，中间产品总进口>中间产品进口投入；而国内(外)增加值出口同中间产品进口投入的关系无法确定。

为了分析进口中间产品对一个国家全球价值链的作用，构建出口生产使用的进口中间投入指标，通过进口中间品投入的变化分析其影响。假设中间产品在一国生产过程中有如下关系：

总投入=进口中间投入+国内中间投入　　(A2_1)

进口中间投入份额=进口中间投入/总投入　　(A2_2)

进口中间投入/出口国内增加值=总投入/增加值　　(A2_3)

通过式(A2_2)、式(A2_3)的变化可得，进口中间投入/总投入=出口国内增加值/增加值的关系，也就是说进口中间投入份额=出口国内增加值比重×总出口/增加值。由于出口国内增加值是参与全球生产网络国家通过自身要素而创造的价值，出口国外增加值是在多阶段、多国生产过程中作为进口投入的一部分进行的增值交易，为此假定进口中间产品投入与总投入对各自增加值具有相同贡献率。通过查阅数据，其中国外增加值取自 TiVA 数据库，行业增加值取自各国统计数据和 OECD 数据库，通过计算得到如下表格(见表 A2_1、表 A2_2、表 A2_3)。为了方便计算，给出的假设较为简单，由此估算的进口中间投入份额存在误差。

表 A2_1　　**柬埔寨出口生产使用的进口中间投入份额表(%)**

行业	2000	2005	2010	2012	2013	2014	2015	2016
整体	40.62	53.02	51.95	47.07	48.87	46.85	47.75	50.21
机械和设备制造	47.00	59.05	66.61	43.95	44.52	48.85	53.21	50.01

续表

行业	2000	2005	2010	2012	2013	2014	2015	2016
电子器械设备	29.61	39.71	20.63	34.52	35.31	32.41	35.32	33.23
电器及光学设备	23.35	26.75	23.68	20.21	22.13	24.13	25.21	22.32
化学及非金属制造	8.49	33.48	42.56	37.22	36.34	38.14	40.23	37.76
纺织、皮和鞋	64.02	79.12	71.34	65.71	62.74	58.22	55.21	42.67
木材加工制造	10.01	10.51	31.33	34.51	33.14	32.16	34.65	32.58
食品、饮料及烟草	5.54	4.25	8.03	10.32	9.12	8.34	7.21	6.23
其他制造业	19.91	15.12	18.13	21.31	20.31	18.76	19.78	21.23

表 A2_2　　**泰国出口生产使用的进口中间投入份额表(%)**

行业	2000	2005	2010	2012	2013	2014	2015	2016
整体	50.98	58.08	40.12	50.32	48.22	47.12	45.02	42.92
机械和设备制造	47.84	63.23	58.72	54.21	50.54	55.21	51.54	56.21
电子器械设备	82.32	75.21	84.89	79.24	74.89	69.54	75.89	70.54
电器及光学设备	80.28	81.88	79.98	76.08	73.18	70.23	69.38	64.28
化学及非金属制造	38.47	55.34	50.99	48.86	46.73	44.6	42.47	40.34
纺织、皮和鞋	16.85	19.03	9.38	8.54	7.70	6.85	6.01	5.17
木材加工制造	18.88	24.36	25.69	23.66	21.63	19.59	17.56	15.53
食品、饮料及烟草	18.44	19.5	20.91	18.89	17.86	16.84	15.82	14.79
其他制造业	39.71	62.92	54.51	51.05	47.60	44.14	40.68	37.23

表 A2_3　　**越南出口生产使用的进口中间投入份额表(%)**

行业	2000	2005	2010	2012	2013	2014	2015	2016
整体	30.06	28.44	50.38	62.34	59.96	57.58	55.20	52.82
机械和设备制造	40.76	46.9	35.61	37.28	38.95	40.62	42.29	43.96
电子器械设备	63.85	23.51	54.5	58.23	61.24	63.01	62.24	64.01
电器及光学设备	39.64	29.04	45.56	68.35	69.58	67.69	65.80	63.91
化学及非金属制造	17.71	34.01	64.7	74.25	71.91	69.56	67.22	64.87
纺织、皮和鞋	45.13	37.41	36.57	32.67	29.99	27.31	24.63	21.95
木材加工制造	15.84	30.88	43.65	40.43	37.22	34.00	30.79	27.57
食品、饮料及烟草	23.58	31.34	46.55	44.10	41.65	39.20	36.75	34.29
其他制造业	48.52	60.36	71.43	68.22	65.00	61.79	58.57	55.36

附录 A3

命题：当 $N=C$ 时，系统(1)在正数范围内有且只有一个均衡点(Equilibrium Point)

证明：由均衡分析知当 $N<N_1$ 时，本土企业知识变化系统存在 1 个均衡点($B^L>0$)，通过 Jacobi 矩阵判断出该均衡点为局部稳定点。以下证明均衡点 X 为全局稳定点，整理模型(1)得：

$$\begin{cases}\dfrac{\mathrm{d}A^F}{\mathrm{d}t}=-\dfrac{\lambda}{N}A^{F2}+\lambda A^F\\ \dfrac{\mathrm{d}A^L}{\mathrm{d}t}=-\dfrac{\lambda_R}{N_1}\varphi A^{L2}+(\lambda_R\varphi-\lambda_I(1-\varphi))A^L+\lambda_I(1-\varphi)A^F\end{cases}\tag{A3\_1}$$

通过求解得(N, X＊)为模型(B4_1)的平衡点，令 $X_1=A^F-N$，$X_2=A_L-X*$，得 $dX_1/dt=dA^F/dt$，$dX_2/dt=dA^L/dt$；通过坐标平移将均衡点(N, X^*)转变为原点(0, 0)。同时令 $a=-\lambda/N$，$b=\lambda$，$c=\lambda_R/N_1$，$d=\lambda_R\varphi-\lambda_I(1-\varphi)$，$e=\lambda_I(1-\varphi)$，得新模型：

$$\begin{cases}\dfrac{\mathrm{d}X_1}{\mathrm{d}t}=aX_1^2+bX_1\\ \dfrac{\mathrm{d}X_2}{\mathrm{d}t}=cX_2{}^2+dX_2+eX_1\end{cases}\text{；其中 } a<0,\ b>0,\ c<0,\ d<0,\ e>0\tag{A3\_2}$$

采用变量梯度法先判断系统在原点处的渐进稳定性，设李雅普诺夫函数(Lyapunov) V(x)的梯度为：

$$\mathrm{grad}V=\begin{bmatrix}\Delta V_1\\ \Delta V_2\end{bmatrix}=\begin{bmatrix}a_{11}X_1+a_{12}X_2\\ a_{21}X_1+a_{22}X_2\end{bmatrix}\tag{A3\_3}$$

由 grad$V$ 可得如下 $V(x)$ 的导数：

$$\begin{aligned}\dot{V}(X)&=(\mathrm{grad}V)^{\mathrm{T}}\dot{X}=[a_{11}X_1+a_{12}X_{12},\ a_{21}X_1+a_{22}X_2]\begin{bmatrix}aX_1^2+bX_1\\ cX_2^2+dX_2+eX_1\end{bmatrix}\\&=a_{11}aX_1^3+a_{11}bX_1^2+a_{12}aX_1^2X_2+a_{12}bX_1X_2+a_{21}cX_2^2X_1\\&\quad+a_{21}dX_1X_2+a_{21}eX_2^2+a_{22}cX_2^3+a_{22}dX_2^2+a_{22}eX_1X_2\end{aligned}\tag{A3\_4}$$

A3_4 中只需存在一组(a_{11}, a_{12}, a_{21}, a_{22})满足 $V'(X)$ 负定，则 $V(X)$ 正定，即可说明模型(A3_2)在(0, 0)处渐进稳定。梯度变量法有限制条件：

$$\frac{\partial\nabla V_1}{\partial X_2}=a_{12}=\frac{\partial\nabla V_2}{\partial X_2}=a_{21}\tag{A3\_5}$$

通过整理 A3_5，得：

$$\begin{aligned}\dot{V}(X)=&[X_1\quad X_2]\begin{bmatrix}a_{11}b+a_{21}e & a_{21}d\\ a_{12}b+a_{22}e & a_{22}d\end{bmatrix}\begin{bmatrix}X_1\\ X_2\end{bmatrix}\\&+(a_{11}aX_1^2+a_{12}cX_2^2)X_1+(a_{12}aX_1^2+a_{22}cX_2^2)X_2\end{aligned}\tag{A3\_6}$$

$V'(X)$ 负定，只需满足以下条件：

$$\begin{cases}a_{11}b + a_{21}e < 0 \\ a_{22}d < 0 \\ a_{12}b + a_{22}e = a_{21}d \\ (a_{11}b + a_{21}e)a_{22}d - (a_{12}b + a_{22}e)a_{21}d > 0 \\ a_{11}aX_1^2 + a_{12}cX_2^2 = 0 \\ a_{12}aX_1^2 + a_{22}cX_2^2 = 0\end{cases} \tag{A3\_7}$$

由于 $a < 0$，$b > 0$，$c < 0$，$d < 0$，$e > 0$，整理 A4_7，得以下两组条件：

$$\begin{cases}a_{11} > 0 \\ a_{12} < 0 \\ a_{22} > 0 \\ a_{12} = \dfrac{e}{d - b}a_{22} \\ a_{11} = \dfrac{e}{a(d - b)}\end{cases} \text{和 } X_1 = \sqrt{-\frac{a_{12}c}{a_{11}a}}X_2 \tag{A3\_8}$$

由线积分公式计算 $V(X)$，得：

$$\begin{aligned}V(X) &= \int_0^{X_1} \nabla V_1 |_{(x_1,\ 0)} \mathrm{d}X_1 + \int_0^{X_2} \nabla X_2 |_{(x_1,\ x_2)} \mathrm{d}X_2 \\ &= \int_0^{X_1} a_{11}X_1 \mathrm{d}X_1 + \int_0^{X_2} (a_{21}X_1 + a_{22}X_2)\mathrm{d}X_2 \\ &= \int_0^{X_1} a_{11}X_1 \mathrm{d}X_1 + \int_0^{X_2} \left(\sqrt{-\frac{a_{12}c}{a_{11}a}} + a_{22}\right) X_2 \mathrm{d}X_2 \\ &= \frac{a_{11}}{2}X_1^2 + \frac{1}{2}\left(\sqrt{-\frac{a_{12}c}{a_{11}a}} + a_{22}\right) X_2^2\end{aligned} \tag{A3\_9}$$

由于 $a_{11} > 0$，$a_{22} > 0$，$\sqrt{-\dfrac{a_{12}c}{a_{11}a}} > 0$，所以 $V(X)$ 正定，故系统 A3_2 在原点处渐近稳定。当 $\|\boldsymbol{X}\| \to \infty$ 时，有 $V(\boldsymbol{X}) \to \infty$，所以该系统原点是系统大范围渐近稳定的。同时说明了系统 A1 在 $(N,\ X^*)$ 处也是大范围渐近稳定的。由于 $X*<N$，所以本土企业知识变化系统在阶段 1 时处于全局稳定状态下，模型(A3_1)只存在一个均衡解，第二阶段不仅不存在均衡解，同时该方程也不存在，系统并未实际运行。李雅普诺夫函数并不唯一，只需存在一组满足条件即可。(证毕。)

附录 A4

本节对澜湄流域制造业升级发展的系统动力学模型的相关变量与方程作出注解和说明。

(01) FINAL TIME = 2045

Units: Year

注：仿真结束的时间，由于在 2015 年和 2016 年对泰国、老挝、柬埔寨三国制造业企业进行实地调研，获取的数据是 2014 年和 2015 年两年的实际数据。同时，嵌入全球生产网络引致产业升级是一个长期的过程，借鉴我国东部地区产业升级转型的 30 年历程，因此选取的预测时间长为 30 年。

(02) INITIAL TIME = 2015

Units: Year

注：仿真的初始时间

(03_1) "R&D 投入"=净利润 * 0.025

(03_2) "R&D 投入"=EXP(企业家评价指数) * 产出 * 0.025

Units: 万美元

注 1：通过实地调研并统计企业的研发投入，发现约为产出的 2.5%左右，同时将企业家精神视为创新效应的一部分，具有累积效应，采用指数形式。

注 2：企业家精神变量是单独考虑的变量，在初期分析时不涉及该变量，使用(03_1)方程；分析企业家精神效应时，使用(03_2)方程。

注 3：在对东南亚国家进行调研时，默认产能与产值是一致的概念，并且在对研发投入做预算时，往往是根据产能预估的。

(04) SAVEPER = TIME STEP

Units: Year

注：仿真输出结果保存频率

(05) TFP 变化率=行业 TFP * c * 制造业行业集中度^2

Units: Dmnl

注：制造业行业技术的变化同行业集中度之间的关系。当行业集中程度越高，其劳动生产率和技术会相应提升，因而采用两者的乘积作为行业技术的增量，以非线性的形式表示，其中 c 为调整参数，主要用来反映制造业行业集中度对行业技术的效应。

(06) TIME STEP = 1

Units: Year [0,?]

注：仿真步长

(07) 产能=EXP(企业技术/100) * 资本存量^0.6 * 100^0.4

Units: 万美元

注：柯布道格拉斯生产函数，其中劳动力不变。澜湄流域本土企业的员工大多维持在均衡状态，尽管人员流动率大，当出现缺口时，会及时补充，由调研统计可知其员工(指

一线工人)人数大多维持在100人左右。

(08)企业变化率=企业数量^(α)*(1+企业数量影响因子-劳动力成本增量)

Units：Dmnl

注：企业变化率方程采用非线性的表达式，受企业数量影响因子和劳动力成本两个变量的影响，其中劳动力成本以市场衡量，同企业数量呈负相关。而劳动力成本增量在访谈过程中通过企业领导人介绍获取。

(09_1)企业学习能力=嵌入程度*(1+企业资源^2-企业资源)

(09_2)企业学习能力=EXP(企业家评价指数)*嵌入程度*(1+企业资源^2-企业资源)

Units：Dmnl

注1：企业资源采用的是关系联结程度衡量，反映的是社会网络。企业学习能力的变化一方面同嵌入程度(内部因素)相关，另一方面同企业资源(外部因素)相关，其中企业资源对学习能力的影响采用抛物线的形式。

注2：当分析企业家精神效应时，采用(09_2)方程，该方程考虑了企业家精神对学习能力的影响，亦采用指数形式。

(10)企业技术= INTEG (技术变化率，0.012)

Units：{%}

注：企业技术通过LP法估计，并计算基于2014年的定基发展速度，通过计算得到澜湄流域制造业企业的全要素生产率的定基增长速度大约在1.2%。

(11)企业数量= INTEG (企业变化率，0.5)

Units：家

注：假设企业期初的平均企业数量为0.5。

(12)企业数量影响因子 = WITH LOOKUP (净利润，([(0, 1)-(0, 500)], (10, 0), (25, 0.11), (45, 0.18), (80, 0.24), (100, 0.36), (120, 0.41), (180, 0.48), (240, 0.52), (320, 0.6), (400, 0.58), (450, 0.5), (500, 0.46)))

Units：Dmnl

注：企业影响因子同净利润之间的关系，表函数形式。企业数量影响因子与许多因素相关，初期随利润提升，其影响程度增加，但是存在临界值。由被访者介绍并经过整理筛选得到以上几组数据。

(13)企业资源 = WITH LOOKUP (净利润，

([(1, 0) -(30, 0)], (1, 0.01), (2.5, 0.02), (3, 0.8), (5, 0.1), (10, 0.23), (14, 0.32),

(17, 0.4), (21, 0.5), (25, 0.58), (28, 0.61), (30, 0.7)))

Units：Dmnl

注：企业资源为外部性的各种社会关系，其社会的联结程度同企业的发展成正相关，由调研数据预测得到。

(14)净利润=(1- γ)*产能*销售净利润率-研发机会成本

Units：万美元

注：γ 为库存率，由调研知澜湄流域企业的库存率为 $0<\gamma<0.2$，为使模型运行符合实际，在[0，0.2]范围之内抽取随机数反复模拟，以得到最优参数。

(15)制造业行业集中度=集聚企业总利润/行业总利润

Units：Dmnl [0，1]

注：由产业集中度的公式转换而来。

(16)劳动力成本增量=0.025

Units：Dmnl

注：从访谈过程中与被访者之间的交流中获取，并经过整理计算取得一个平均值。

(17)变化率=外资企业技术 *（1-外资企业技术/100)

Units：Dmnl

注：为简化分析，采用逻辑斯特的增长模式，并且是固定的增长模式，设定参数 100 是外资企业定基增长速度的极限值，其方程表达式与第五章相同。

(18)固定资产投资=净利润 * 0.08

Units：万美元

注：通过访谈，由被访者介绍得到。

(19)外资企业 IPP = WITH LOOKUP（企业技术，

([(1，0) -(30，1)]，(1，0)，(3，0.05)，(8，0.1)，(13，0.2)，(16，0.3)，(19，0.4)，(20，0.45)，

(22，0.5)，(24，0.6)，(27，0.64)，(28，0.7)))

Units：%

注：外资企业保护力度同本土企业的企业技术相关，通过以往数据和文献预测得到。

(20)外资企业技术= INTEG（变化率，1)

Units：Dmnl

注：假设外资企业的技术初始值为1%。

(21)嵌入程度=0.8 * 行业 TFP

Units：Dmnl

(22)技术变化率=IF THEN ELSE(外资企业技术>=企业技术，EXP(企业学习能力) *（外资企业技术-企业技术) *（1-外资企业 IPP)+2.5 * 研发技术，2.5 * 研发技术)

Units：Dmnl

注：采用选择函数，同第五章的函数形式一致。

(23)研发技术=DELAY FIXED(LN("R&D 投入"+1)，5，0)

Units：Dmnl

注：研发技术具有滞后性，通过延迟函数表示，根据经验判断，从技术研发到转化为生产力的时间为 5 年。

(24)研发机会成本="R&D 投入" * β

Units：万美元

注：β 为 R&D 投入机会成本的"效应参数"，需根据反复尝试选择最优。

(25)行业 TFP= INTEG（TFP 变化率，0.08)

Units：万美元

注：2015 年的行业技术综合商会及企业访谈，并根据澜湄流域的实际情况筛选得到。

(26)行业利润变化率=0.081 * 行业总利润

Units：万美元

注：通过对商会的访谈并计算得到。

(27)行业总利润= INTEG（行业利润变化率，500）

Units：万美元

(28)资本变化率=0.1 * 资本存量+固定资产投资/1.01

Units：万美元

注：采用资本存量的公式。

(29)资本存量= INTEG（资本变化率，2）

Units：万美元

(30)销售净利润率=0.12

Units：Dmnl

注：被访谈者介绍，经过筛选得到平均值大约为 12%。

(31)集聚企业总利润=企业数量 * 平均净利润

Units：万美元

(32)企业家评价指数=0.8/0/-0.8

注：采用三个评价指数，主要是为了对比分析，其中企业家评价指数通过访员观察打分得到，综合计算出优秀企业与一般企业的评价指数。

附录A5

访谈提纲

1. 访谈提纲涉及说明

由于针对的是澜湄流域国家制造业嵌入全球生产网络的研究，其涉及的范围广，企业较为复杂，为此本研究设计了两套访谈纲要，其中一套是针对当地本土企业，另一套针对外资企业。同时每套问卷都设计了三种语言，当地语言、中文和英语，如果被访谈者是当地人，则采用留学生访员；如果是熟悉英语和汉语的，则采用团队内部的访员。访谈提纲具体设计思路如下：

(1)访谈人开场介绍

尊敬的女士/先生：

您好！本调查仅供科研使用，不用于任何商业目的，如有涉及贵公司的商业信息，将严格保密，问卷所有题目无对错之分，请客观回答。感谢您的大力支持！

(2)说明访谈目的及形式

访谈的目的：(针对外资企业)为了了解贵企业在东南亚投资的目的、发展过程中遇到的问题，及其未来发展规划和对当地的贡献。(针对本土企业)为了了解企业自身的发展状况，是否学习外资企业的生产技术以及能否感受到外资企业的竞争压力和应对策略。

访谈的形式是以访谈提纲为主，用一问一答的形式开展。同时，访谈过程中可能随时穿插一些即兴问题或扩展问题，有助于问题的分析。

2. 访谈步骤设计说明

本书选取了质性研究方法中的访谈法开展相关研究工作。首先采用访谈法获取一手调查数据，然后对一手数据进行深入分析，为澜湄流域制造业嵌入全球生产网络的升级发展有个感性的认识，为微观基础的研究奠定现实依据。

深度访谈是一个访问者和一个受访者的一对一访谈，所问问题深入而又自由，主要通过人员访谈，即面对面进行半结构式深度访谈，访谈后归纳整理对话内容。本研究提前设计好问卷，通过访员解释问卷题目，然后填写答案。同时也不拘泥于问卷，根据实际情况扩展问题。如果对问卷中的相关题项或在访谈过程中存在问题，及时通过电话访谈追踪和确认。

正式的访谈过程中，根据谈话的深度和进展情况随时扩展访谈提纲、临时设计访谈内容，以达到最佳访谈效果。

3. 本土企业的访谈提纲(要点)

(1)企业的控股情况？

(2)企业近年的财务状况？

(3)企业生产过程中中间产品来自哪里？是否存在出口？
(4)企业的生产工具(机器设备)产自哪里？
(5)企业在生产经营过程中是否会对员工培训，强度如何？
(6)企业生产经营过程中对外关系如何？
(7)企业在经营过程中有没有参观考察其他同行企业或外资企业？
(8)企业的员工构成如何？
(9)企业在经营过程中是否存在竞争压力？

4. 外资企业的访谈提纲(要点)

(1)选择在当地投资建厂的动因是什么？
(2)公司近年的财务状况？
(3)当地企业是否存在模仿学习贵企业的倾向？如果有，能否举例说明。
(4)您觉得，贵企业对当地带来贡献了吗？如果有，可否举例。
(5)您认为，在整个工业园区企业数量变化如何？
(6)贵企业是否存在技术保护？

参考文献

[1]Kohler W. A Specific-factors View on Outsourcing[J]. North American Journal of Economics & Finance, 2001, 12(1): 31-53.

[2]UNCTAD. World Investment Report 2013: Overview-Global Value Chains: Investment and Trade for Development[R]. New York and Geneva: United Nations, 2013.

[3]姚阳．国际产品内分工下我国加工贸易升级对策研究[J]．当代经济，2008(10)：98-99.

[4]Baldwin R, Lopez-Gonzalez J. Supply-chain Trade: A Portrait of Global Patterns and Several Testable Hypotheses[J]. World Economy, 2013, 38(11): 141-142.

[5]Koichi, Ishikawa. Economic Integration of East Asia: Prospects and Issues[J]. Asian Studies, 2018, 64(4): 62-79.

[6]余珮，孙永平．集聚效应对跨国公司在华区位选择的影响[J]．经济研究，2011(1)：71-82.

[7]周密．后发转型大国价值链的空间重组与提升路径研究[J]．中国工业经济，2013(8)：70-82.

[8]张文武．中国产业转移与扩散的测度与趋势研究[J]．统计与决策，2013(13)：109-111.

[9]金京，戴翔，张二震．全球要素分工背景下的中国产业转型升级[J]．中国工业经济，2013(11)：57-69.

[10]Choi N, Kim Y G. East Asian Value Chains and Economic Effects of Free Trade Agreements[R]. KIEP Research paper. World Economy Brief, 2014.

[11]Koopman R, Powers W M, Wang Z, et al. Give Credit Where Credit is Due: Tracing Value Added in Global Production Chains[R]. NBER Working Papers, No. 16426, 2010.

[12]Koopman R, Wang Z. Tracing Value-Added and Double Counting in Gross Exports[J]. American Economic Review, 2014, 104(2): 459-494.

[13]徐婧．垂直专业化分工与我国制造业出口技术结构升级研究[D]．济南：山东大学，2015.

[14]Dixit A K, Grossman G M. Trade and Protection with Multi-Stage Production[J]. Review of Economic Studies, 1982, 49(4): 583-94.

[15]Jones R W, Kierzkowski H. Globalization and the Consequences of International Fragmentation[J]. Capital Mobility & Trade Essays in Honor of Robert A, 1998, 59(5): 635-644.

[16]卢锋．产品内分工[J]．经济学：季刊，2004(4)：55-82.
[17]Grossman，G M，Rossi-Hansberg E. Trading Tasks：A Simple Theory of Offshoring[J]. American Economic Review，2008，98(5)：1978-1997.
[18]Chavas J P，Kim K. Economies of Diversification：A Generalization and Decomposition of Economies of Scope[J]. International Journal of Production Economics，2010，126(2)：229-235.
[19]金京，戴翔．国际分工演进与我国开放型经济战略选择[J]．经济管理，2013(2)：1-10.
[20]Martincus，C V，Estevadeordal A. Trade Policy and Specialization in Developing Countries[J]. Review of World Economics，2009，145(2)：251-275.
[21]Parteka，A，Tamberi M. Product Diversification，Relative Specialization and Economic Development：Import-export Analysis[J]. Journal of Macroeconomics，2013，38(4)：121-135.
[22]Johnson R C，Noguera G. Accounting for intermediates：Production Sharing and Trade in Value Added[J]. Journal of International Economics，2012，86(2)：224-236.
[23]文东伟．全球价值链分工与中国的贸易失衡——基于增加值贸易的研究[J]．数量经济技术经济研究，2018，35(11)：39-57.
[24]刘维林．产品架构与功能架构的双重嵌入——本土制造业突破 GVC 低端锁定的攀升途径[J]．中国工业经济，2012(1)：152-160.
[25]吕越，罗伟，刘斌．异质性企业与全球价值链嵌入：基于效率和融资的视角[J]．世界经济，2015(8)：29-55.
[26]Maurer，A，Degain C. Globalization and Trade Flows：What You See is not What Get! [J]. Journal of International Commerce，Economics and Policy，2012，3(3)：1-27.
[27]Lamy，P. "Made in China" tells us little about global trade[N]. Financial Times，2011-11-24.
[28]刘遵义，陈锡康，杨翠红，等．非竞争型投入占用产出模型及其应用——中美贸易顺差透视[J]．中国社会科学，2007(5)：91-103.
[29]樊茂清，黄薇．基于全球价值链分解的中国贸易产业结构演进研究[J]．世界经济，2014(2)：50-70.
[30]刘重力，赵颖．东亚区域在全球价值链分工中的依赖关系——基于 TiVA 数据的实证分析[J]．南开经济研究，2014(5)：115-129.
[31]王玉燕，林汉川，吕臣．全球价值链嵌入的技术进步效应——来自中国工业面板数据的经验研究[J]．中国工业经济，2014(9)：65-77.
[32]Dedrick J，Kraemer K L，Linden G. Who profits from innovation in global value chains?：a study of the iPod and notebook PCs[J]. Industrial and Corporate Change，2010，19(1)：81-116.
[33]Kee H L，Tang H. Domestic Value Added in Exports[R]. World Bank，2015.
[34]Antrás P，Rossi-Hansberg E. Organizations and Trade[J]. Economics，2009，1(1)：

43-64.
[35] Helpman E. Trade, FDI, and the Organization of Firms[R]. NBER Working Paper, No. 12091, 2006.
[36]张杰，陈志远，刘元春．中国出口国内附加值的测算与变化机制[J]．经济研究，2013（10）：124-137.
[37]孙学敏，王杰．全球价值链嵌入的“生产率效应”——基于中国微观企业数据的实证研究[J]．国际贸易问题，2016（3）：3-14.
[38] OECD-WTO. Trade in Value-Added: Concepts, Methodologies and Challenges[R]. Mimeo, OECD, 2012.
[39] Hummels D, Ishii J, Yi K M. The Nature and Growth of Vertical Specialization in World Trade[J]. Journal of International Economics, 2001, 54(1): 75-96.
[40] Gaulier, G, Lemoine F, Ünal-Kesenci D. China's Specialization in East Asian Production Sharing: East Asia's De Facto Economic Integration[M]. Palgrave Macmillan, UK, 2006: 135-180.
[41]赵立斌．从全球生产网络的视角看中国与东盟、美国的不平衡贸易[J]．首都经济贸易大学学报，2013(2)：67-75.
[42]王岚，李宏艳．中国制造业融入全球价值链路径研究——嵌入位置和增值能力的视角[J]．中国工业经济，2015(2)：76-88.
[43] De J, C L, Koopman R B, et al. Estimating Foreign Value-added in Mexico's Manufacturing Exports[R]. US International Trade Commission Working Paper, No.2011-04A, 2011.
[44] Wang, Z, Wei S J, Zhu K F. Quantifying International Production Sharing at the Bilateral and Sector Levels[R]. NBER Working Paper, No. 19677, 2013.
[45]程大中．中国参与全球价值链分工的程度及演变趋势——基于跨国投入—产出分析[J]．经济研究，2015，50(9)：14.
[46]佘群芝，贾净雪．中国出口增加值的国别结构及依赖关系研究[J]．财贸经济，2015(8)：91-103.
[47]卫瑞，张文城，张少军．全球价值链视角下中国增加值出口及其影响因素[J]．数量经济技术经济研究，2015(7)：3-20.
[48] Tang, H W, Wang F, Wang Z. The Domestic Segment of Global Supply Chains in China under State Capitalism[R]. The World Bank Policy Research Working Paper, No. 6960, 2015.
[49]罗长远，张军．附加值贸易：基于中国的实证分析[J]．经济研究，2014(6)：4-17.
[50] Vechiu N, Makhlouf F. Economic Integration and Specialization in Production in the EU27: does FDI Influence Countries' Specialization? [J]. Empirical Economics, 2014, 46(2): 543-572.
[51] Fritsch M, Slavtchev V. How does Industry Specialization Affect the Efficiency of Regional Innovation Systems? [J]. The Annals of Regional Science, 2010, 45(1): 87-108.
[52]王立华．企业主体对产业转型升级影响的分析——基于复杂适应系统理论角度[J].

宏观经济研究，2013(2)：105-111.
[53]许鸿文．FDI产业内技术外溢效应对中国内资企业溢出效果的影响——基于中国行业面板数据的实证检验[J]．中国科技论坛，2013(3)：89-95.
[54]Wang，J Y，Magnus B. Foreign Investment and Technology Transfer：A Simple Model[J]. European Economic Review，1992，36(1)：137-155.
[55]Keller，W，Stephen R Y. Multinational Enterprises，International Trade，and Productivity Growth：Firm-level Evidence from the United States[J]. The Review of Economics and Statistics，2009，91(4)：821-831.
[56]Milner，C，Peter W. Modeling Labor Market Adjustment to Trade Liberalization in an Industrializing Economy[J]. The Economic Journal，1998，108(447)：509-528.
[57]Girma，S. Absorptive Capacity and Productivity Spillovers from FDI：A Threshold Regression Analysis[J]. Oxford bulletin of Economics and Statistics，2005，67(3)：281-306.
[58]Long C，Hale G. What Determines Technological Spillovers of Foreign Direct Investment：Evidence from China[J]. Global Finance Journal，2006，1(2)：153-162.
[59]Lai M Y，Wang H，Zhu S J. Double-Edged Affects of Technology Gap and Technology Spillovers：Theory and Chinese Industry Study[J]. China Economic Review，2008，20(3)：414-424.
[60]王华，祝树金，赖明勇．技术差距的门槛与FDI技术溢出的非线性——理论模型及中国企业的实证研究[J]．数量经济技术经济研究，2012(4)：3-18.
[61]叶娇，王佳林．FDI对本土技术创新的影响研究——基于江苏省面板数据的实证[J]．国际贸易问题，2014(1)：131-138.
[62]Qian，H F，Acs Z J. An Absorptive Capacity Theory of Knowledge Spillover Entrepreneurship[J]. Small Business Economics，2013，40(2)：185-197.
[63]谢洪明，张霞蓉，程聪，等．网络关系强度、企业学习能力对技术创新的影响研究[J]．科研管理，2012，33(2)：55-62.
[64]Humphrey J，Schmitz H. Governance and Upgrading Linking Industrial Cluster and Global Value Chain Research [R]. Institute of Development Studies Working Paper，No. 120，2000.
[65]Schmitz，H. Local enterprises in the global economy[M]. Edward Elgar Publishing，2004.
[66]何佳佳．OEM企业转型模式及其影响因素研究[D]．杭州：浙江大学，2008.
[67]Gereffi G，Humphrey J Sturgeon T. The Governance of Global Value Chains[J]. Reviews of International Political Economy，2005(12)：78-104.
[68]Coase，R H. The Coase Theorem and the Empty Core：a Comment[J]. The Journal of Law & Economics，1981，24(1)：183-187.
[69]Chin J C，Grossman G M. Intellectual Property Rights and North-South Trade[R]. NBER Working Paper，No. 2769，1988.
[70]Deardorff A V. Welfare Effects of Global Patent Protection[J]. Economica，1992，59

(233): 35-51.

[71] Romer, P. Endogenous Technological Change[J]. Journal of Political Economy, 1990, 98 (5): 71-102.

[72] Lucas R. On the Mechanism of Economic Development[J]. Journal of Monetary Economic 1988, 22 (1): 3-42.

[73] Stöllinger R. International Spillovers in a world of Technology Clubs[J]. Structural Change and Economic Dynamics, 2013, 27(12): 19-35.

[74] Parrado R, De C E. Technology Spillovers Embodied in International Trade: Intertemporal, Regional and Sectoral Effects in a Global CGE Framework[J]. Energy Economics, 2014, 41 (7): 76-89.

[75] Fenestra R C, Hanson G H. Globalization, Outsourcing and Wage Inequality[J]. American Economic Review, 1996, 86(2): 240-245.

[76] 黄郑亮. 越南制造业在全球价值链的位置研究[J]. 东南亚研究, 2019(5): 86-108, 156.

[77] 张彦. 中国与东盟共建区域价值链问题探讨——以制造业为例[J]. 国际展望, 2019, 11(6): 68-89, 152-153.

[78] Cohen W M, Levinthal D A. Absorptive Capacity: A New Perspective on Learning and Innovation[J]. Administrative Science Quarterly, 1990, 35(1): 128-152.

[79] 张少军, 刘志彪. 国内价值链是否对接了全球价值链——基于联立方程模型的经验分析[J]. 国际贸易问题, 2013(2): 14-27.

[80] Jabbour L, Mucchielli J L. Technology Transfer Through Vertical Linkages: The Case of the Spanish Manufacturing Industry[J]. Cahiers De La Maison Des Sciences Economiques, 2007, 5(5): 115-136.

[81] Jabbour L. Determinants of International Vertical Specialization and Implications on Technology Spillovers[J]. Geophysical Prospecting for Petroleum, 2015, 54 (2): 188-196.

[82] 张小蒂, 孙景蔚. 基于垂直专业化分工的中国产业国际竞争力分析[J]. 世界经济, 2006(5): 12-21.

[83] 唐海燕, 张会清. 中国崛起与东亚生产网络重构[J]. 中国工业经济, 2008(12): 60-70.

[84] 丁一兵, 刘璐, 傅缨捷. 中国在东亚区域贸易中的地位变化与其经济结构调整[J]. 对外经济贸易大学学报, 2013(4): 5-14.

[85] 李晓, 张建平. 东亚产业关联与经济相互依赖性——基于 AIIOT 2000 的实证分析[J]. 世界经济研究, 2010(4): 72-79.

[86] 欧定余, 陈维涛. 东亚区域生产网络分工下的"FDI—贸易关联"——基于中国数据的引力模型实证分析[J]. 财经问题研究, 2012(1): 107-111.

[87] 李敬, 陈旎, 万广华, 等. "一带一路"沿线国家货物贸易的竞争互补关系及动态变化——基于网络分析方法[J]. 管理世界, 2017(4): 10-19.

[88] 尹宗成, 刘文. 金融发展对国际生产分割水平的影响及区域差异——基于 2000—

2013 年省际面板数据分析[J]. 经济问题, 2015(8): 50-54.

[89]Upward R, Wang Z, Zheng J. Weighing China's Export Basket: The Domestic Content and Technology Intensity of Chinese Exports[J]. Journal of Comparative Economics, 2013, 41 (2): 527-543.

[90]张杰, 陈志远, 刘元春. 中国出口国内附加值的测算与变化机制[J]. 经济研究, 2013(10): 124-137.

[91]Dean J M, Fung K C, Wang Z. Measuring Vertical Specialization: The Case of China[J]. Review of International Economics, 2011, 19(4): 609-625.

[92]Fally T, Bergstran J, Chen Y, et al. Production Staging: Measurement and Facts[R]. University of Colorado Boulder Working Paper, 2012.

[93]倪红福, 龚六堂, 夏杰长. 生产分割的演进路径及其影响因素——基于生产阶段数的考察[J]. 管理世界, 2016(4): 10-23.

[94]Escaith H, Inomata S. Geometry of Global Value Chains in East Asia: The Role of Industrial Networks and Trade Policies[C]//Elms D K, Low P. Global Value Chains in a Changing World. WTO Secretariat, Switzerland, 2013: 135-159.

[95]Wang Z, Wei S J, Yu X, et al. Characterizing Global Value Chains: Production Length and Upstreamness[R]. NBER Working Papers, No. 232261, 2017.

[96]Kiyota K, Oikawa K, Yoshioka K. The Global Value Chain and the Competitiveness of Asian Countries[J]. Discussion Papers, 2016, 16(3): 257-281.

[97]Baldwin R, Venables A J. Spiders and Snakes: Offshoring and Agglomeration in the Global Economy[J]. Journal of International Economics, 2013, 90(2): 245-254.

[98]Hausmann R, Hwang J, Rodrik D. What You Export Matters[J]. Journal of Economic Growth, 2007, 12(1): 1-25.

[99]Dani Rodrik. What's So Special about China's Exports? [J]. China & World Economy, 2006, 14(5): 1-19.

[100]Xu B. The Sophistication of Exports: Is China special? [J]. China Economic Review, 2010, 21(3): 482-493.

[101]刘维林, 李兰冰, 刘玉海. 全球价值链嵌入对中国出口技术复杂度的影响[J]. 中国工业经济, 2014(6): 83-95.

[102]Hidalgo C A, Klinger B, Barabúsi A L et al. The Product Space Conditions the Development of Nations[J]. Science, 2007, 317(5837): 482-487.

[103]黄先海, 周俊子. 中国出口广化中的地理广化、产品广化及其结构优化[J]. 管理世界, 2011(10): 20-31.

[104]Mayer T, Melitz M J, Ottaviano G I P. Market Size, Competition, and the Product Mix of Exporters[J]. Social Science Electronic Publishing, 2014, 104(2): 495-536.

[105]Gampfer B, Geishecker I. International Product Market Competition and Intra-firm Reallocations[R]. ETSG Working Paper, 2014.

[106]Cadot O, Iacovone L, Pierola M D, et al. Success and Failure of African Exporters[J].

Journal of Development Economics, 2013, 101(1): 284-296.
[107] Arnold J M, Javorcik B, Lipscomb M, et al. Services Reform and Manufacturing Performance: Evidence from India[J]. Economic Journal, 2016, 126(590): 1-39.
[108]刘斌,王乃嘉. 制造业投入服务化与企业出口的二元边际——基于中国微观企业数据的经验研究[J]. 中国工业经济, 2016(9): 59-74.
[109]姚洋,张晔. 中国出口品国内技术含量升级的动态研究——来自全国及江苏省、广东省的证据[J]. 中国社会科学, 2008(2): 67-82.
[110]杜传忠,张丽. 中国工业制成品出口的国内技术复杂度测算及其动态变迁——基于国际垂直专业化分工的视角[J]. 中国工业经济, 2013(12): 52-64.
[111]倪红福. 中国出口技术含量动态变迁及国际比较[J]. 经济研究, 2017(1): 44-56.
[112]Lall S, Weiss J A, Zhang J. The Sophistication of Exports: A New Trade Measure[J]. World Development, 2006, 34(2): 222-237.
[113]Deardorff A V. Fragmentation in simple trade models[J]. North American Journal of Economics & Finance, 2001, 12(2): 121-137.
[114]Samuelson P A. Where Ricardo and Mill Rebut and Confirm Arguments of Mainstream Economists Supporting Globalization[J]. Journal of Economic Perspectives, 2004, 18(3): 135-146.
[115]Acemoglu D, Gancia G A, Zilibotti F, et al. Offshoring and Directed Technical Change [J]. American Economic Journal: macroeconomic, 2015, 7(3): 84-122.
[116]Krugman P R. Increasing returns, monopolistic competition, and international trade[J]. Journal of International Economics, 1979, 9(4): 469-479.
[117]Hummels D L, Rapoport D, Yi K M. Vertical Specialization and the Changing Nature of World Trade[J]. Federal Reserve Bank of New York Economic Policy Review, 1998(4): 79-99.
[118]Macdougall G D A. The Benefits and Costs of Private Investment from Abord: a Theoretical Approach[J]. Economic Record, 1960, 36(73): 13-35.
[119]Gorg H, Hanley A. Does Outsourcing Increase Profitability? [J]. Iza Discussion Papers, 2004, 35(3): 267-288.
[120]Romer, P M. Increasing Returns and Long-run Growth[J]. The Journal of Political Economy, 1986, 94(5): 1002-1037.
[121]邱斌,叶龙凤,孙少勤. 参与全球生产网络对我国制造业价值链提升影响的实证研究——基于出口复杂度的分析[J]. 中国工业经济, 2012(1): 57-67.
[122]Grossman, G M, Helpman E. Quality Ladders in the Theory of Growth[J]. The Review of Economic Studies, 1991, 58(1): 43-61.
[123]West J, Iansiti M. Experience, Experimentation, and the Accumulation of Knowledge: the Evolution of R&D in the Semiconductor Industry[J]. Research Policy, 2003, 32(5): 809-825.
[124]黄志勇. 研发、FDI和国际贸易对创新能力的影响——基于中国行业数据的实证分

析[J]. 产业经济研究，2013(3)：84-90.

[125]郝凤霞，张璘. 低端锁定对全球价值链中本土产业升级的影响[J]. 科研管理，2016(S1)：131-141.

[126]沙文兵，李桂香. FDI 知识溢出，自主 R&D 投入与内资高技术企业创新能力——基于中国高技术产业分行业动态面板数据模型的检验[J]. 世界经济研究，2011(5)：51-56.

[127]刘志彪，张杰. 我国本土制造业企业出口决定因素的实证分析[J]. 经济研究，2009，8(4)：99-113.

[128]Lee C Y. A Theory of Firm Growth：Learning Capability，Knowledge Threshold，and Patterns of Growth[J]. Research Policy，2010，39(2)：278-289.

[129]陈羽，邝国良. FDI，技术差距与本土企业的研发投入——理论及中国的经验研究[J]. 国际贸易问题，2009(7)：88-96.

[130]Chen Y，Puttitanun T. Intellectual Property Rights and Innovation in Developing Countries[J]. Journal of Development Economics，2005，78(2)：474-493.

[131]王子龙，谭清美. 区域创新网络知识溢出效应研究[J]. 科学管理究，2004，22(5)：87-90.

[132]石峰. 基于自组织理论的区域创新系统的演化研究[D]. 武汉：武汉大学，2012.

[133]陈昌军. 非线性产业或经济系统的演化(创新)分析——内含政务专业化的分工形式化研究视角[D]. 南昌：江西财经大学，2009.

[134]Zahra S A，Sapienza H J，Davidsson P. Entrepreneurship and Dynamic Capabilities：A Review，Model and Research Agenda[J]. Journal of Management Studies，2006，43(4)：917-955.

[135]戴维奇，林巧，魏江. 本地和超本地业务网络、吸收能力与集群企业升级[J]. 科研管理，2013，34(4)：79-89.

[136]Strulik H，Effectiveness versus Efficiency：Growth Accelerating Policies in a Model of Growth without Scale Effect[J]. German Economic Review，2006，7(3)：297-316.

[137]Gereffi G. Global Value Chain and International Competition[J]. The Antitrust Bulletin，2011，56(1)：37-56.

[138]张向阳，朱有为. 基于全球价值链视角的产业升级研究[J]. 理论参考，2005，27(5)：21-27.

[139]张国胜. 全球价值链驱动下的本土产业升级[J]. 财经科学，2009(6)：79-86.

[140]吴波. 基于匹配视角的集群企业网络化成长机制研究[D]. 杭州：浙江大学，2007.

[141]唐春晖. 全球生产网络背景下本土制造企业升级机制及战略选择[J]. 工业技术经济，2013(2)：33-37.

[142]刘海云，毛海欧. 国家国际分工地位及其影响因素——基于“GVC 地位指数”的实证分析[J]. 国际经贸探索，2015(8)：44-53.

[143]王厚双，李艳秀，朱奕绮. 我国服务业在全球价值链分工中的地位研究[J]. 世界经济研究，2015(8)：11-18.

[144]刘琳. 中国参与全球价值链的测度与分析——基于附加值贸易的考察[J]. 世界经济研究, 2015(6): 71-83.

[145]王荣. 中小企业集群与区域经济发展的互动研究[D]. 南京: 南京航空航天大学, 2008.

[146]马建会. 产业集群成长机理研究[D]. 广州: 暨南大学, 2007.

[147]于众. 美国中小企业集群发展问题研究[D]. 长春: 吉林大学, 2016.

[148]赵玉林, 魏芳. 基于熵指数和行业集中度的我国高技术产业集聚度研究[J]. 科学学与科学技术管理, 2008, 29(11): 122-126.

[149]杨兴全, 尹兴强. 行业集中度、企业竞争地位与现金持有竞争效应[J]. 经济科学, 2015(6): 78-91.

[150]Ravenscraft D, Scherer F. M. The Lag Structure of Returns to Research and Development [J]. Applied Economics, 1982, 14(6): 603-623.

[151]Dess G G, Ireland R D, Zahra S A, et al. Emerging Issues in Corporate Entrepreneurship [J]. Journal of Management, 2003, 29(3): 351-378.

[152]陈卫东, 卫维平. 企业家精神与企业绩效关系的结构方程建模[J]. 系统工程学报, 2010, 25(2): 171-176.

[153]王海绒, 苏中锋. 探索导向与企业绩效研究——基于战略企业家精神视角[J]. 科学学与科学技术管理, 2015(3): 123-131.

[154]Gulati R. Alliances and networks[J]. Strategic Management Journal, 1998, 19(19): 293-317.

[155]张杰, 芦哲. 知识产权保护、研发投入与企业利润[J]. 中国人民大学学报, 2012, 26(5): 88-98.